COLLECTION DES DOCTRINES POLITIQUES
Publiée sous la direction de A. MATER
V

LA POLITIQUE RADICALE

ÉTUDE SUR LES DOCTRINES
DU PARTI RADICAL ET RADICAL-SOCIALISTE

PAR

Ferdinand BUISSON

Edition ornée d'un portrait de M. Henri Brisson
et précédée d'une lettre de
M. LÉON BOURGEOIS

PARIS (5e)
V. GIARD & E. BRIÈRE
LIBRAIRES-ÉDITEURS
16, Rue Soufflot et 12, Rue Toullier

1908

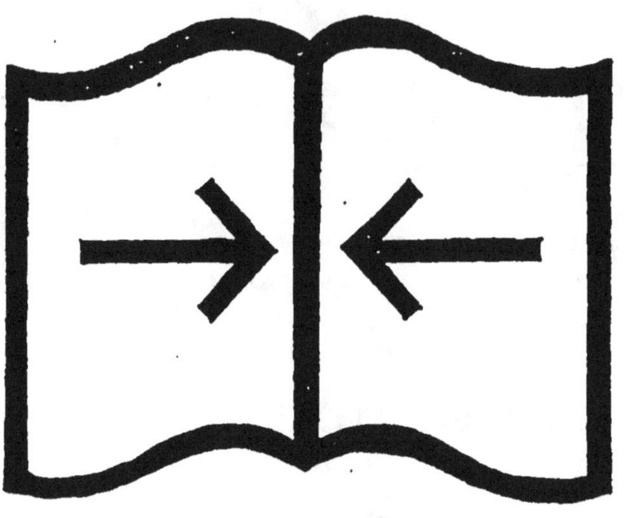

COLLECTION DES DOCTRINES POLITIQUES

publiée sous la Direction de A. MATER

EN VENTE

II **Le Catholicisme et la Société**, par M. LEGENDRE et J. CHEVALIER, avec une préface sur l'Eglise et l'Etat, par L. LABERTHONNIÈRE. 1907, 1 vol. in-18, broché, 3 fr. 50, relié . . . . 4 fr. »

III **Le Morcellisme**, par C. SABATIER, ancien député, avec introduction, par Maurice FAURE, sénateur. 1907, 1 vol. in-18, broché, 2 francs, relié. 2 fr. 50

IV **Le Solidarisme**, par E. BOUGLÉ, professeur à la Faculté des Lettres de Toulouse, 1907, 1 vol. in-18, broché, 3 fr. 50, relié . . . . 4 fr. »

V **Le Radicalisme**, par F. BUISSON, député, 1908, 1 vol. in-18, broché, 4 fr. 50, relié. . . . 5 fr. »

VI **Le Féminisme**, par Mme AVRIL de SAINTE-CROIX, avec préface, par V. MARGUERITTE, 1907, 1 vol. in-18, broché, 2 fr. 50, relié . . . . . . 3 fr. »

VII **La Démocratie individualiste**, par YVES GUYOT, 1907, 1 vol. in-18, broché, 3 francs, relié. 3 fr. 50

EN PRÉPARATION

I **Introduction sur les phénomènes historiques**, par Ch. SEIGNOBOS, professeur à l'Université de Paris.

XII **L'Impérialisme**, par F. de PRESSENSÉ, député.

XI **L'Internationalisme**, par G. HERVÉ, avocat.

XIII **Le Syndicalisme**, par M. LEROY.

XIV **Le Municipalisme**, par A. MATER.

VIII **L'Anarchisme**, par A. CATONNÉ.

XVI **La Coopération**, par Ph. LANDRIEU.

IX **Le Socialisme ouvrier**, par H. LAGARDELLE.

X **Le Socialisme agraire**, par E. VANDERVELDE.

XV **Le Capitalisme**, par H. HAUSER, professeur à l'Université de Dijon.

LA

POLITIQUE RADICALE

CLICHÉ NADAR

HENRI BRISSON

PRÉSIDENT DE LA CHAMBRE DES DÉPUTÉS

COLLECTION DES DOCTRINES POLITIQUES

Publiée sous la direction de A. MATER

V

LA POLITIQUE RADICALE

ÉTUDE SUR LES DOCTRINES DU PARTI RADICAL ET RADICAL-SOCIALISTE

PAR

Ferdinand BUISSON

Édition ornée d'un portrait de M. Henri Brisson et précédée d'une lettre de

M. LÉON BOURGEOIS

PARIS (5e)

V. GIARD & E. BRIÈRE

LIBRAIRES-ÉDITEURS

16, RUE SOUFFLOT ET 12, RUE TOULLIER

1908

AU

GRAND CITOYEN

HENRI BRISSON

EST DÉDIÉE

cette humble étude sur les doctrines d'un parti qui lui doit les leçons politiques les plus hautes, des conseils virils dans la bonne et dans la mauvaise fortune, une invariable orientation vers la démocratie intégrale et le plus puissant de tous les arguments : l'exemple de sa vie.

A M. F. Buisson, député de la Seine

Cannes, 8 avril 1908

MON CHER AMI,

Vous faites bien de publier cette synthèse des idées le notre parti.

En repassant ainsi, l'un après l'autre et dans le vif létail, tous les problèmes de notre temps, on se conaincra qu'aucun autre parti n'y apporte un ensemble lc solutions plus naturellement et plus rigoureuseient enchaînées. Aucun ne peut donner au même legré que le parti radical cette impression d'unité ans la conception générale, d'harmonie logique dans s applications particulières.

On sent en vous lisant qu'à vrai dire, ce que nous ppelons « le parti radical et radical-socialiste » n'est lus un parti, au sens étroit du mot. C'est la démoratie française elle-même tendant à s'organiser dans liberté et dans la paix.

Le parti radical a un *but*.

Je viens de le dire : il veut organiser politiquement socialement la société selon les lois de la raison, est-à-dire en vue de l'entier développement de la personne humaine dans tout être humain, en vue de l'entière réalisation de la justice dans tous les rapports entre les êtres humains.

La parti radical a une *méthode*.

C'est celle de la nature elle-même. Il sait que tout organisme naturel tend à se développer vers un état supérieur par l'évolution régulière de chacun de ses éléments coordonnés. Il attend donc de l'évolution morale et intellectuelle de chacun des individus l'amélioration progressive de la société. Et c'est pour la hâter qu'il fait de l'éducation publique le premier devoir de l'Etat, puisque c'est le premier intérêt de la Nation. Il y voit le ressort essentiel du progrès, celui qui doit désormais remplacer les révolutions violentes, nécessaires jadis pour briser l'obstacle matériel de la force monarchique et césarienne, inutiles au contraire et injustifiables dans un temps où s'exerce librement la volonté de tous.

Le parti radical a une *morale* et une *philosophie*.

Il part du fait indiscutable de la conscience. Il en tire la notion morale et sociale de la dignité de la personne humaine. Il en conclut pour celle-ci un *droit* et un *devoir* : le *droit* de chercher par l'effort de sa raison les conditions de son propre développement et les lois de ses rapports avec les autres êtres ; le *devoir* d'observer vis-à-vis des autres les règles d'existence qu'elle a ainsi librement déterminées. L'égalité des droits entre tous les êtres humains, l'obligation pour eux de pratiquer rationnellement le régime de la solidarité mutuelle sont les corollaires nécessaires de la doctrine. Ce sont les nouveaux *Commandements de l'Ecole*, les Tables de la loi de la démocratie.

Le parti radical a une *doctrine politique*.

Il va de soi que c'est la doctrine républicaine.

Mais la République qu'il a en vue est la République démocratique qui, seule, permet à tous les citoyens de rechercher ensemble, sans privilège pour aucune catégorie d'entre eux, les arrangements légaux les plus propres à réaliser ce gouvernement de la raison.

Le parti radical enfin a une *doctrine sociale*.

Et cette doctrine se résume en ce mot : l'*association*.

Il ne croit pas en effet que le bien de la nation puisse se réaliser définitivement par la lutte des individus et des classes, pas plus que le bien de l'humanité par la lutte des nations.

Il affirme que le véritable instrument de tous les perfectionnements sociaux, c'est l'association des individus et l'association des groupes humains consentant à des règles que les uns et les autres jugent et sentent conformes au bien, parce qu'elles le sont à l'intérêt de tous.

C'est par l'association ainsi entendue que s'est fondée la cité ; c'est par elle que s'est fondée la patrie. Et c'est ce qui rend à nos yeux la patrie intangible.

Ces principes posés, notre parti ne recule devant aucune de leurs conséquences.

Il reconnaît que l'association fondée sur l'équité, en d'autres termes sur le libre consentement à un échange de services reconnus équivalents, limite la liberté humaine. Il n'admet donc pas la prétendue liberté de l'exploitation de l'homme par l'homme ; il n'admet pas davantage un régime de liberté absolue de la concurrence qui permettrait indirectement à la puissance financière d'abuser de sa force au détriment du plus faible.

Et pourquoi notre parti n'autorise-t-il pas ces prétentions à l'omnipotence, de quelque part qu'elles viennent ? C'est qu'il a bien compris que l'homme n'est vraiment libre qu'après avoir accompli son devoir social, après avoir payé sa dette. Quelle dette ? tout simplement sa part, sa juste part de la dette même de la nation. La nation ne jouira de la paix que lorsqu'elle aura créé un ensemble complet d'assurances qui garantisse tout individu contre les risques de la maladie, des accidents, du chômage, de l'invalidité, de la vieillesse. De là la nécessité de lourdes charges pour la collectivité. N'est-il pas juste que tous y participent ? Mais ne jouons pas sur les mots. Ils doivent y contribuer non pas comme aujourd'hui dans des proportions empiriques, le plus souvent favorables à ceux qui ont le moins besoin d'être favorisés, mais selon une progression qui imposera nettement à chacun une charge véritablement correspondante aux bénéfices qu'il tire de la société.

Réforme fiscale et organisation de l'assurance sociale, ce sont donc bien les deux articles essentiels et inséparables par lesquels se caractérise la politique immédiate de notre parti.

Dans l'exposé si clair et si complet des divers chapitres de ce programme, vous arrivez, mon cher ami. aux conclusions mêmes que je viens de résumer.

Tant il est vrai que le radicalisme n'est pas, comme l'ont cru peut-être les observateurs superficiels, une solution moyenne faite d'approximations et de concessions réciproques.

Ce n'est ni à des circonstances passagères ni à des accommodations complaisantes que notre parti doit la raison de son influence et la réalité de son action.

Il est né de la rencontre de deux forces devenues libres pour toujours : la raison, qui cherche la vérité; la conscience, qui veut le droit. C'est pourquoi il a vu venir à lui tous ceux qui, dans le pays, s'obstinent à ne vouloir pas confondre la politique avec la défense d'intérêts exclusifs, intérêts de personnes ou de fortunes, intérêts de parti, de secte ou de classe.

Il marchera donc sans se lasser ; il sait que la route est longue, mais il sait aussi que demain lui appartient. Et, quoi qu'il arrive, il ne saurait s'arrêter, tant qu'il n'aura pas atteint le but et réalisé le terme dernier de son programme : la justice sociale.

Cordialement à vous,

LÉON BOURGEOIS.

LA POLITIQUE RADICALE

Étude sur les doctrines du parti radical et radical-socialiste

---

AVANT-PROPOS

Ce n'est pas l'histoire du parti radical en France que nous nous proposons d'écrire, même en raccourci.

Nous entreprenons plus et moins.

Beaucoup moins : car on ne trouvera ici ni le récit des longues péripéties qu'a traversées la politique radicale, ni l'étude des circonstances extérieures et des changements internes qui l'ont modifiée, des incidents qui l'ont précipitée, ralentie, parfois dévoyée, rien enfin sur tous ces mouvements de la vie publique dont elle a subi le contrecoup, tour à tour à l'état de minorité infime et de majorité triomphante.

Plus aussi peut-être, en un sens : car nous nous efforcerons de suivre à travers des aventures de toute sorte, une idée qui se dégage péniblement, puis s'affirme, se précise et enfin, par sa seule force, groupe si bien le pays autour d'elle qu'elle devient l'âme de la politique nationale.

C'est l'unité persistante de cette pensée directrice qui fera l'unité de notre étude.

Les hommes, les chefs, les groupes passent. Les mots vieillissent. Les étiquettes se démodent. Les attitudes commandées par les circonstances se modifient jusqu'à se renverser. Ce qui ne change pas dans la politique radicale, c'est d'abord une sorte d'inspiration spontanée qui lui vient du peuple. C'est, ensuite et par suite, une orientation qui se maintient toujours vers la gauche et qui résiste à toutes les perturbations de l'atmosphère. Il y a là un rare exemple de continuité d'action politique sous une poussée d'opinion populaire. Politique à la fois primesautière et méthodique, qui a tout ensemble la sûreté d'un instinct, la lucidité d'un plan, la force impérieuse d'une conviction.

Il est peut-être inutile, autant que malaisé, de définir, dès l'entrée en matière, la *politique radicale.*

Bornons-nous à dire que nous entendons par là une des formes de la *politique républicaine,* qui se distingue des autres et par la méthode et par la doctrine.

Par la méthode : à la différence des groupes révolutionnaires, elle entend procéder par voie d'évolution, se proposant à la fois le progrès comme but et la légalité comme moyen.

Par la doctrine : elle refuse aux socialistes de proclamer d'avance, comme terme nécessaire de l'évolution, l'établissement intégral d'un nouveau régime général de la propriété ; et elle refuse inversement aux groupes conservateurs, aux « modérés », aux « libéraux », aux « progressistes », de limiter par avance cette évolution en s'interdisant de toucher à l'ordre social, c'est-à-dire aux intérêts de certaines classes protégés par certaines institutions.

C'est donc une politique d'action, sans plus.

Ce qui ne veut pas dire qu'elle marche sans savoir où elle va. Elle va dans un sens bien déterminé, sans hésitation ni déviation. Elle ira dans cette voie aussi loin qu'il le faudra, c'est-à-dire jusqu'où la logique, qui est ici la justice, l'obligera d'aller.

Des doctrinaires de droite et de gauche veulent à l'avance fermer l'avenue par une barrière faite de main d'homme ; les uns, par le maintien de certaines règles tutélaires de l'ordre établi ; les autres, par la proclamation anticipée d'un pacte social sans précédent historique.

A ceux-ci et à ceux-là le radicalisme répond : « Laissons faire le temps. Aujourd'hui appliquons-nous à l'œuvre d'aujourd'hui, demain à celle de demain. Ce qui en résultera pour les lendemains futurs, nous n'avons pas à le préjuger. La marche nécessaire des choses en décidera. »

Le radicalisme est donc bien résolu à suivre les leçons de la vie et les dictées de l'expérience.

L'esprit radical a ce trait de ressemblance avec l'esprit scientifique qu'il vit de relatif et non d'absolu.

Il ne prétend ni être immuable ni être infaillible. Il fait profession d'apprendre sans cesse et de se corriger sans relâche. Ne se pliant à aucune consigne destinée à régler de force l'avenir, il est libre de toute entrave : il ne souscrit ni aux dogmes d'un système *a priori*, ni aux réserves intéressées d'un parti ou d'une classe, ni aux règles artificielles d'une prétendue sagesse sociale.

Il n'apporte pas la vérité toute faite et parfaite. Il la fait laborieusement, heure par heure et parcelle après parcelle.

*
* *

Certes, pour faire bien saisir le développement de la pensée radicale, prise ainsi dans le dessin général de ses grandes lignes et dans son mouvement d'ensemble, il faudrait joindre à l'analyse des idées la revue des faits.

On suivrait cette politique à travers ses diverses péripéties, tour à tour éclatante et voilée, victorieuse ou vaincue, servie ou contrariée par les circonstances. On verrait des hommes s'inspirer d'elle et la rendre populaire, d'autres, quand ce ne furent pas les mêmes, la compromettre ou l'altérer. On la verrait livrée aux fluctuations du Parlement, de la presse, de l'opinion publique, du corps électoral. Vingt fois on la croirait sur le point de disparaître, jusqu'à ce qu'enfin s'établisse une sorte d'équilibre terminal qui, malgré tout, lui donne, parmi toutes les puissances politiques de ce pays, une prépondérance incontestée et qu'on peut juger définitive.

C'est dans ce mouvant tableau que la pensée radicale apparaîtrait avec toute sa force et avec toutes ses faiblesses, tantôt flottante comme un rêve à peine entrevu, tantôt précise et rigide comme un programme de parti ou de club, tour à tour d'aspect libéral ou d'allure jacobine, parfois inconsistante, éparse et comme errante à la recherche d'un but, parfois incarnée dans un homme, dans un groupe, dans un gouvernement, parfois soulevant, entraînant tout un peuple.

Mais dresser un tel tableau ce serait écrire, toute frémissante encore de vie et d'émotion, une des plus grandes pages d'histoire contemporaine.

Combien plus humble est notre ambition, plus restreint l'objet de cette étude ! Nous l'avons dit. Notre effort ne va qu'à essayer de dégager, dans sa forme la plus simple et la plus sommaire, l'idée inspiratrice du radicalisme. Nous voudrions contribuer à la faire connaître.

Oui, connaître, car elle est mal connue.

A beaucoup d'esprits, elle ne se montre que mêlée aux éphémères contingences de la vie politique et parlementaire, ce qui rend difficile de la dégager et de la juger.

D'ailleurs, il faut bien convenir que la pensée mère

du radicalisme n'a pas, ne peut pas avoir la netteté d'une œuvre d'école composée à froid et adaptée à des fins voulues. Elle est de formation libre et spontanée, empirique, multiple et populaire ; elle a grandi et mué comme tout ce qui vit. Nous n'avons pas la prétention de la faire plus belle qu'elle n'est, ni plus une. Mais nous aurions celle de présenter loyalement aux yeux de tous le schéma de son évolution.

Notre travail n'aurait pas été inutile si une nouvelle génération, arrivant à la vie politique et s'étant demandé : « Qu'est-ce que le radicalisme? », trouvait ici les éléments précis de la réponse, abstraction faite du détail historique qui en pourrait être, sous une autre plume, la riche illustration.

Pour nous, les groupements, les partis, les ministères, les hommes qui ont tour à tour fait vivre cette politique ne sont que le support de l'idée : ils n'apparaîtront qu'autant qu'il sera indispensable pour faire voir l'idée en marche.

Que vaut l'idée ? C'est presque la seule question que nous posions, trop heureux si notre essai pouvait aider l'esprit public à la résoudre.

PREMIÈRE PARTIE

FORMATION DU PARTI

CHAPITRE PREMIER

LA POLITIQUE RADICALE AVANT LA TROISIÈME RÉPUBLIQUE

N'écrivant pas l'histoire du radicalisme, nous songerons encore moins à en étudier la période préhistorique.

Notons seulement en quelques lignes les origines et du mot et de l'idée. Nous les trouvons en Angleterre dans la seconde moitié du XVIIIe siècle, en France dans la première moitié du XIXe.

I

En Angleterre, « il existait dès le XVIIIe siècle, un parti de réforme politique radicale par le suffrage universel, qui déjà prenait le nom de *radical*. Il avait apparu en 1769 avec l'affaire de Wilkes » (1). On sait que dans cette affaire, si peu intéressant que fût le personnage, deux grandes réformes étaient en cause: la liberté de la presse et le droit des électeurs. A l'une

1. Seignobos, *Histoire de l'Europe contemporaine*, p. 26.

et à l'autre le roi Georges III et la Chambre des communes firent une longue et opiniâtre résistance. Les virulents pamphlets de Wilkes signalèrent les abus (1), et quels abus ! Dès cette époque l'opinion publique prend parti avec passion pour ceux qui réclamaient la réforme totale, les *radical reformers*. La « Société des champions du Bill des droits », impose à ses candidats le programme suivant, qui peut bien passer pour le premier manifeste électoral du radicalisme : « Représentation exacte et complète du peuple, suppression de la corruption parlementaire ; exclusion des députés fonctionnaires » (2).

Cette première explosion, assez désordonnée, du radicalisme politique avait laissé plutôt des souve-

1. « La composition de la Chambre des communes prêtait le flanc plus que jamais à de justes attaques. Près de 200 députés avaient des places. Electeurs et députés puisaient à pleines mains dans les caisses royales. Certaines villes triplaient de population, certains bourgs se dépeuplaient sans que jamais la carte des circonscriptions fût remaniée. Maintenant 700 électeurs nommaient à 56 sièges, et 6 de ces derniers avaient seulement 3 électeurs chacun. La majorité des électeurs de Shoreham se syndiquait pour vendre la députation au plus offrant... Une chambre ainsi recrutée n'aimait pas que les mandants vissent clair dans la conduite des mandataires et que les débats fussent publics : ce qui soudait la question de la presse à la question parlementaire... » (Edm. Sayous dans l'*Histoire générale* de Lavisse et Rambaud, t. VII, p. 878.)

2. Plus, cet article capital qui eût pu changer l'avenir en empêchant la guerre d'Indépendance des Etats-Unis : « Droit pour les Américains de se taxer eux-mêmes ».

nirs bruyants que des traces effectives, quand la Révolution française vint réveiller l'ardeur du petit groupe qui, presque seul, à Londres, représentait le parti des grandes réformes. Ce parti, reconstitué, fit des recrues, noua des relations suivies avec les révolutionnaires français par les *corresponding societies*, persécutées d'abord, mais peu à peu soutenues par l'opinion. « Leur langage et leurs tendances allaient à la République : on se donnait le titre de *citoyens*, on appelait le roi *le premier magistrat.* Ces sociétés ont planté çà et là des arbres de la liberté, suscité quelques troubles ; elles fêtaient dans les jardins ou les tavernes de Londres les événements révolutionnaires. Même avant 1792, elles mêlaient les drapeaux et menaçaient de mêler les institutions (1). »

Mais c'est seulement après la chute de Napoléon que le mouvement en faveur des réformes radicales fut repris avec autant de vivacité que d'esprit de suite. Les disciples de Bentham, d'une part, ceux de Cobden, de l'autre, l'appuyèrent ; la presse, que Cobbett venait de mettre à la portée du peuple et qui s'adressait pour la première fois « à tous les journaliers et ouvriers d'Angleterre », les *meetings*, processions et manifestations populaires, quelques émeutes, des procès politiques retentissants, les protestations du

1. Sayous, t. VII de l'*Histoire générale*, p. 645. — Sur le même mouvement à la même époque en Ecosse, lire un intéressant article de Fréd. Mercey, *Les premiers réformistes d'Ecosse* dans la *Revue des Deux-Mondes*, du 1er novembre 1837.

Lord maire et du Conseil de la cité de Londres, enfin les discours de Burdett, le premier et longtemps le seul député *radical*, donnèrent de 1816 à 1819 une grande extension au radicalisme. L'énergique répression à la suite du complot de 1820, les six actes « lois de bâillon » qui établissaient un régime d'exception, firent cesser l'agitation radicale. Elle recula surtout devant la politique des concessions modérées, devant les conditions nouvelles faites à l'industrie, devant l'organisation des *trade-unions* (1).

II

En France, le mot *radical* ne paraît pas avoir été usité pendant la Révolution, malgré les relations que nous venons de signaler entre les radicaux anglais et nos révolutionnaires.

Mais il entre dans la langue politique sous la Restauration, surtout par allusion aux *radical reformers*, qui demandaient le suffrage universel dès 1819.

Sous Louis-Philippe il devient vite d'un usage courant comme moyen d'exprimer les « idées républicaines » sans employer un vocable inconstitutionnel (2).

1. Seignobos, même ouvrage, p. 27 et suiv.

2. « On fait, dans un camp, de la monarchie ministérielle; on fait, dans l'autre, du *radicalisme républicain* » (*Le Temps* du 20 février 1832). « Les républicains, malgré leur absurde *radicalisme*, ne peuvent faire que tous les hommes aient une égale capacité » (*Journal de Paris*, 10 nov. 1833). Le *Journal du Peuple*, hebdomadaire depuis le 1er janvier 1837, se dit lui-même *radical* et emploie couramment le mot dans son sens politique.

Le procureur général de la cour royale de Paris disait à l'audience solennelle de rentrée de 1833 :

Au mois de décembre 1830, on niait qu'il existât en France un parti *radical*. A la tribune publique un orateur demandait ironiquement si l'on avait vu passer la République.

En 1833, nous sommes inondés de journaux et d'écrits en faveur de cette forme de gouvernement : la hardiesse a été portée à ce point qu'on a pu imprimer « qu'une lutte « était engagée entre les rois et les peuples, qu'une révo- « lution pourrait seule en amener la solution, qu'en accé- « lérer le mouvement non seulement en France, mais par- « tout, c'était servir la sainte cause de l'humanité, c'était « obéir au cri de la nature » (1).

Le mot *radicalisme* devient même un terme de politique européenne. La *Gazette d'Augsbourg* « demande que tous les gouvernements se liguent contre le *radicalisme*, et c'est à la France qu'on demande d'imprimer la première cet élan » (2).

Le triomphe du « parti radical » en Suisse (ou parti national, qui réclamait des constitutions démocratiques dans les cantons et l'accroissement du pouvoir fédéral), triomphe incontesté après la guerre du Sonderbund, acheva de populariser l'idée et le mot.

On sait quel tableau fit Montalembert du radicalisme suisse à la Chambre des pairs (14 janvier 1848) dans un discours qui faillit obtenir les honneurs, si rares alors, de l'affichage. Il le déclarait « plus redoutable que l'anarchie » ; il disait à ses collègues : « Si

1. *Constitutionnel* du 5 novembre 1833.

2. *Journal du commerce* du 1er mai 1834, aux « nouvelles de l'extérieur ».

jamais les radicaux suisses devenaient les maîtres en France, ils vous feraient payer au prix de votre patrimoine et de celui de vos enfants la rançon de vos votes et de vos arrêts. » Et déjà il le montrait « ayant ses complices et ses alliés en France », dans la campagne des banquets. Il le prouvait en lisant le toast porté dans un de ces banquets en Bourgogne par M. Druey, député du Canton du Vaud et membre de la Diète : « Des deux côtés du Jura il s'agit de faire « passer du domaine des idées dans celui des faits les « grands principes de liberté, d'égalité, de fraternité « des hommes, qui font le bonheur aussi bien que « la gloire des sociétés. Il s'agit *de faire triompher le « droit des masses sur le privilège du petit nombre*. Il « s'agit de cimenter la sainte alliance des peuples « et de faire grandir leur souveraineté (1). »

Pour ne parler que de la politique intérieure de la France, le radicalisme prend figure de parti ou du moins de groupe extrême qui va se placer entre l'opposition et le socialisme révolutionnaire (2).

Léon Faucher intitulait déjà, dans la *Revue des Deux-Mondes* du 1er novembre 1837, un grand article politique : *L'opposition et le parti radical*. Et, en ma-

1. *Moniteur* du 15 janvier 1848.

2. Daniel Stern dit dans son introduction à l'*Histoire de la Révolution de 1848* : « Le *radicalisme* ou le *républicanisme exclusif* — qui depuis 1793 n'avait pas cessé d'être en rapport avec le peuple et qui cherchait comme le socialisme son point d'appui dans les masses, — perdait du terrain à mesure que le socialisme en gagnait. » (Introduction, p. LV).

festant toute sa réprobation, toutes ses appréhensions surtout pour l'entrée d'un « élément républicain » dans l'opposition, il ajoutait :

Les républicains ont fait preuve d'une extrême habileté. ...jetés violemment peut-être en dehors de l'ordre légal, ... viennent d'y rentrer par adoption et d'y mettre garnison des leurs. Privés de chefs notables et n'ayant plus la ...erté d'exposer leurs opinions sans réticence et sans déguisement, ils ont brigué et obtenu le patronage qu'ils pou...ient le plus souhaiter, celui des principaux fondateurs de ...rdre politique qui est sorti de la révolution de juillet. Ils ...t des noms à présent, et le temps leur donnera des doc...nes, car ils passent de l'état de protestation à l'état de ...scussion : les *républicains* tendent à se transformer en ...*dicaux* (1).

L'exemple même des Anglais lui semble condam...r cette coalition qu'il juge immorale :

« En Angleterre les *whigs*, qui sont le parti ministériel, ... craignent pas de s'allier aux *radicaux*, parti de mille ...nces et qui confine à la république par ses extrémités. ...is cette alliance se conclut de part et d'autre sur le ter...n de la constitution... Soyons de bonne foi : la question ...pose-t-elle ici dans les mêmes termes ? Le *parti républi...n*, qui se transformera, nous le croyons, par la force ... choses, en *parti purement radical*, avait-il déjà opéré ...te transformation lorsqu'il est entré dans le comité ? ...-t-il pas stipulé au contraire très expressément la réserve ... ses espérances et de ses opinions ? »

Le mot d'*opposition radicale* est d'un emploi cons...nt pendant tout le règne de Louis-Philippe :

« Dans l'*opposition patriote* il y eut deux camps bien ...tincts : le camp de l'*opposition dynastique et parlementaire*,

1. *Rev. des Deux-Mondes*. t. XII, 1837, p. 762.

et le camp de l'*opposition radicale*. Sous ce dernier no on doit comprendre alors l'*opposition républicaine* propr ment dite confondue avec les membres de l'opposition l'extrême-gauche tels que MM. Laffitte et Dupont l'Eure... On s'arrêta d'abord à l'idée de former un com de fusion, composé des députés de la gauche et de l'e trême-gauche, y compris les républicains... Mais l'élém *radical* de la première réunion se trouva aux prises ave gauche dynastique ; et, quand il fut constaté que l'acc ne pouvait se faire, M. Odilon Barrot écrivit une le motivée pour le déclarer... Le comité radical avait app pour le seconder et le compléter des journalistes et électeurs peu disposés à aucune concession. Parmi les me bres principaux se trouvaient MM. François Arago, G nier-Pagès, Dupont de l'Eure, Cormenin, Laffitte et M guin qui avaient depuis longtemps rompu toutes relati avec la dynastie. « La composition de ce comité, « M. Louis Blanc (*Histoire de dix Ans*) était presque en « rement démocratique, et à côté de lui nul autre com « de l'opposition n'était possible » (1).

Il faut que le mot ait joui déjà d'une sorte popularité assez étendue, dépassant son accept proprement politique, puisque Jules Simon, dès 18 étudiant le mouvement des idées philosophiqu donnait à un premier groupe de systèmes « avancé le nom de « philosophie radicale » (1).

1. Rittiez, *Histoire de Louis-Philippe*, t. II, p. 264.

2. « Nous réunissons sous le nom de *philosophie radi* les trois différents systèmes de M. de Lamennais, M. Pierre Leroux et de M. Buchez, parce que leur s commun caractère est de se vouer au service des opini politiques les plus avancées... Cette philosophie démo tique descend en droite ligne du romantisme et se for comme lui mi-partie d'idées libérales exagérées et de ne sais quel retour au christianisme poétique ». Ju Simon, article intitulé : *Etat de la philosophie en France* :

Enfin — pour ne citer que les documents principaux — Hippolyte Carnot, député de la Seine, publiait au commencement de 1847 une brochure importante *Les Radicaux et la Charte* (1). Sans rien renier des opinions républicaines inséparables de son nom, le fils de Lazare Carnot s'est incliné devant la volonté nationale (2). Il accepte la charte de 1830. Mais il soutient avec force et non sans quelque vraisemblance que cette charte, « sans être un chef-d'œuvre de l'esprit humain », a pourtant « conservé l'empreinte de cette ferveur libérale qui précéda et qui suivit la révolution de juillet ». Il estime que « la charte, expliquée selon l'esprit qui régnait au temps

Radicaux, le Clergé, les Eclectiques dans la *Revue des Deux-Mondes* du 1er février 1843.

1. *Les Radicaux et la Charte*, par H. Carnot, député de la Seine, Paris, Pagnerre, 1847, in-8° 40 p.

2. « J'appartiens à ceux qui, en 1830, faisaient des vœux pour l'établissement de la République et ne craignaient pas de les exprimer tout haut, mais qui n'étaient pas tellement jaloux d'une satisfaction grammaticale qu'après avoir obtenu la chose ils eussent tenté une révolution nouvelle pour acquérir le mot. Ceux qui partageaient ces convictions, sans se montrer en aucune façon indifférents aux formes gouvernementales, estimaient néanmoins qu'une amélioration effective dans la condition sociale d'un peuple aurait compensé ce qui serait demeuré imparfait dans l'échafaudage politique, certains d'ailleurs que, pourvu que le sentiment national eût les moyens de s'éclairer et de se manifester, il finirait toujours par avoir raison.

« Nos espérances furent doublement trompées : ni les réformes sociales ni les réformes politiques ne s'accomplirent dans la mesure qui nous semblait alors possible et désirable. » (p. 9).

de sa promulgation, ne met pas d'obstacle aux progrès démocratiques » (p. 6). Il s'applique donc à l'interpréter hardiment en ce sens.

On remarquera sans nul doute l'analogie entre ces débuts du radicalisme français et ceux du radicalisme anglais du siècle précédent : c'est la question de la représentation nationale, c'est la réforme électorale par le suffrage universel qui en est le point de départ. Et en 1847 en France comme en 1768 chez nos voisins, ce que le radicalisme reproche au régime en vigueur, c'est de s'opposer, par des procédés arbitraires ou par de malhonnêtes habiletés électorales, « à la légitime influence des sentiments démocratiques qui ont, au fond, la majorité dans le pays ». Il s'agit d'aider cette majorité vraie à se dégager. Et le manifeste d'Hippolyte Carnot se termine par une déclaration qui mérite d'être relevée comme expression significative de la tactique adoptée dès le premier jour et invariablement maintenue par le radicalisme :

Je ne crois pas, dit-il, que l'on puisse imaginer une constitution où le pouvoir prenne plus directement sa racine dans l'opinion du pays, une constitution, qui, à ce titre, mérite mieux le nom de *radicale* (p. 14).

Pour qu'elle devienne une vérité il suffit, que l'opinion du pays puisse s'exprimer libre et complète : le *radicalisme* ne demande pas autre chose. Il ne s'attache pas à une forme exclusive de gouvernement, mais il veut que le gouvernement soit toujours le produit de la volonté nationale. Les efforts du radicalisme doivent donc être aujourd'hui dirigés vers un but unique : l'extension des droits électoraux. La formule du radicalisme est celle-ci : organisation de la volonté nationale. Et la conséquence de cette formule c'est la soumission à la volonté nationale dès qu'elle s'est manifestée (p. 15).

Quant au parti radical, son rôle est de demeurer spectateur de la lutte aussi longtemps qu'il lui prévoit pour tout résultat la satisfaction des ambitions personnelles, d'y intervenir activement aussitôt qu'il peut stipuler avec l'un des rivaux quelques avantages pour le pays : son appui est d'avance assuré à ceux qui embrasseront la cause de la réforme. Emu seulement par les douleurs du peuple, jaloux seulement de les soulager, la détresse publique réclame son premier effort.

« Cette pensée, qui contient en bloc la définition du radicalisme, *les radicaux peuvent la proclamer hautement, parce qu'elle est dans les limites de notre statut fondamental.* Ils peuvent, ils doivent soutenir au pouvoir les hommes qui le favorisent ; ils peuvent, ils doivent marcher eux-mêmes, à la conquête légitime du pouvoir, afin de la réaliser. » (p. 32).

III

Avec la Révolution de 1848, la désignation de radicaux semble sinon disparaître, du moins s'effacer. Le mot n'avait-il pas suffisamment pénétré les masses populaires ? Devait-il quelque défaveur à son origine exotique ? Ou plutôt fut-il vite éclipsé par la terminologie socialiste plus claire, plus expressive, plus impressionnante ? (1) Le fait est que, parmi tant de

1. Le *Dictionnaire politique* de 1848 contient un mot *radicalisme* ainsi défini : « doctrine de l'innovation qui prend pour base la conscience et la raison, sans tenir aucun compte du droit de possession que les privilèges établis empruntèrent au passé » (d'après Tchernoff, *Le parti républicain sous la monarchie de juillet*, p. 312).

noms de clubs et de journaux qui foisonnent sous le Gouvernement provisoire, un maître connaisseur en cette matière, M. Georges Renard, n'a pas relevé une seule fois le mot *radical*.

Ce n'est pas que la chose eût disparu avec le mot. Ceux des radicaux qui persistèrent dans le programme si bien esquissé par Carnot, programme social autant que politique, les « républicains de la veille» comme on les appelle parfois, prirent le nom de « démocrates ». Et après les journées de juin, quand les tronçons du parti républicain avancé réussirent à se rejoindre, l'union se constitua sous l'appellation désormais consacrée et populaire de « démocrate-socialiste ». La réaction ne s'y trompa pas, Et ce fut sur les *démoc-soc* qu'elle fit pleuvoir les sarcasmes, les calomnies,.. et les poursuites.

Il est à noter, comme l'a reconnu Karl Marx (1), qu'à cette époque les *rouges*, les *montagnards*, les *démoc-soc* comprennent les deux éléments mêlés, ouvriers et petits bourgeois.

On peut aussi trouver le prototype de ce que seront plus tard les « radicaux-socialistes » dans les statuts de la grande ligue de résistance, la *Solidarité républicaine* brisée dès 1849 par Léon Faucher. Ce groupe ne se confondait pas d'ailleurs avec celui des socialistes : l'un eut pour candidat Raspail, l'autre Ledru-Rollin lors de l'élection présidentielle.

1. Karl Marx. *La lutte des classes en France, 1848-1850*, p. 240 et suiv. de la traduction française.

IV

Pour saisir un commencement de réalisation politique du radicalisme, avec le mot et avec l'idée, c'est-à-dire la constitution d'un programme et la formation d'un parti, il ne faut pas remonter au-delà du second Empire et à proprement parler de ses dernières années.

Tant que dura le despotisme brutal, l'anéantissement du régime parlementaire et de toutes les libertés, il n'y avait d'opposition possible que hors de France. C'était la protestation des proscrits, par la voix de Victor Hugo et par celle d'Edgar Quinet.

Plus tard, quand les amnisties impériales, les victoires de nos armes, l'éclat de nos Expositions, l'impossibilité de maintenir l'état de siège à perpétuité et enfin, malgré tout, les réclamations croissantes de l'opinion publique nous inclinèrent de plus en plus vers l'Empire parlementaire, puis vers l'Empire libéral, il y eut en France deux oppositions : l'une qu'on appelait *dynastique* et qui se limitait d'avance à un ensemble de réformes ne devant pas atteindre le régime dans ses principes ni dans ses organes essentiels ; l'autre, qu'on appela et qui s'appela elle-même *radicale*.

C'est à cette date que l'on peut placer le véritable acte de naissance du radicalisme français.

Le premier exposé classique qui en ait été fait

publiquement au nom d'un groupe constitué est le livre de Jules Simon, *la Politique radicale* (1868).

Il vaut la peine de jeter les yeux sur ce document initial.

La préface, en quelques pages d'une langue philosophique, abstraite et froide, mais très claire, définit le mot et fixe la doctrine.

Le mot d'abord. « On devrait être entendu », dit l'auteur, « quand on parle de *politique radicale*. Mais les absolutistes — monarchiques ou jacobins — qui mettent leur système au-dessus de la liberté, et les ultralibéraux, qui mettent la liberté au-dessus de tout, prennent également et avec une égale raison le titre de *radicaux*, qui signifie seulement *hommes de principe*. Il convient donc d'ajouter que le *radicalisme* dont il s'agit ici est le *radicalisme* dans le sens de la liberté (1). »

Ce premier radicalisme est à vrai dire un libéralisme radical. N'oublions pas qu'il servait d'équivalent licite au mot illicite « République ».

Partant des principes de 1789, que l'Empire lui-même déclarait prendre pour base de la constitution, l'auteur n'avait qu'à en réclamer l'application intégrale. Sa politique, prétend-il, n'est pas autre chose : elle n'est que le développement logique de la *Déclaration des droits de l'homme*. « Le caractère propre d'une politique radicale est de repousser les transactions, les demi-mesures, d'aller comme on dit vulgai-

1. Jules Simon. *La politique radicale*, p. 1.

ement jusqu'au bout de ses principes. C'est ce qui a distingue de la politique *sage*, qui se vante de avoir faire, à propos de tout, les concessions nécessaires. La première est une doctrine, la seconde est urtout une habileté (1). »

Mais, à peine ces prémisses posées, l'auteur se rappelle que « la politique est tout autre chose qu'une philosophie ». En quel sens accepte-t-il que les radicaux lisent : « Tout ou rien ? » Cela veut dire : « qu'ils ne e reposeront pas avant d'avoir obtenu la liberté otale ». Toutefois, se hâte-t-il d'ajouter, « on peut, n doit accepter les libertés partielles qui rendent lus prochain et plus véritable l'avènement de la liberté totale ». Notre politique, dit-il, est « radicale parce qu'elle veut le tout et qu'elle ne s'arrête pas vant d'avoir tout obtenu ; mais elle n'a ni l'espoir de éformer le monde en une heure, ni la sottise de dédaigner les réformes incomplètes qui peuvent rendre lus facile la réforme définitive... Il y a une grande ifférence entre accepter un progrès partiel et s'y arrêer, ce qui est le propre d'un *tiers parti*, ou l'accepter la condition de passer outre, ce qui est le devoir u *parti radical* (2). »

Il valait la peine de relever ces lignes. Elles montrent en effet que, dès sa première heure, la politique adicale prévoyait le problème du futur opportunisme et indiquait la solution qu'elle entendait lui onner.

1. *Ibid.*, p. 4.
2. *Ibid.*, p. 6 et 7.

Elle rejettera l'opportunisme s'il prend la forme d'un arrêt final ; elle l'acceptera comme arrêt temporaire, d'où l'on doit repartir au plus tôt pour de nouveaux pas en avant. Jules Simon, théoricien du radicalisme, n'est nullement un révolutionnaire : il consent, il s'engage à passer, avec toute la lenteur qu'exigeront les événements, par toutes les étapes successives qu'il faudra franchir, pourvu que d'aucune d'elles on ne prétende faire un point d'arrivée.

« Il n'y a rien de mystérieux dans le système. En voici, en deux mots, le développement :

« En fait de science, de *théorie* : la liberté totale sans restriction ni réserve.

« En fait de *pratique*, de politique : comme origine, la souveraineté nationale ; comme mesure, la moindre action ; comme garantie, la publicité et la responsabilité à tous les degrés (1). »

Cette distinction entre la théorie et la pratique, Jules Simon la justifie en des termes qui caractérisent très exactement à ce double point de vue le programme de la politique radicale :

« S'il ne s'agissait que de supprimer absolument ou la liberté ou l'autorité, il n'y aurait que deux systèmes, tous les deux également simples : celui du *despotisme* ou de l'autorité sans limites, et celui de l'*anarchie* ou de la liberté sans frein. La politique consiste précisément à concilier l'autorité et la liberté dans une juste mesure. »

1. J. Simon. *La politique radicale*, p. 34.

« Et la différence entre le *tiers-parti* et l'*école radicale*, c'est que l'école radicale va, dans l'élimination de l'autorité, jusqu'aux dernières limites du possible.

« Sa formule suprême n'est pas : « Nulle action » mais : « La moindre action ». Elle est si loin d'être l'anarchie qu'elle est précisément tout le contraire.

« L'autorité ne peut être forte qu'à condition d'être légitime : elle n'est légitime qu'à condition d'être nécessaire et dans la limite de sa nécessité... Un pouvoir fort, mais restreint — fort, parce qu'il est restreint — esclave de la loi, appuyé sur la souveraineté nationale, non seulement parce qu'il en sort, mais parce qu'il en dépend, un tel pouvoir est le seul dont on puisse dire qu'il ne limite la liberté que pour la rendre plus efficace (1). »

Habile et ingénieuse tactique pour battre en brèche le pouvoir absolu, monarchie, empire, dictature, non pas au nom d'un autre régime, mais en vertu du seul principe de la souveraineté nationale.

On sent toute l'ironie des conclusions qu'il en tire :

« Le pouvoir, s'il est fidèle à sa mission, doit travailler avec une énergie persévérante à sa propre élimination. Nous exprimons le pouvoir par ces mots : « la moindre action », empruntés à la langue philosophique, pour bien marquer son rôle dans la société et ses rapports avec la liberté. On le définirait plus exactement en disant : « l'action de plus en plus diminuée » (p. 36).

1. *Ibid.*, p. 35.

C'est en s'appuyant sur ces considérations générales que Jules Simon, supposant qu'on le presse de dire enfin en quoi consiste, point par point, le programme de son parti, répond par le vif et succinct aperçu qu'on va lire :

« En vertu de ces principes, quelle doit être la doctrine de l'école radicale ?

En matière de presse ? La liberté totale.

En matière d'enseignement ? La liberté totale.

En matière de droit de réunion, de droit d'association ? La liberté totale.

En matière de liberté religieuse, de liberté de conscience ? La liberté totale : point d'autorisation préalable, point de restriction, point de salaires du clergé, point d'alliance avec Rome, point de concordat.

Quelle doit être la théorie de l'école radicale : sur l'origine des fonctions ? le suffrage universel.

Sur l'organisation de la justice ? l'élection des juges, la généralisation du jury.

Sur l'impôt ? l'impôt unique.

Sur les douanes, sur l'octroi ? abolition.

Sur les patentes ? abolition.

Sur le livret ? abolition.

Sur les ministres ? responsabilité.

Sur les agents administratifs à tous les degrés ? responsabilité ; suppression de l'article 75.

Sur les communes ? affranchissement de la tutelle administrative, liberté totale dans la gestion de leurs affaires, élection des maires par le suffrage universel.

Il n'y a pas plus d'arcanes dans la politique étrangère : point de guerre de conquête ; point d'armée permanente ; point d'autre alliance politique que nos alliances naturelles, c'est-à-dire l'alliance avec tous les peuples libéraux ; les alliances commerciales fondées sur le principe de la liberté absolue du commerce et sur celui de la réciprocité.

C'est un programme aussi simple et aussi monotone que les litanies... mais c'est un noble programme qui contient la revendication la plus complète de tous les droits de la personne humaine. C'est une politique sans faiblesse et sans compromis. C'est le droit des opprimés et des faibles, c'est l'espérance des âmes fières, c'est le dédain pour les subtilités, les tergiversations, les mensonges, les hypocrisies. C'est l'horreur pour le sang et pour la guerre. C'est la fraternité des hommes et des peuples. C'est la logique, c'est la justice, c'est la science (1). »

Tel est le premier livre où le public français ait trouvé, sous la signature d'un chef autorisé, la pensée authentique des « radicaux » aspirant à devenir un parti politique.

*
* *

Dès l'année suivante, le parti était organisé, et il publiait son programme officiel.

C'est le fameux *programme de Belleville de 1869* (1). Quinze cents électeurs démocrates de la première circonscription de la Seine demandaient à Léon Gambetta « de revendiquer énergiquement à la tribune nationale l'accomplissement du *programme démocratique-radical*, glorieux héritage de la Révolution française ». Gambetta leur demanda de lui adresser le texte précis de ce *programme*. Ils le lui envoyèrent sous ce titre : *Cahier de nos revendications.*

1. *Ibid.*, p. 37.

2. Ce nom de « programme de Belleville » a été conservé en souvenir de son berceau ; c'était en réalité le programme adopté par toute la première circonscription de la Seine et adressé le 7 avril 1869 à Léon Gambetta avec l'offre officielle de la candidature par les citoyens Cartigny et Tourneur, au nom de 1500 électeurs démocrates.

Voici la teneur complète de ce document historique, avec le commentaire de Gambetta :

PROGRAMME DE BELLEVILLE

(PREMIÈRE CIRCONSCRIPTION DE LA SEINE)

LÉON GAMBETTA

CANDIDAT RADICAL

CAHIER DE MES ÉLECTEURS

Citoyens,

Au nom du suffrage universel, base de toute organisation politique et sociale, nous donnons mandat à notre député d'affirmer les principes de la démocratie radicale et de revendiquer énergiquement :

L'application la plus radicale du suffrage universel tant pour l'élection des Maires et Conseillers municipaux, sans distinction de localité, que pour l'élection des députés ;

La répartition des circonscriptions effectuée sur le nombre réel des électeurs de droit et non sur le nombre des électeurs inscrits ;

La liberté individuelle désormais placée sous l'égide des lois, et non soumise au bon plaisir et à l'arbitraire administratif ;

L'abrogation de la loi de sûreté générale ;

La suppression de l'article 75 de la Constitution de l'an VIII, et la responsabilité directe de tous les fonctionnaires ;

Les délits politiques de tout ordre déférés au jury ;

La liberté de la Presse dans toute sa plénitude, débarrassée du timbre et du cautionnement ;

La suppression des brevets d'imprimerie et de librairie ;

La liberté de réunion sans entraves *et sans pièges*, avec la faculté de discuter toute matière religieuse, philosophique, politique et sociale ;

L'abrogation de l'article 291 du Code Pénal ;

La liberté d'association pleine et entière ;

La suppression du budget des Cultes et la séparation des Eglises et de l'Etat ;

L'instruction primaire laïque, gratuite et obligatoire

avec concours entre les intelligences d'élite pour l'admission aux cours supérieurs, également gratuits ;

– La suppression des octrois, la suppression des gros traitements et des cumuls, et la modification de notre système d'impôts ;

La nomination de tous les fonctionnaires publics par l'élection ;

– La suppression des armées permanentes, cause de ruine pour les finances et les affaires de la nation, source de haine entre les peuples et de défiance à l'intérieur ;

– L'abolition des privilèges et monopoles, que nous définissons par ces mots : *Primes à l'oisiveté ;*

– Les réformes économiques, qui touchent au problème social dont la solution, quoique subordonnée à la transformation politique, doit être constamment étudiée et recherchée au nom du principe de Justice et d'Egalité sociale. Ce principe, généralisé et appliqué, peut seul, en effet, faire disparaître l'antagonisme social et réaliser complètement notre formule :

LIBERTÉ, ÉGALITÉ, FRATERNITÉ

Le Comité électoral de Belleville.

Le Président, CARTIGNY. Le Secrétaire, A. TOURNEUR.

RÉPONSE AU CAHIER DE MES ÉLECTEURS

Citoyens Electeurs,

Ce mandat, je l'accepte.

A ces conditions, je serai particulièrement fier de vous représenter, parce que cette élection se sera faite conformément aux véritables principes du suffrage universel ;

Les électeurs auront librement choisi leur candidat ;

Les électeurs auront déterminé le programme politique de leur mandataire ;

Cette méthode me paraît à la fois conforme au droit et à la tradition des premiers jours de la Révolution française.

Donc, j'adhère librement à mon tour à la déclaration de principes, et à la revendication des droits dont vous me donnez commission de poursuivre la réclamation à la tribune.

Comme vous, je pense qu'il n'y a d'autre souverain que le peuple, et que le suffrage universel, instrument de cette souveraineté, n'a de valeur, n'oblige et ne fonde qu'à la condition d'être radicalement libre.

La plus urgente des réformes doit donc être de l'affranchir de toute entrave, de toute pression, de toute corruption.

Comme vous, je pense que le suffrage universel, une fois maître, suffirait à opérer toutes les destructions que réclame votre programme, et à fonder toutes les libertés, toutes les institutions dont nous poursuivons ensemble l'avènement.

Comme vous, je pense que la France, siège d'une démocratie indestructible, ne rencontrera la liberté, la paix, l'ordre, la justice, la prospérité matérielle et la grandeur morale que dans le triomphe des principes de la Révolution française.

Comme vous, je pense qu'une démocratie régulière et loyale est, par excellence, le système politique qui réalise le plus promptement et le plus sûrement l'émancipation morale et matérielle du plus grand nombre, et assure le mieux l'égalité sociale dans les lois, dans les faits et dans les mœurs.

Mais, comme vous aussi, j'estime que la série progressive de ces réformes sociales dépend absolument du régime et de la réforme politique, et c'est pour moi un axiome en ces matières, que la forme emporte et résout le fond.

C'est d'ailleurs cet enchaînement et cette gradation que nos pères avaient marqués et fixés dans la plus profonde et complète devise, hors de laquelle il n'y a pas de salut :

LIBERTÉ, ÉGALITÉ, FRATERNITÉ

Nous voilà donc réciproquement d'accord, notre contrat est complet. Je suis à la fois votre mandataire et en même temps votre dépositaire.

Je fais plus que consentir. Voici mon serment : *Je jure obéissance au présent contrat et fidélité au peuple souverain.*

Léon GAMBETTA,
Candidat Radical.

CHAPITRE II

LA POLITIQUE RADICALE DE 1870 A 1879

Si nous avons cru devoir, dans le chapitre précédent, insister sur les origines politiques du radicalisme, c'est qu'il nous a paru nécessaire de remettre en lumière certains faits et certains textes trop oubliés. Ils aideront à comprendre l'évolution ultérieure de la doctrine que nous étudions. Ils ont déjà permis au lecteur de constater combien se ressemblent, à soixante ans de distance, la politique radicale de 1848 et celle de 1908. La démonstration de cette identité de vues, persistant à travers tant de changements, était bien la première leçon qui dût se dégager de notre étude.

Mais à partir de la chute de l'Empire, une recherche aussi attentive du travail intérieur de la politique radicale n'aurait pas le même intérêt. L'histoire des idées qui lui sont propres et particulières se noie dans l'histoire générale de la République en formation. A chacun des moments tragiques qui vont se succéder dans cette période de 1870 à 1879, il y a des raisons graves qui font passer à l'arrière-plan les préoccupations spécialement politiques : on a d'autres soucis que celui de fixer les nuances caractéristiques des partis.

Sous le gouvernement de la Défense nationale, il ne serait pas plus difficile qu'au temps du Gouvernement provisoire de 1848 de surprendre, au sein du parti républicain et jusque dans le conseil des ministres, la lutte parfois très vive des deux tendances, l'une modérée, l'autre radicale. Mais dans les circonstances extraordinaires que traversait la France, les questions de cet ordre disparaissaient. Il n'y en avait qu'une : le salut de la patrie. Et la différence des deux tempéraments ne se trahissait que par les formes diverses de la même fièvre patriotique.

Pendant le siège de Paris, le radicalisme — si l'on peut appliquer ce mot à un tel moment — ne se distinguait que par la violence de ses manifestations civiques, par son appel à l'action militaire énergique, par la fameuse formule populaire : la guerre à outrance.

On peut attribuer à des entraînements de cet ultra-radicalisme la journée du 31 octobre, celle du 22 janvier et divers autres incidents, tous d'ailleurs trop complexes pour trouver place dans le rapide aperçu auquel nous devons nous borner.

D'une manière générale, tout le monde devina dès l'origine et vit de plus en plus nettement s'accuser la divergence entre deux politiques opposées, même quand elles semblaient se confondre : l'une représentée par Gambetta, l'autre par Thiers.

Sous la Commune — dont l'histoire déborde notre cadre — il serait superflu de chercher à suivre à part l'élément radical. Il ne se sépare pas des autres. Et l'écho des discussions intérieures de l'Hôtel de Ville ne se perçoit même pas dans le bruit de guerre civile. Encore moins peut-on s'attarder à pareilles recherches au lendemain de la « Semaine sanglante ».

L'écrasement de la Commune, l'impitoyable et longue répression qui suivit, la fièvre de réaction qui s'empara de la bourgeoisie effarée, la composition de l'Assemblée nationale élue pour faire la paix et qui se transforma en Constituante, la probabilité et un moment la quasi-certitude d'une restauration monarchique, la formidable campagne menée par les évêques pour profiter des circonstances et livrer la France au cléricalisme, protecteur et protégé des divers partis rétrogrades, tous ces événements qui rendaient invraisemblable le maintien du nom même de République, rejetaient bien loin les radicaux et leurs vues particulières. Le seul acte qu'ils pussent se permettre, et encore avec des précautions, c'était de se joindre indistinctement au reste des républicains et des démocrates de toutes nuances pour traverser, si possible, la crise. Ils ne pouvaient oublier que le mot d'ordre des conservateurs était « d'arracher la France au radicalisme » et que Thiers devait tomber comme « complice du radicalisme ».

Enfin, après la chute de Thiers (24 mai 1873), quand le régime officiel de la France s'appela « le septennat » et son gouvernement le « ministère de l'Ordre moral », jusqu'au vote de la Constitution de 1875 d'où la République sortit à une voix de majorité, la même attitude de réserve et, sinon de silence, au moins de discipline très stricte s'imposait aux radicaux : leur nom même semblait devoir s'effacer pour faire place à celui de « républicains », que les paysans commençaient à accueillir. L'indissoluble cohésion de tous ces « républicains » était un devoir qui primait tous les autres. Le sort de la République en dépendait.

Les élections de 1876 furent la première récompense de cette tactique d'union : la Chambre qui succédait à l'Assemblée nationale allait compter 360 républicains contre 170 monarchistes (1).

1. C'est à cette époque que Bluntschli, dans son grand ouvrage *La politique*, reprenait la théorie de son ami Rohmer sur les quatre partis, correspondant aux quatre âges de la société. A l'enfance et à l'adolescence convient le *radicalisme ;* à la jeunesse le *libéralisme ;* à l'âge mûr le *conservatisme ;* à la vieillesse *l'absolutisme*. Suivant Bluntschli (livre XII, chap. V et VI) les principes théoriques, les tendances idéalistes de la Révolution française se rattachent à une « abstraction *radicale* ». Rousseau, « grand maître de cette école spéculative », est une nature nettement *radicale*, Robespierre un « doctrinaire *radical* ». Il ajoute : « Les radicaux des autres pays se sont bercés des mêmes illusions. Oublier les forces réelles et les situations historiques, et croire que la vie est régie par des conceptions abstraites et imaginées sont deux traits presque infaillibles de *radicalisme* ». Illusions radicales encore, « illusions d'en-

Une dernière épreuve attendait le parti républicain. Obligé de tenir quelque compte de la volonté du pays, le maréchal de Mac-Mahon s'était résigné à former un ministère Jules Simon. Quoique ce cabinet se fût présenté comme « profondément républicain et profondément conservateur », il parut au Président pencher trop à gauche. La majorité de la Chambre l'ayant soutenu, le président prit un ministère de Broglie et fit prononcer la dissolution de la Chambre. Devant ce coup d'Etat, l'union intime de toutes les gauches était plus que jamais nécessaire. On sait que, cette fois, le pays se prononça, malgré l'état de siège, les révocations et les innombrables actes d'arbitraire, pour la « République républicaine ». Les

fant : l'égalité des droits, l'abolition de l'esclavage emportant l'égalité des droits politiques, l'extension du suffrage universel égal avec des circonscriptions égales, sans égard à la diversité des valeurs et des capacités, la théorie radicale de la liberté oubliant les conditions et les limites nécessaires de celle-ci, donnant à une formule abstraite des conséquences absolues. » Et le grand juriste développe avec complaisance sa critique du radicalisme romantique d'Allemagne, du radicalisme démocratique et du radicalisme socialiste de Suisse et de France. Il accorde que le radicalisme rend des services réels dans l'opposition. Mais, dit-il, « on a vu maintes fois les meilleurs chefs de l'opposition radicale se conduire en ministres ineptes ». Il est vrai qu'il range au nombre des « conceptions radicales l'expédition d'Egyte du premier Bonaparte, les escapades du second à Strasbourg et à Boulogne » (*sic*). Bluntschli et son traducteur aiment à parler des « enfantillages du radicalisme ». Le lecteur se demandera peut-être de quel côté sont les « enfantillages ».

363 revenaient en triomphe, et leurs adversaires sortaient de la lutte non seulement défaits, mais déconsidérés devant l'opinion publique. Quelques semaines après, Mac-Mahon devait se soumettre, puis se démettre.

Mais la violence même de ce dernier effort de la réaction pour restaurer le pouvoir personnel ne pouvait manquer d'exaspérer les républicains. Ils devaient répondre par un redoublement de vigueur dans la défense d'abord, bientôt dans l'attaque. C'est bien au Seize Mai qu'est due la première renaissance du *radicalisme*. Pour résister aux entreprises d'un gouvernement de combat contre la République, il fallait une opposition aussi *radicale* qu'elle l'avait été sous l'Empire. Ainsi reparut le mot lui-même, commandé par les circonstances.

Le parti républicain, à la fin de cette période, se trouvait définitivement formé de trois groupes :

Le Centre gauche (environ 50 membres) ;

La Gauche républicaine (200).

Et la Gauche radicale (90).

C'est comme président de ce dernier groupe que Gambetta prononça la phrase célèbre : « Le cléricalisme, voilà l'ennemi » (4 mai 1877) (1).

Pendant toute cette période, il y a sans doute à l'As-

1. Déjà cinq ans plus tôt, dans sa campagne en Savoie, Gambetta, expliquant la pensée politique qui est au fond de cette formule, avait dit : « Il n'y a plus, à proprement parler, de partis monarchiques. Il reste un parti que vous connaissez bien, un parti qui est l'ennemi de toute indépen-

semblée nationale des radicaux, des intransigeants, une extrême gauche. Il y a des discours interrompant la prescription de la politique radicale, discours d'Henri Brisson, de Clemenceau, de Madier de Montjau, de Floquet et surtout de Gambetta qui jusqu'alors reste le chef de toutes les gauches et l'âme de l'action républicaine.

Mais il n'existe encore à proprement parler ni parti radical ni parti socialiste formellement constitués. Ils forment ensemble la petite phalange des « républicains sans épithète », vaillante avant-garde restée un moment seule sur le champ de bataille et qui attend que, derrière elle, le gros de l'armée se reforme.

Et cette situation durera jusqu'au vote de l'amnistie plénière.

dance, de toute lumière et de toute stabilité, car ce parti est l'ennemi déclaré de tout ce qu'il y a de sain, de tout ce qu'il y a de bienfaisant dans l'organisation des sociétés modernes. Ce parti, vous l'avez nommé: c'est le *cléricalisme.* » (Discours de Gambetta à Saint-Julien, 20 octobre 1872.) Voir plus loin, chapitre IV, la reprise de ce thème par M. Combes.

CHAPITRE III

LA POLITIQUE RADICALE DE 1879 A 1898

Le présent chapitre embrasse une longue période : une vingtaine d'années.

On pourrait, on devrait la subdiviser en autant de sections qu'il y eut de ministères ou au moins de présidences, s'il s'agissait d'écrire l'histoire politique de ce temps.

Mais, au point de vue qui nous occupe, cette coupure n'est pas nécessaire. Nous ne cherchons à dégager que la marche des idées au sein de la majorité républicaine et spécialement la formation d'un groupe destiné à devenir le parti radical. Or, si l'on s'en tient à cet examen des idées et des programmes, il faut convenir que pendant ces vingt ans la situation générale reste la même. A travers mille changements apparents, elle est au fond caractérisée par la division, l'irrémédiable division du parti républicain.

Ce grand parti, déjà sûr de la prépondérance numérique et morale dans le pays, consume au Parlement le meilleur de ses forces dans une longue et vive querelle entre *Opportunistes* et *Radicaux*. Ces deux épithètes deviennent deux noms de guerre. Et des polémiques, sans cesse envenimées par de menus incidents personnels, les mettent aux prises en une suite de conflits qui par moments ressemble moins à une lutte d'idées qu'à une rivalité d'ambitions.

Pendant toute cette période, le même rythme semble régler la marche de la politique avec une attristante monotonie. Les deux partis en présence, tels des frères ennemis, alternent entre deux lignes de conduite. Tantôt ils se combattent, et alors c'est la droite qui les départage : la réaction devient l'arbitre de la politique ; inutile de dire dans quel sens elle travaille. Tantôt ils s'unissent, et alors c'est un pacte d'impuissance et d'abstention : ils se paralysent mutuellement. La « concentration républicaine » d'alors c'est l'équilibre de deux forces qui se neutralisent.

Tel est l'aspect général de la période.

Faudrait-il en conclure que la période tout entière fut stérile et tournoya dans le vide ? Ce serait un jugement aussi injuste qu'erroné. Sous cette surface agitée, un grand travail s'accomplissait dans les profondeurs du pays. Les réformes initiales, — celles des lois scolaires, de la loi militaire, de la loi municipale, de la loi sur la presse — pénétraient dans la conscience publique et assuraient à la République le triomphe définitif par le consentement de tous.

Ce n'était donc pas du temps perdu que ces années consacrées à la lente assimilation des idées essentielles du régime républicain par un pays qui avait besoin de s'y habituer. D'ailleurs, il faut bien le reconnaître, le pays n'accordait qu'une attention un peu distraite à cette bataille parlementaire sans issue : simple dispute entre deux partis qui ne parvenait pas à émouvoir les masses.

Ainsi s'explique la durée relativement longue de ce régime de l'opportunisme au pouvoir, avec le radicalisme pour opposition.

Au lieu de suivre l'inutile détail de ces jeux de bascule sans portée, essayons seulement de marquer les principales étapes de la formation d'un véritable parti radical.

I. — 1879-1885

C'est du lendemain même de la grande victoire sur le Seize Mai que datent les premiers symptômes de la division entre les vainqueurs.

Il y avait toujours eu dans l'opinion républicaine deux tendances et, virtuellement, deux politiques, expression de deux tempéraments qui sont dans « la nature » des choses et des hommes.

Mais les circonstances, plus fortes que les partis, avaient imposé à tous, comme une règle absolue de discipline, l'union dans l'action.

Quand Jules Grévy arriva à la présidence, quand fut constitué un ministère pour la première fois pris tout entier dans la gauche, une question se posa. Les républicains allaient-ils appliquer leur programme, tout leur programme et tout de suite ?

Tant qu'ils étaient minorité et opposition, il restait tacitement entendu entre eux qu'ils se groupaient toujours autour du « traditionnel et presque légendaire programme de 1869 ». Peu importait que cette profession de foi, écrite sous l'Empire contre l'Empire, contînt certains articles d'une application difficile ou d'une réalisation très lointaine.

On n'en était pas là, puisque les articles même les plus simples, les plus modérés, ayant trait aux réformes élémentaires, étaient encore écartés par une sorte de question préalable de la majorité.

Devenus maîtres du pouvoir, les républicains sont tenus de s'expliquer. Où commence, où finit leur plan de réformes ? Que gardent-ils intact, que suppriment-ils, qu'ajournent-ils de leurs engagements de Belleville ?

Il faut bien le constater, l'immense majorité du parti républicain sentit et proclama franchement la nécessité de procéder avec prudence, avec lenteur, par étapes ou, pour dire toute la vérité, par demi-mesures proportionnées à ce qu'on croyait le pays capable de supporter à une heure donnée.

Quelques-uns allèrent jusqu'à reconnaître que le programme de 1869 devait être mis aux archives comme un document dont l'outrance avait eu sa raison d'être, mais ne pouvait être indéfiniment soutenue. « Les républicains » — écrira plus tard Armand Després — ... « avaient forcé la note, et demandaient tout, même l'impossible, avec une certaine violence, comme le doivent faire les partis d'opposition à un régime qu'ils veulent renverser... Mais les plus instruits d'entre nous savaient à merveille que la majeure partie des articles du programme était irréalisable. »

Il ne faudrait pas croire cependant que telle ait été l'impression générale à l'avènement de Grévy.

C'était de très bonne foi que la plupart des républicains, on pourrait presque dire la plupart des 363, s'imaginaient continuer l'œuvre si bruyamment annoncée à la fin de l'Empire. Seulement, sans abandonner le programme, on se flattait de le faire mieux accepter en l'appliquant graduellement. C'était, pensait-on, un changement de tactique, non de doctrine politique. Les républicains de la veille voulaient ouvrir leurs rangs aux tard venus. Et pour gagner leur concours, il fallait éviter les formules flamboyantes des clubs rouges de 1869.

Le message de Grévy indiqua cette vue de conciliation dès février 1879. « N'oublions pas, disait-il, que la République doit être la République de la France entière, de ceux qui marchent devant comme de ceux qui marchent en arrière : évitons d'effrayer les timides, cherchons à maintenir l'accord entre tous. »

Gambetta lui-même, lors de son élection à la présidence de la Chambre, dit dans sa déclaration : « Nous pouvons, nous devons tous, à l'heure actuelle, sentir que les gouvernements de combat ont fait leur temps ; notre république, enfin sortie victorieuse de la mêlée des partis, doit entrer dans la période organique et créatrice. » Et, développant sa pensée dans une allocution à une délégation de l'ancien comité de Belleville, il disait :

« En même temps que nous saurons résister à l'esprit de réaction, nous ne nous laisserons pas davantage emporter par l'esprit d'impatience et de témérité. Nous ne nous abandonnerons pas à l'ivresse du succès. Nous continuerons à être des hommes sages, des hommes de bon sens et *d'opportunité*, parce que je ne sais rien qui puisse remplacer cette méthode politique ».

« Opportunité, opportunisme » : le mot était trouvé. Mais quoi de plus que le mot ?

On s'aperçut vite qu'il ne suffisait pas. Dès qu'il fallut formuler « l'opportunité » en rédigeant un programme de réformes, on se divisa. Il y avait alors trois groupes républicains : le *Centre gauche*, la *Gauche républicaine* et *l'Union des gauches*, dont le chef était Gambetta. Après de longs pourparlers, les trois groupes durent renoncer à se mettre d'accord sur un texte commun, même réduit au programme minimum.

A cette cause interne d'impuissance, une autre venait s'ajouter qui était beaucoup plus grave : l'hoslité du Sénat.

On sait qu'au début, les républicains étaient en minorité au Sénat, surtout après les élections partielles de 1879, dont le résultat était apprécié par le *Moniteur universel* en ces termes d'une délicieuse ironie :

« Les hommes qui composent la nouvelle majorité ne sont pas des sectaires. Un grand nombre d'entre eux ont servi les gouvernements antérieurs. Ce sont des républicains de raison, des républicains du lendemain, beaucoup plus que des républicains de parti-pris. Nous ne croyons donc pas que les intérêts conservateurs aient lieu de s'alarmer. »

*
* *

Telle est la situation de 1879 à 1882. C'est le moment où reprend faveur la formule attribuée à Thiers : « La République sera conservatrice, ou elle ne sera pas. » On y opposait en vain le mot célèbre de J.-J. Weiss : « la République conservatrice, c'est une bêtise » (1).

1. Ce mot n'était pas une boutade. Il vaut la peine de relire en entier l'article du *Paris-Journal*, on en mesurera la portée politique :

« Le mot de *République conservatrice* fait en ce moment fortune, demain il fera fureur.

« Qu'est-ce pourtant que la République conservatrice ? On nous permettra de répondre avec notre netteté habituelle : La République conservatrice, c'est une bêtise et rien de plus.

« La République, toutes les républiques du monde, contiennent dans leur sein des progressistes aussi bien que des conservateurs, des radicaux et des révolutionnaires aussi bien que des progressistes. Apparemment la République une fois établie et chaque citoyen se trouvant investi des deux droits politiques primordiaux qui sont les fondements de la liberté : droit d'écrire et droit de voter, les néophytes de la république, pour si conservateurs qu'ils resteront eux-mêmes, ne s'attendent pas à ce que leurs concitoyens du parti radical renoncent à exercer leur droit d'écrire ou de voter, d'agiter pacifiquement le pays, leur droit enfin de conquérir le pouvoir par tous les moyens constitutionnels légaux. Que feront-ils si en effet, après

L'échec de diverses propositions du Cabinet Waddington, l'échec surtout du fameux article 7 de la loi sur l'enseignement supérieur, l'échec enfin du scrutin de liste montrèrent l'impossibilité de passer outre à la résistance du Sénat.

Que faire ? Céder, patienter, attendre que le temps use l'obstacle ? Ce fut l'avis du plus grand nombre et la politique de l'opportunisme.

une ou deux législatures, les radicaux l'emportent aux élections ? Que feront-ils le jour où par le jeu régulier de la Constitution républicaine, MM. Challemel-Lacour, Ranc, Louis Blanc, Gambetta, Floquet, seront devenus les dépositaires du pouvoir exécutif, où la Chambre des Députés sera composée d'une forte majorité de radicaux, où la Chambre et le pouvoir exécutif réunis prendront en bonne et due forme les mesures et promulgueront les lois par lesquelles sera réalisé le progrès plein et entier de la politique radicale ?

« De deux choses l'une : ou ceux qui s'emplissent la bouche du mot de *République conservatrice* chercheront à déchirer la république par force ou par ruse et à lui substituer la monarchie, ils cesseront donc d'être républicains pour protester que la république a trompé leurs instincts conservateurs.

« Ou bien ils se soumettront loyalement... Toute leur activité consistera à essayer de vaincre à leur tour aux plus prochaines élections pour refaire légalement et avec la république ce que la république avait légalement défait, faute de quoi ils continueront de respecter les autorités radicales et leurs ordres légaux.

« Dans l'un et dans l'autre cas, ils commettent un non sens lorsqu'ils disent : Nous sommes pour la république conservatrice.

« On est républicain, ou on ne l'est pas. »

J.-J. Weiss. *Combat Constitutionnel* (p. 163). *Histoire d'un mot*, 22 avril 1882. Charpentier, in-16, 1893.

Quelques républicains au contraire, M. Clemenceau en tête, suivis après un peu d'hésitation par Floquet (1), jugèrent impossible de tant atermoyer. Ils préféraient la lutte ouverte. Ils firent donc scission, et constituèrent le premier noyau d'un parti radical réorganisé dans un sens nouveau que fixa leur journal la *Justice*.

Dès son premier numéro (16 janvier 1880) la *Justice* (directeur politique, G. Clemenceau ; rédacteur en chef, Camille Pelletan) définissait le nouveau radicalisme « comme une protestation contre la politique d'ajournements que Gambetta appelait déjà la politique des déceptions ». Pour la justifier, « on a tour allégué la crainte de renverser le ministère, puis celle de diviser les républicains. Les motifs changent, les termes reculent, l'immobilité reste. Ne nous arrêtons pas à ces mauvaises raisons. »

Après avoir expliqué cette stagnation par le tempérament des hommes politiques (« on voit reparaître l'éternelle race bourgeoise de 1830, docteurs en demimesures que le mouvement effare, l'*orléanisme* d'hier, le *centre gauche* d'aujourd'hui »), le groupe se défend d'être un parti d'outranciers : nous ne combattons, dit-il, que « les outranciers de l'immobilité ».

Nous ne cherchons pas à crier plus fort que les autres. Nous haïssons le charlatanisme du tapage...

Tels nous serons, très décidés à applaudir au premier

1. Pelletan dans la *Justice* (24 nov. 1881) le taxait de « radicalisme platonique », parce qu'il soutenait le ministère Gambetta.

pas en avant, mais très décidés aussi à ne pas nous contenter de mauvaises excuses pour nommer la stagnation progrès et la stérilité sagesse, aussi désireux de voir les républicains se diviser le moins possible que résolus à ne jamais dissimuler un désaccord sous une abdication, adversaires implacables de la doctrine qui consiste à abandonner tout pour sauver le reste.

Et pendant de longs mois la *Justice* s'appliqua sans relâche tantôt par l'argumentation, tantôt par la raillerie à combattre « la politique du gagne-petit ». Pelletan lui prête ce langage : « Faisons de petits progrès, de petites réformes, imitons la marche sûre de la tortue ou du limaçon, les deux animaux qui ressemblent le plus à des hommes d'Etat : voilà la sagesse. » (6 août 1880.)

Ailleurs il fait le bilan des résultats acquis :

Depuis trois ans nous ne voyons à la Chambre qu'une *majorité de sacrifice*. Immoler ses convictions, son programme ou plutôt celui de la République, voilà ce que le Gouvernement a demandé chaque jour à la Chambre. Etre de la majorité du Gouvernement, c'était renoncer à châtier les ministres du Seize Mai, renoncer à l'enseignement laïque établi par l'amendement Barodet, renoncer à voter la magistrature élective établie par l'amendement Beauquier... Je pourrais continuer l'énumération. (26 août 1881.)

Ainsi commence la série qui devait être longue des polémiques ardentes, et des violentes campagnes contre l'opportunisme. On sait avec quelle impitoyable sévérité portée parfois jusqu'à l'injustice, M. Clemenceau renversa l'un après l'autre tant de ministères. « C'était toujours le même», a-t-il dit pour sa défense. Et à Jules Ferry qui demandait d'attendre l'élimination de l'élément monarchiste encore si puissant, Clémenceau répondait : «Pour l'éliminer il faut appliquer les réformes républicaines ; il faut montrer au pays par des faits et non par des discours que nous sommes des gens sincères qui ont demandé la liberté dans l'opposition avec le ferme dessein de la réaliser dans les institutions une fois arrivés au pouvoir. » (26 juillet 1881.)

A la suite de Clemenceau les radicaux parlementaires, renforcés au dehors par le Conseil municipal de Paris, portèrent le conflit sur deux terrains :

Revision de la constitution (suppression ou réforme du Sénat) ;

Reprise du programme de 1869.

Sur le premier point, leurs critiques sont très vives, mais elles paraissent à cette époque très justifiées, tant que le Sénat oppose au développement des institutions républicaines un obstacle invincible. Nous sommes indéfiniment condamnés, disait M. Clemenceau, à « n'avoir qu'une république entourée d'institutions monarchiques, une présidence, un Sénat, un ministère qui s'appuie sur le Sénat pour retenir la Chambre ». C'est le plan de l'Assemblée nationale qui s'exécute. Pourquoi a été instituée la Chambre haute, sinon pour être l'instrument de résistance à la démocratie ? « Chez elle, c'est le sentiment de la minorité qui prévaut. Et cela ne peut durer, car c'est une des causes de la stérilité et de l'impuissance que l'on reproche si justement à la Chambre basse. » (M. Clemenceau.)

Sur le second point, les radicaux reproduisent pour les élections de 1881 tous les articles du programme de 1869 : séparation des Eglises et de l'Etat, substitution progressive des milices nationales aux armées permanentes, magistrature élective et temporaire, autonomie communale. Ils y ajoutent des réformes sociales, telles que la limitation de la journée de travail, l'établissement de caisses de retraite pour les vieillards, la reconnaissance de la personnalité civile des syndicats ouvriers.

C'était le programme de M. Clemenceau dans le XVIIIe arrondissement. Et, pour en bien marquer le sens, il rappelait, dans sa profession de foi, que ce n'était que « l'énoncé sommaire des réformes par lesquelles le parti républicain s'est toujours proposé de *détruire le principe monarchique si vivace dans nos institutions, afin de préparer la grande transformation sociale qui sera le couronnement de la Révolution française*. Ce programme... c'est le *drapeau de 1869* qui fut, en face de l'Empire triomphant, planté par vous sur les hauteurs de Belleville et de Montmartre en signe de défi mortel... »

Tel est le point de départ du radicalisme s'affirmant comme parti politique non plus seulement d'opposition, mais, au besoin, de gouvernement.

***

Le premier effet de sa constitution fut, comme il arrive souvent en politique, de rendre service à ses adversaires : il les forcait à des concessions qui, à elles seules, étaient déjà un progrès.

Gambetta, pour faire oublier son mot terrible sur « le Sénat geôlier de la République », accepta le maintien des deux Chambres, moyennant revision du recrutement et des attributions du Sénat.

Sur les autres articles du programme, Gambetta et Jules Ferry consentirent à des réformes moins « radicales », mais déjà significatives : la suppression du volontariat d'un an, la réduction du service militaire, la défense des droits de l'Etat par l'application intégrale du Concordat. Ils opposaient cette dernière formule, à leur sens beaucoup plus pratique, à celle de la séparation. Gambetta aurait dit un jour au P. Hyacinthe : « La séparation ? mais ce serait la fin du monde ! »

Ainsi, dès 1880, les deux partis avaient nettement pris position, et leurs programmes respectifs correspondaient bien à deux conceptions différentes de la politique républicaine.

Il serait cependant inexact de résumer trop sommairement le radicalisme dans le « tout à la fois » et l'opportunisme dans le « peu à peu ». La divergence n'était pas entre ces deux méthodes, qui eussent été l'une révolutionnaire, l'autre réformiste. Les radicaux convenaient eux-mêmes de la nécessité « d'une marche pondérée et mesurée » ; comme les opportunistes, ils voulaient « sérier les questions », et autant qu'eux ils prétendaient décomposer les problèmes pour chercher successivement les solutions partielles. Mais ils soutenaient qu'avant d'entrer dans cette phase de « la progression sage et modérée », il fallait commencer par libérer la République des entraves qui l'enserraient et des mensonges sous lesquels elle risquait d'étouffer. La Constitution de 1875 était à leurs yeux « une machine de guerre logée au cœur de la place et braquée sur le suffrage universel ». Il fallait donc, avant toute autre opération, prendre cette Bastille. Et l'erreur capitale qu'ils s'obstinaient à reprocher aux opportunistes était d'avoir posé les armes avant que fût consommée la déroute des ennemis de la République. C'est une illusion ou une duperie, répétaient-ils, de prétendre « instituer une pratique républicaine avec des institutions monarchiques ».

Les élections de 1881 envoyèrent à la Chambre 46 députés radicaux. Ce nombre fut encore augmenté par des élections partielles.

Jules Ferry, président du Conseil (21 février 1883) prit vis-à-vis de ce groupe une attitude de franche hostilité. Le groupe y répondit en accentuant son opposition, en créant une *Ligue révisionniste*. « Vous êtes le parti de l'agitation et du désordre », disait le ministre. Et Clemenceau, reprenant le mot de Naquet : « La République, c'est l'instabilité perpétuelle », répondait au ministre :

« L'agitation, ce que vous appelez ainsi, c'est l'action réglée... Il n'y a pas de repos pour les peuples libres ; le repos c'est une idée monarchique. Le peuple, comme tous les organismes vivants, ne connaît pas le repos... Ce que vous appelez l'agitation, c'est l'ordre ; ce que vous appelez la paix, c'est le désordre. Si la démocratie française est mûre pour le self-government, elle ne connaîtra plus le repos ; elle connaîtra l'agitation publique des pays libres.

C'est la réfutation de cette conception qu'entreprit Jules Ferry dans deux discours prononcés le 13 et le 14 octobre au Havre et à Rouen. Il protesta contre « ces tendances qui constituent assurément pour la République un péril, le seul péril du moment, *car le péril monarchique n'existe plus...* » Au péril de gauche, il ne voyait qu'un remède : l'union de plus en plus étroite des républicains de gouvernement, c'est-à-dire de ceux qui veulent et qui peuvent soutenir un gouvernement régulier.

« Il n'y a plus de terme moyen à proposer, on ne peut plus s'ingénier à créer je ne sais quelle combinaison bâtarde qui n'aurait que la forme, que le vernis d'un gouvernement régulier, et qui ne serait au fond que l'intransigeance ; qui, dans tous les cas, ne pourrait subsister que par la permission de l'extrême gauche. »

C'était la rupture. Et pendant plusieurs mois on se tint des deux parts sur le pied de guerre.

Sans doute, les radicaux unissent leurs votes à ceux de la majorité en faveur des lois scolaires, de la loi municipale, des lois sur le divorce, sur les syndicats professionnels. Mais sur tous les points caractéristiques de leur programme ou, comme on continuait à dire, du programme de 1869, ils se heurtaient à la résistance du gouvernement et de la majorité. Ils s'étaient déclarés contre le monopole des grandes compagnies et pour le rachat des chemins de fer : le gouvernement fit adopter les conventions. Au lieu de l'élection de la magistrature, on n'accepta que la suspension de l'inamovibilité pour mettre à la retraite les magistrats les plus hostiles à la République.

De séparer l'Eglise de l'Etat, il n'était plus question. Jules Ferry ayant, à maintes reprises, condamné la séparation qui, par l'indépendance du clergé, mettrait la République à deux doigts de sa perte.

Obligé de céder au vœu manifeste de l'opinion, préoccupé d'ailleurs, avec raison, d'affermir et de consolider en la faisant entrer dans les mœurs la grande œuvre scolaire qui reste l'éternel honneur de son nom, Ferry se résignait à reviser nos lois constitutionnelles ; mais, ici encore, estimant « que le système des deux Chambres était le seul organisme possible dans une république parlementaire », il s'appliquait à limiter la réforme à une simple modification dans le mode d'élection du Sénat. Contre la thèse de la souveraineté, défendue par les radicaux, il fit décider que les pouvoirs du Congrès seraient limités : il ne pourrait discuter que les questions acceptées par le gouvernement d'accord avec les deux Chambres. C'était ce que Camille Pelletan appelait la « revision infinitésimale ».

Au Congrès, les radicaux s'efforcèrent en vain d'obtenir la revision totale de la Constitution, ou l'élection d'une Constituante ; tous leurs amendements pour la suppression du Sénat, ou, tout au moins, pour son élection par le suffrage universel, furent rejetés : le projet du gouvernement fut voté par 509 voix contre 172.

*
* *

Enfin la question coloniale fournit le champ de bataille définitif. L'expédition du Tonkin détermina la crise.

En prenant le pouvoir, Jules Ferry avait affirmé dans sa déclaration, que le pays voulait « une politique d'affaires ». Venant après la Tunisie, la conquête du Tonkin, « ce placement de bons pères de famille », devait satisfaire ce besoin de débouchés économiques, en même temps que nous permettre de conserver notre rang de grande puissance.

Voici en quels termes, quelques mois après sa chute, Jules Ferry justifiait la thèse de l'expansion coloniale :

« A une nation comme la France, à un pays vieux, entouré de concurrents aussi anciens que lui, s'impose la nécessité d'ouvrir de nouveaux débouchés ; il doit le faire par la paix, quand il le peut, par la force, s'il le faut... Quand tous les États de l'Europe grandissent soit en armements, soit en population, la politique de recueillement et d'abstention, c'est le grand chemin de la décadence ;... c'est descendre du premier rang au troisième et au quatrième, et plus rapidement qu'on ne pense... Puisque la politique d'expansion coloniale est le mouvement général des puissances européennes, nous devons en prendre notre part... ».

Les radicaux ne voulaient pas d'expéditions coloniales. Qu'il s'agît de la Tunisie, de l'Egypte, du

Tonkin ou de Madagascar, leurs griefs étaient les mêmes : ils portaient et sur les conditions dans lesquelles ces expéditions étaient organisées et sur leurs résultats.

D'abord, les radicaux protestaient avec véhémence contre l'habitude du gouvernement de profiter de l'absence du Parlement pour organiser des « expéditions de vacances », qui dégénéraient en guerres véritables, et engager des crédits sans l'assentiment des Chambres.

Pour ce motif, le cabinet Ferry avait dû démissionner le 10 novembre 1881, à propos de la guerre de Tunisie.

Dans un manifeste du parti radical, rédigé au mois de janvier 1884, un article IV rappelait que « parmi les droits que la République, même en vertu de la Constitution de 1875 a enlevés au pouvoir personnel pour les restituer à la nation, l'un des plus importants est celui de se prononcer sur les questions de paix et de guerre. La direction de notre politique extérieure ne doit donc être cherchée que dans un accord délibéré, réfléchi, conclu entre le Parlement et le pouvoir exécutif, au grand jour, en pleine lumière. La gauche radicale est fermement résolue à ne laisser porter aucune atteinte à ces principes constitutionnels. »

Quant au profit réel que le pays devait retirer de ces conquêtes, il était à peu près nul.

« Les débouchés nouveaux sont un leurre, car les pays étrangers en profitent plus encore que la France, lorsque celle-ci a fait les frais de premier établissement. » Le véritable résultat de cette politique coloniale, c'était de disperser nos forces militaires au moment même où nous commencions à pouvoir compter sur elles au jour du danger, « d'envoyer nos soldats mourir inutilement aux antipodes à une heure où il n'y a pas un Français qui doive perdre de vue la trouée des Vosges » (M. Laisant) ; c'était aussi de nous aliéner les sympathies de l'Angleterre, de l'Italie, de l'Espagne et de nous isoler dans le monde.

Ainsi, continuant l'optimisme de Gambetta, nous nous laisserions duper par les encouragements intéressés de l'Allemagne. Nous risquerions en outre, de réveiller l'esprit de conquête dont s'accommodent les monarchies. Notre vraie grandeur n'est pas de dominer par la force des races prétendues inférieures, mais de répandre partout, même dans ces races, la justice et la liberté, en ouvrant pacifiquement un champ d'action plus vaste au commerce français.

« Comment ! s'écriait M. Clemenceau, on va, pour ces placements de bons pères de famille, aventurer au moins 500 millions quand nous avons notre outillage industriel à compléter, quand nous manquons d'écoles, de chemins vicinaux ! » La vérité, c'est que « ces guerres coloniales, couvrant des opérations fructueuses pour la haute finance, ruineuses pour le public, détournent le peuple des affaires intérieures et, sous le prétexte d'ouvrir des débouchés au commerce, n'en ouvrent qu'aux fonctionnaires » (M. Laisant).

*
* *

La chute retentissante de Jules Ferry semblait devoir faire le pays juge du conflit entre opportunistes et radicaux. Mais les événements se chargèrent de donner aux uns et aux autres des leçons imprévues.

La Chambre avait enfin adopté (mars 1885) le scrutin de liste. Il y eut presque partout une liste opportuniste et une liste radicale en concurrence directe. L'occasion était propice pour tous les adversaires de la République, ils ne manquèrent pas de la saisir. Ils s'unirent donc sans distinctions d'opinions, en une vaste *Opposition constitutionnelle*, qui, « évitant d'attaquer la République, faisait campagne, au nom de la religion catholique et des intérêts conservateurs, contre les lois scolaires, l'expulsion des congrégations, les dépenses exagérées et l'expédition du Tonkin ».

Beaucoup de républicains comprirent le danger. Jules Ferry lui-même, peut-être plus sensible qu'il ne l'avouait au reproche « d'avoir semé la désunion dans le parti républicain en rejetant de son sein les représentants radicaux ou simplement avancés », montra plus de ménagements à l'égard de ses adversaires de gauche.

Dans deux discours (Lyon et Bordeaux) et dans sa profession de foi, il établissait une différence entre les radicaux et les intransigeants, jugeant ces derniers capables « de compromettre au besoin la République pour faire un sacrifice platonique... ». Il concluait : « Nommez des radicaux, mais ne nommez point d'intransigeants. » De même dans l'expansion coloniale, il limitait soigneusement le programme.

Mais quant au fond, pour l'orientation générale de la politique, il n'y avait rien de changé. Jules Ferry persistait à croire que le programme de 1869 n'était qu'une arme contre l'Empire ; que, « rédigé dans la servitude, il comportait un grain d'utopie, la seule consolation qui nous fût permise ». Nous avons, pensait-il, dans la république un autre devoir, qui « est d'éviter au pays les troubles et les heurts, de ne jamais mettre dans la loi que ce qui a été longuement mûri par l'opinion ».

Les radicaux tenaient bon pour « le maintien intégral de ce programme, dont tout l'essentiel subsiste et n'a rien perdu de son intérêt aux yeux de la démocratie militante ». Loin de consentir à une atténuation, ils se rendaient mieux compte du caractère et des causes profondes de leur dissentiment avec l'opportunisme. Ils s'apercevaient que la difficulté venait bien moins de leur radicalisme en politique que de leur radicalisme en matière démocratique et sociale. Aussi quelques-uns commençaient-ils à compléter le nom même du parti en joignant par un trait d'union à l'épithète *radical* celle de *socialiste*...

Il en résulta, leur nombre s'étant accru, une sorte de sectionnement de fait entre plusieurs groupements différenciés par des nuances d'idées, par des questions de tactique parlementaire, surtout par la variété des affinités personnelles (1).

Mais le trait commun et en quelque sorte le mot de ralliement de tous, c'était de plus en plus celui qu'exprimait cette formule : « introduire les principes de la Révolution française dans l'état de choses que nous a légué la monarchie ».

Les élections qui suivirent (octobre 1885) ne confirmèrent que trop les appréhensions des républicains. Leur division faisait le jeu des réactionnaires. Ceux-ci, au premier tour, avaient la majorité pour 177 sièges, les républicains de toutes nuances pour 129 seulement.

Une fois encore, le péril rétablit instantanément l'union ; opportunistes et radicaux firent leur devoir; appliquant sans hésiter la discipline républicaine, ils posèrent en règle générale le désistement du candidat le moins favorisé. Au second tour, une liste républicaine unique fut opposée à la liste conservatrice. Sur 268 ballotages, les républicains obtenaient 242 sièges.

1. Dans la Seine par exemple : L'*Alliance républicaine des Comités radicaux et progressistes*, dont le président était M. Tolain, et qui comptait parmi ses membres MM. Lockroy, Floquet, Spuller, Ranc, Brisson, prétendait se séparer du comité de la rue Cadet, dans lequel figuraient MM. Barodet, Clemenceau, Clovis Hugues, Sigismond, Lacroix, Laisant, de Lanessan, Madier de Montjau, Henry Maret, Camille Pelletan. A son tour, le *Comité central des groupes républicains radicaux-socialistes de la Seine*, faisait scission. Chacun de ces groupes avait sa liste de candidats et son programme distincts.

La nouvelle Chambre comptait 202 conservateurs et 380 républicains. Parmi ces derniers 200 appartenaient à l'ancienne majorité, 180 aux partis radical et radical-socialiste. C'étaient donc les partis extrêmes de droite et de gauche qui avaient gagné des voix aux dépens du parti modéré, des opportunistes. Mais, somme toute, grâce à l'entente du dernier moment, la République sortait sauve de l'épreuve. Le danger immédiat était conjuré.

II. — 1885-1889

Avec les élections de 1885 se termine la période de guerre déclarée entre opportunistes et radicaux, et commence celle de la politique dite de *concentration républicaine*, qui va s'appliquer sous les trois ministères Brisson, de Freycinet, Goblet.

Cette politique, le président du Conseil, M. Henri Brisson, la recommandait ouvertement dès le premier jour de la session. Et M. Grévy, réélu président de la République trois mois après, insistait sur la nécessité d'une majorité de gouvernement assurant la stabilité ministérielle.

Rien de plus naturel que cette résolution. L'alarme avait été trop vite pour que le souvenir s'en effaçât si tôt. Et une opposition compacte, de près de deux cents membres, était là pour rappeler le danger.

Tout naturellement aussi, l'intérêt dominant pendant cette période s'attachera aux questions sur lesquelles opportunistes et radicaux pouvaient, devaient s'entendre. Le principal acte législatif de ce temps est la loi scolaire du 30 octobre 1886, qui fermait aux congréganistes hommes et femmes les écoles publiques. Sur cette loi, les efforts de la Droite, ni à la Chambre ni au Sénat, ne parvinrent pas à entamer un instant l'accord unanime et résolu des républicains.

Mais, sauf ce point, capital il est vrai, la politique de concentration était condamnée à la même impuissance que la politique antérieure faite de guerre intestine entre républicains. Sous une forme différente, le résultat était le même : la droite les départageait. Elle tirait de l'antagonisme latent des modérés et des intransigeants les mêmes avantages que de leur lutte ouverte. Un ministère ne pouvait durer qu'en s'abstenant d'agir, car de l'heure où il agissait, la Droite n'avait pour le renverser qu'à se joindre à celle des deux fractions républicaines qui n'était pas au pouvoir (1).

1. Exemples, pris au hasard, car ils seraient innombrables :

Le ministère Brisson demande des crédits pour les frais de l'expédition du Tonkin : le refus de la majorité des radicaux d'absoudre les entreprises coloniales de Jules Ferry entraîne la chute du ministère Brisson, ministère obligé de se solidariser avec son prédécesseur.

En devenant président du conseil au mois de décembre 1886, M. Goblet qui, ministre de l'Instruction publique dans le précédent cabinet, avait fait voter le 1er juin la prise en considération de la séparation, renonçait maintenant à

Fatalement un équilibre si instable devait être rompu à propos du moindre incident. Il le fut d'autant plus vite qu'à l'extrême gauche du parti radical, s'amassait, sous le titre nouveau et encore mal défini de *radical-socialiste*, la fraction impatiente et intransigeante. Comme plusieurs radicaux faisaient partie du Cabinet, la majorité du parti consentait aux accommodements nécessaires, se résignait à supporter le Sénat avec un recrutement plus démocratique, à se contenter pour le moment d'une loi militaire préparant la substitution ultérieure et progressive des milices aux armées permanentes, et autres demi-concessions. L'Extrême Gauche affecta de les considérer comme autant de trahisons. Elle prit, jusque dans les élections du bureau de la Chambre, une attitude d'opposition irréductible qui ne profita qu'à la droite.

Mais ces détails de stratégie parlementaire s'effacent devant le grand incident qui, un moment, mit en péril la République elle-même : l'apparition du général Boulanger.

l'inscrire dans son programme. Aux véhéments reproches des radicaux, il répondait en invoquant la nécessité d'ajourner toutes les questions pour lesquelles il n'existait pas dans la Chambre de majorité.

Le 21 janvier 1886, la Droite se joint à l'Extrême Gauche pour faire prendre en considération une loi d'amnistie ; elle espère y faire comprendre les délits électoraux dont ses partisans se sont rendus coupables aux élections de 1885, mais, comme on prétend en réserver le bénéfice aux anciens membres de la Commune, aussitôt elle se retourne et s'unissant aux modérés, fait repousser la proposition, que les radicaux sont seuls à voter.

*
* *

Il y aurait toute une histoire à écrire des relations du parti radical avec Boulanger et de sa part de responsabilité dans l'éclosion du boulangisme. Bornons-nous à rappeler que le général avait, le premier dans l'armée, manifesté un républicanisme ardent et une volonté de réformes qui ne reculait devant aucune conséquence. Il acceptait le projet de loi militaire des radicaux, repoussé par les opportunistes. Il avait tout fait pour donner au pays l'impression d'une réorganisation de nos forces « affaiblies par les expéditions coloniales, pour lui inspirer une confiance toute nouvelle dans l'armée nationale régénérée. Il se posait en champion de la République démocratique, qu'il prétendait envelopper d'une auréole de patriotisme ; il résumait tout son programme dans la vieille formule radicale, qu'il se réservait d'entendre à sa manière : la revision de la Constitution.

Après un premier mouvement d'entraînement irréfléchi, le parti radical se ressaisit presque aussitôt et presque à l'unanimité. Une poignée seulement de membres de l'Extrême Gauche suivit le général factieux jusque dans ses menées plébiscitaires.

Mais en même temps que ce danger à gauche, un autre éclatait à droite.

Anciens opportunistes, modérés et libéraux, tous les éléments républicains qu'effrayait la démagogie boulangiste, venaient d'entrevoir la possibilité d'une nouvelle méthode de défense. Au lieu de s'appuyer sur les radicaux, toujours suspects d'un certain faible pour l'esprit démocratique et les revendications populaires, pourquoi ne pas tendre la main à l'élite de la bourgeoisie libérale, loyalement ralliée à la République ? Jules Ferry n'avait-il pas prononcé à l'ouverture du conseil général des Vosges ces paroles si graves et si persuasives : « En dehors de la République, franchement et résolument acceptée, il n'y a plus, pour les conservateurs dignes de ce nom, ni rôle politique sérieux à prétendre, ni action efficace à exercer sur les grands intérêts nationaux. Tempérer la démocratie, la modérer, la contenir, c'est un noble rôle, mais pour le remplir, il ne faut pas se séparer d'elle ? » N'était-ce pas en réponse à cet appel que venait de se constituer la *Droite républicaine*, groupe très large qui s'engageait à ne plus combattre la République pourvu que la République ne combattît pas la patrie et la liberté ?

Ce fut sous l'empire de ces pensées, de cet « esprit nouveau » que naquit le ministère Rouvier (30 mai-4 décembre 1887).

Loin de faciliter le rapprochement, cette combinaison eut pour premier résultat d'exaspérer les divergences et d'affaiblir, plus encore que l'ancienne concentration, les forces du parti républicain en présence de l'ennemi et pour ainsi dire en pleine bataille.

Sans avoir besoin de saisir la trace matérielle d'un complot, d'un pacte entre *conservateurs républicains* et *conservateurs non républicains*, les radicaux étaient fondés à soutenir que cette majorité ne vivait qu'à la condition de sous-entendre, exigée par les uns, promise par les autres, une politique d'apaisement, c'est-à-dire d'énervement de toutes les lois déjà votées, loi militaire, loi scolaire, lois ouvrières. Les intéressés sans nul doute s'entendaient à demi-mot, et l'œuvre de la République, sans être officiellement désavouée en paroles, allait être, en fait, vidée de tout son contenu.

Mais que pouvait valoir cette suspicion, cette protestation ? M. Rouvier répondait : « Soyez deux cents contre nous, et nous abandonnerons le pouvoir à l'instant même. »

Cette fois encore, ce fut l'imminence du danger commun qui mit fin à une confusion inextricable, à un échange de reproches injustes de part et d'autre, et à des intrigues grosses de tous les périls.

Le parti radical, éclairé par la leçon des faits, eut le courage de repousser lui-même ce mot de *revision* qui lui était cher, mais dont on abusait indignement. Il s'unit à tous les républicains parlementaires pour suspendre le scrutin de liste, rétablir le scrutin d'arrondissement, interdire les candidatures multiples et prendre nettement comme critérium du républicanisme des candidats le maintien des lois que le parti clérical traitait de scélérates.

Grâce à cet effort de sagesse politique, la nouvelle Chambre compta 366 républicains, contre 210 conservateurs ou revisionnistes. Il est vrai que le parti radical cette fois semblait avoir payé les frais de la guerre ; les modérés avaient une grosse majorité.

III. — 1889-1893.

La politique de concentration républicaine. — Le danger que la coalition de tous les partis réactionnaires avait fait courir à la République faisait d'une politique défensive une nécessité. Il s'agissait d'appliquer sans faiblir les lois scolaires et militaires, élaborées dans la précédente législature, de maintenir le terrain gagné et de s'y établir définitivement. C'est tout ce que demandait le pays : il aspirait, au lendemain de la crise boulangiste, à la tranquillité.

Les circonstances ne se prêtaient donc pas à une vie politique ni très intense ni très active. Les seuls qui eussent pu être tentés de l'entreprendre, les radicaux, n'étaient guère en état de prendre une initiative vigoureuse Ils gardaient tous les articles de leur programme, mais plutôt comme un legs dont on respecte l'intégrité que comme expression vivante d'une passion actuelle. Compromis d'ailleurs et diminués par les récents événements, en minorité à la Chambre, à peine représentés au Sénat, ils ne pouvaient espérer intéresser l'opinion à une nouvelle agitation en faveur de leur charte un peu vieillie. Ils se résignent donc à collaborer à l'œuvre d'apaisement ou de tassement qui va remplir la législature. Dans les divers ministères de concentration républicaine, qui se succéderont, ils seront représentés, mais le plus souvent par les membres les plus modérés de leur parti.

Il semble donc que l'histoire des idées radicales ne doive présenter qu'un médiocre intérêt, dans cette législature, consacrée à une politique d'affaires, assez terre-à-terre, sans fait saillant, si l'on en excepte, vers la fin, le scandale de Panama.

Cependant, c'est au cours de cette période que s'opère une transformation profonde des partis, de leurs positions, de leurs programmes. Cette action est due à deux facteurs nouveaux : la politique du ralliement et le socialisme.

Les ralliés. — La Droite républicaine, organisée dans la précédente législature, avait sombré dans le boulangisme ; beaucoup de ses adhérents s'étaient compromis dans l'aventure ou dans les intrigues parallèles.

Peu de mois après les élections, en janvier 1890, quelques députés conservateurs voulurent reconstituer l'ancien groupe avec le même programme et pour le même but : ne pas combattre les institutions afin de mieux combattre les lois gênantes, afin d'en obtenir l'adoucissement.

Le succès fut d'abord médiocre : les républicains ne répondirent pas aux avances qui leur étaient faites. Ils gardaient un souvenir désagréable de leur essai de concentration avec la droite, et une saine défiance les détournait d'une nouvelle expérience. Les manifestations tapageuses des membres du clergé ne contribuèrent pas peu à compromettre la cause des ralliés. Elle fut sauvée par le Pape.

L'adhésion éclatante de Léon XIII à la République

lui donna l'autorité et le prestige qui lui manquaient. Le Pape avait saisi toutes les occasions de blâmer les violentes attaques des évêques à l'égard de nos institutions comme du gouvernement : attitude dangereuse, dont le résultat le plus évident était de ramener l'attention sur l'abrogation du concordat et de fournir des arguments aux partisans de la séparation. Le 18 février 1892 le ministère Freycinet était renversé pour s'être opposé à l'urgence d'un projet de loi sur les associations. Mieux valait douceur que violence. Le 6 mai, le Pape disait aux cardinaux français : « Acceptez la République, c'est-à-dire le pouvoir constitué et existant parmi vous, respectez-le, soyez-lui soumis comme représentant le pouvoir de Dieu. » C'était la conquête pacifique du pouvoir qu'il recommandait pour l'abrogation des lois scolaires et militaires.

Cette consécration officielle semblait devoir fortifier le parti des ralliés, malgré la scission de quelques conservateurs récalcitrants. Il put espérer un instant obtenir droit de cité dans la République, et restaurer avec les modérés concordataires l'alliance contre les radicaux séparatistes.

C'est pour leur résister que les radicaux furent amenés à faire passer au premier plan la question de la séparation de l'Eglise et de l'Etat. Elle rappelait la double nécessité de la méfiance à l'égard de Rome, même adoucie, à l'égard de la réaction même ralliée.

D'autre part s'affirmait, avec une force nouvelle, la question sociale.

Les socialistes. — Sans doute les républicains n'ignoraient pas la question sociale : ils ne l'avaient jamais négligée. En 1884, ils avaient voté la loi sur les syndicats professionnels. Les radicaux, en particulier, n'avaient laissé passer aucune occasion de défendre les intérêts des travailleurs, de provoquer des enquêtes sur les grèves, d'attirer l'attention du Parlement sur la classe ouvrière, sur ce « quatrième état qui s'organise et qui ne se contentera plus d'être souverain, un jour tous les quatre ans». (M. Clemenceau.)

Mais la lutte contre les adversaires de la République, les longs combats autour de la Constitution avaient surtout concentré l'effort d'attention sur les problèmes politiques. Ceux de l'ordre économique ne pouvaient plus être différés.

Depuis quelques années les revendications ouvrières avaient pris plus d'acuité, soit que la situation des ouvriers eût empiré, soit que la première expérience des syndicats leur eût fait concevoir des espérances et manifester des exigences nouvelles. Dans les milieux industriels le socialisme était en hausse.

En 1887 le parti socialiste, dans un manifeste signé de 17 députés, avait exposé son programme : transformation des monopoles en service public, nationalisation progressive de la propriété, établissement d'impôts progressifs sur les richesses personnelles, abolition de l'héritage en ligne collatérale.

Disloqué par la crise boulangiste, il avait, après bien des scissions et des tentatives de fusion, reconstitué son unité en vue des élections de 1893 et groupé toutes ses forces dans une *Ligue révolutionnaire pour l'avènement de la République sociale.*

Une question allait donc inévitablement se poser. Quelle sera l'attitude des républicains en général, des radicaux en particulier à l'égard de ce nouveau groupe spécifiquement socialiste ? On était délivré du boulangisme : on avait donc toute liberté d'action.

Les deux tendances qui s'étaient déjà marquées s'accusèrent aussitôt, mais avec plus de relief.

Aux « républicains de gouvernement », il tardait de se grouper en un grand parti de conservation sociale. M. Charles Dupuy leur donna la formule qui devait les satisfaire :

> En face du parti radical-socialiste, qui renie l'œuvre de la Révolution et jusqu'à l'idée de patrie. se dressera compact, uni et résolu, le groupe des républicains de gouvernement, des républicains libéraux et progressistes, défenseurs de la propriété individuelle, de la liberté humaine, des principes de notre droit moderne : d'un côté les socialistes, de l'autre ceux qui ne le sont pas.

M. Goblet fut le porte-parole de la thèse directement opposée.

Au nom des radicaux ou tout au moins des radicaux-socialistes, il rédigea le Manifeste du 28 novembre 1891 (1), dont voici le passage principal :

> Deux politiques sont en présence : la politique de conservation et de *statu quo*, destinée à donner satisfaction

1. Signé de MM. Goblet, Lockroy, Sarrien, Peytral, Millerand.

aux anciens partis ; la politique de progrès continue et efficace que la démocratie réclame impérieusement.

Le gouvernement de la République ne peut osciller perpétuellement entre les deux politiques, il doit prendre parti et agir.

Les nouvelles couches sociales dont Gambetta annonçait l'avènement prennent chaque jour davantage conscience de leurs droits et de leur puissance. La République a mis aux mains du peuple le bulletin de vote, elle lui a donné l'instruction. Il veut aujourd'hui user de ces armes pour conquérir plus de bien-être et de bonheur.

Il faut être avec lui ou contre lui.

Nous avons fait depuis longtemps notre choix. Nous sommes pour la politique d'évolution contre la politique de résistance.

Pour accomplir les réformes sociales qui, de l'aveu de tous les partis, s'imposent à notre temps, nous faisons plus qu'accepter, nous réclamons *le concours de tous les républicains, de tous les socialistes* — si hardis que puissent paraître leurs théories, si éloignée qu'en puisse être la réalisation — pourvu qu'ils ne demandent qu'à des moyens pacifiques et légaux le triomphe de leurs idées.

L'ancien président du Conseil ne méconnaissait pas les différences qui séparent le socialisme du radicalisme. Mais il ajoutait : « Les radicaux réformateurs n'ont-ils pas toujours proclamé que le véritable objectif de la politique est d'amener graduellement la transformation, c'est-à-dire l'amélioration de notre état social. »

Le Manifeste des radicaux-socialistes concluait :

Que d'autres négocient avec l'ennemi, pour gouverner contre les idées qui sont la raison d'être de la République et contre les masses populaires qui ont été l'avant-garde de son armée ! Nous, c'est en avant que nous portons nos regards, vers le progrès et la justice sociale. »

C'est là ce qu'on a depuis appelé le « pacte des radicaux et des socialistes ».

Il est à noter que le parti radical ne renonçait pas à la revision de la Constitution. Mais les faits avaient ici devancé les idées.

Tandis que l'on continuait à s'escrimer contre le Sénat, citadelle de la réaction, le Sénat se transformait. La prophétie de Gambetta se réalisait : comme il l'avait prévu, « le Sénat avait grandi, à chaque renouvellement, en force démocratique et libérale » ; le temps était proche où il servirait, au lieu de la combattre, la cause de la démocratie.

Le radicalisme n'était donc point infidèle à ses propres doctrines en faisant passer à l'arrière-plan les préoccupations constitutionnelles. Et il prouvait son sens politique en transportant son action sur le terrain religieux et social (1).

C'était sur celui-là en effet que la bataille allait s'engager.

Le radicalisme évoluait donc avec la société elle-même. Le *Temps* le lui reprochait en une phrase qui voulait être ironique et qui se trouvait être d'une saisissante vérité :

1. C'est le moment où M. Goblet prenait la direction de la *Petite République française* et y soutenait la politique d'alliance entre toutes les fractions républicaines sur la base de la légalité. L'idée dominante était que désormais la politique républicaine n'a pas d'objet plus essentiel que la transformation des conditions d'existence de la masse des travailleurs. Dans ce socialisme pratique, radicaux et collectivistes, séparés sur le vote, peuvent et doivent s'unir pour des réformes immédiates.

« On pourrait noter les phases de ces transformations d'après les titres de certains candidats et l'on trouverait le processus suivant : *radical* tout court, *radical-socialiste, socialiste-radical, socialiste* tout court. » C'est la gamme en effet du clavier politique de la démocratie. Et, en gros, il ne restait plus sur le terrain que deux groupes en présence : l'un de conservatisme, l'autre de réformisme social.

Les conséquences de l'affaire du Panama. — Le scandale du Panama ne modifia pas les positions. Les réactionnaires, qui en attendaient la déconsidération et la chute de la République, en furent pour leurs espérances et pour leurs manœuvres : de 170 ils tombèrent dans la nouvelle Chambre à 93 membres, dont 30 ralliés.

En compromettant les personnalités les plus marquantes des deux partis — radical et modéré —, l'affaire du Panama eut seulement pour résultat d'amener un personnel républicain nouveau, mais animé du même esprit. « Le parti radical montait de 120 à 155 représentants. A l'extrême gauche l'union socialiste avait fait passer 55 radicaux-socialistes. Pour la première fois se formait un parti socialiste parlementaire assez nombreux pour agir sur la politique. Dans l'ensemble c'était un déplacement général vers la gauche. » (M. Seignobos.)

IV. — 1893-1898

Les élections de 1893 avaient condamné la politique de concentration républicaine ; possible sur le terrain constitutionnel, elle ne l'était évidemment pas sur la question sociale. Nous ne la verrons plus reparaître, du moins avec les caractères d'impuissance interne et de neutralisation mutuelle qu'elle avait eus jusqu'alors.

En d'autres termes, la majorité républicaine est maintenant presque toujours assez forte pour n'être plus à la merci des jeux ou des coups de la Droite.

Continuant à négliger le détail des faits, qui serait infini, nous ne marquerons que les grands conflits d'idées qui mettent aux prises les deux partis républicains maintenant constitués.

Le premier éclate dès le début de la législation, au sujet des lois d'exception motivées par les attentats anarchistes. Qu'il y eût lieu à répression, tout le monde en tombait d'accord. Mais les modérés n'étaient pas éloignés d'attribuer à la diffusion des doctrines socialistes la responsabilité des attentats : ils proposèrent donc des mesures susceptibles d'atteindre non seulement le criminel avéré, mais des complices, des instigateurs, des prédicateurs de violence, des « meneurs », c'est-à-dire de rechercher tous les militants suspects pour des actes, des paroles ou des écrits

Les radicaux protestèrent contre cette extension ou cette confusion qui, sous prétexte de défense sociale, faisait peser une vague et terrible menace sur tous les partis avancés, sur l'avant-garde de la démocratie sociale.

Quel accord pouvait-on chercher entre ces deux manières d'entendre la défense de la société? Il n'y avait pas de terrain d'entente.

Une solution fut préconisée. On parla beaucoup de constituer — à l'instar de l'Angleterre, disait-on — deux grands partis opposés, qui seraient les *whigs* et les *tories* de la République. Le parti modéré et le parti radical se mesureraient. Suivant la fortune du scrutin, chacun à son tour gouvernerait d'après ses principes, sauf à céder la place à l'autre si la majorité vient à changer.

C'était se faire une étrange illusion. Les majorités étaient encore trop faibles et trop vacillantes pour que chaque parti fût sûr de garder à lui seul son assiette.

Les modérés ne pouvaient faire figure respectable au pouvoir sans l'appui de la Droite, ni les radicaux sans celui de l'Extrême Gauche. De sorte que de ces deux grands partis républicains parlementaires aucun ne serait homogène et pur. L'un devrait faire d'effrayantes concessions aux cléricaux réactionnaires, l'autre aux socialistes révolutionnaires. On comprend les aménités qu'ils échangèrent en se jetant à la tête leur faiblesse réciproque. Elle ne résultait pas de leur volonté, mais de la composition même de la représentation nationale. Vous êtes prisonniers de la Droite, criait-on d'une part. Et de l'autre on répondait : Vous êtes les protégés du collectivisme.

Néanmoins la situation avait ceci de nouveau que l'on renonçait à faire manœuvrer de conserve dans un même cabinet cinq modérés et cinq radicaux. C'était un progrès, puisque c'était un pas vers la netteté politique, vers une conception plus juste de la solidarité ministerielle.

La première application qui en fut faite au parti radical fut la constitution du cabinet Bourgeois (1er nov. 1895). Ce fut le premier ministère exclusivement radical. Il prit tout de suite parti pour un des articles traditionnels du programme radical, l'impôt global et progressif sur le revenu. On sait l'opposition qu'il rencontra. On sait que ce fut le Sénat qui se chargea de jeter bas ce ministère inquiétant pour la sécurité de l'ordre social.

Le gouvernement qui le remplaça donna au contraire toutes les garanties désirées. Pendant deux ans le ministère Méline (26 avril 1896-26 juin 1898) se maintint au pouvoir, non pas, comme le disaient des polémiques de presse, par un pacte exprès signé avec les ennemis de la République et de la démocratie, mais tout simplement en raison de l'intérêt qu'avaient les conservateurs à le maintenir au pouvoir (1). Il n'avait rien à leur promettre, rien à leur

1. Voici un exemple piquant de cette situation politique. Il date du ministère Ribot :

« *M. Jacques Piou.* — Que M. le Président du Conseil

demander. Sa présence seule les rassurait : elle écartait l'ennemi. M. Méline pouvait, avec une parfaite assurance défier ses adversaires de lui citer un acte de trahison. Il n'y en avait pas. Mais il y avait un gouvernement modéré qui, entre un député plus modéré que lui, mais votant pour lui, et un républicain radical qui votait contre, n'hésitait pas. Ce qui dirigeait la France, comme disait très bien M. Léon Bourgeois, « ce n'était pas un gouvernement républicain placé au milieu du parti qui avait vaincu la réaction », mais un gouvernement appuyé sur des alliés qui, s'ils l'avaient pu, l'auraient renversé et qui, ne le pouvant, le gardaient comme moindre mal.

C'est ce que les radicaux appelaient « la coalition permanente » de la droite avec les modérés.

Le duel était donc cette fois engagé à fond et avec une souveraine clarté entre ces deux groupes : les

fasse tant qu'il voudra appel à la concentration républicaine. Ses objurgations ne nous empêcheront pas de le seconder toutes les fois qu'il viendra défendre ici un des grands intérêts publics. Toutes les fois qu'il aura besoin de nous pour battre ses amis, il nous trouvera (Rires). Toutes les fois qu'il aura besoin de faire une majorité contre sa propre majorité, il nous trouvera (Nouveaux rires).

« Vous nous avez trouvés l'autre jour (quand vous défendiez l'ambassade du Vatican).

« *M. Ribot, président du conseil.* — Je ne vous ai rien demandé.

« *M. Jacques Piou.* — Mais vous ne nous avez pas refusés non plus... »

J. off., séance du 16 février 1893.

républicains qui répudient les alliances de droite et les républicains qui répudient celles de gauche.

Aux élections de 1898, les deux blocs (on aurait déjà pu dire le mot, s'il eût été inventé) devaient se heurter. Le parti méliniste fut soutenu, au besoin malgré lui, par les conservateurs, partout où ils n'avaient pas mieux. Le parti radical le fut par les socialistes, convaincus, disait M. Millerand « que leur premier devoir était de barrer la route à la coalition des réactionnaires et des républicains repentis. » Au second tour donc tous voteraient pour celui des deux républicains, le radical ou le socialiste, qui aurait eu le plus de voix.

Dans deux manifestes, émanant l'un du groupe radical-socialiste de la Chambre présidé par M. Goblet, l'autre du comité d'action pour les réformes républicaines présidé par M. Mesureur (1), les radicaux avaient inscrit en tête de leur programme l'impôt progressif et global sur le revenu, la séparation des Eglises et de l'Etat, enfin la revision de la Constitution ou tout au moins « un règlement d'attributions des deux Chambres de façon à laisser toujours le

1. Pour ne pas entrer dans un détail historique qui serait très intéressant, mais hors de notre sujet, nous n'insistons ni sur l'organisation des « groupes » au Parlement et leurs transformations ni sur les comités, associations et ligues qui se constituèrent en dehors du Parlement pendant cette période et la suivante. Nous donnons très succinctement les indications essentielles dans une note que l'on trouvera aux annexes à la fin de ce volume.

suffrage universel souverain sans qu'il soit possible de combattre sa volonté. » (M. Léon Bourgeois.)

Les élections tournèrent à l'avantage des partis de gauche, qui revinrent en force dans la nouvelle Chambre. On y comptait 200 radicaux et radicaux-socialistes, 60 socialistes. Le pays s'était prononcé contre la politique du ralliement. Elle fut définitivement condamnée par la chute du ministère Méline (14 juin 1898) sur un ordre du jour exigeant une politique « appuyée sur une majorité exclusivement républicaine ».

Ainsi, au terme de ce long conflit de vingt années qui avait divisé les radicaux et les modérés, le dernier mot restait aux radicaux. Les lois sur l'armée, sur l'enseignement et sur le travail, sans être leur œuvre exclusive, étaient cependant d'essence démocratique : elles préparaient le terrain à la République radicale.

CHAPITRE IV.

LA POLITIQUE RADICALE DE 1898 A 1906.

Après la chute de M. Méline, comme à chacune des crises antérieures, ce fut encore la gravité du péril commun qui réunit les républicains dans un viril effort. La crise, cette fois, prit un caractère tragique. L'affaire Dreyfus posait tout à coup, avec la plus poignante acuité, une question de vie ou de mort pour la conscience française, qui était en même temps une question de vie ou de mort pour la République.

C'est sous l'étreinte de ce redoutable problème que pendant de longs mois se débattirent éperdument les partis. On put même croire un moment qu'il n'y avait plus de partis, tant ils étaient bouleversés, et au Parlement et dans le pays. A mesure que la lumière se fit, grâce à la révolte de quelques consciences au nom du droit contre la légalité, il apparut que sous le drame moral s'était déroulé le drame politique. Et la ligne de démarcation des partis se trouva tracée, à peu de chose près, par leur attitude dans l'affaire. Les « dreyfusards » furent le noyau du « Bloc », et le nationalisme fut le nom, pour ne pas dire le masque commun, du Contre-Bloc.

On doit distinguer deux moments dans cette évolution, ils correspondent aux deux législatures de 1898 et de 1902.

I. — 1898-1902

C'est un cabinet radical, le Ministère Brisson (28 juin-25 octobre 1898) qui eut l'honneur et le péril d'ouvrir les voies, jusque-là obstinément barrées par M. Méline, à la revision du procès du capitaine Dreyfus. Nous n'avons pas à faire le long récit des phases par où dut passer la revision, non plus que de leur répercussion sur la politique.

Notons seulement, parce que ce trait caractéristique importe à l'histoire des doctrines du radicalisme, que l'immense majorité du parti répondit au noble appel fait par son chef à la conscience publique ; que cet appel lui-même était, en même temps qu'un acte de courage moral, un acte de haute sagesse politique : tout le cours des choses publiques était virtuellement changé par la seule résolution d'un honnête homme, qui d'un coup sauvait pour toujours l'honneur de la France et de la République.

Que ce Ministère ait bientôt succombé, que par un dernier soubresaut de fausse prudence et de faux patriotisme, le Ministère Charles Dupuy (1er novembre 1898-12 juin 1899) ait essayé d'arrêter la vérité en marche, ce sont là des incidents sans portée.

Le dénouement ne pouvait plus tarder, et il ne pouvait plus être que ce qu'il fut : le triomphe d'une politique franchement et hardiment républicaine.

L'avènement du ministère Waldeck-Rousseau (22 juin 1899) après une crise de plus de quinze jours fut l'acte de suprême décision d'où tout l'avenir dépendait.

Waldeck-Rousseau arrivait, malgré lui, aux affaires à une heure où toutes les questions pâlissaient devant celle-ci : « La République se défendra-t-elle ? » Si elle se défendait, la victoire était certaine, l'attitude du pays ne cessait de le prouver de plus en plus nettement depuis un quart de siècle. Mais pour se défendre, il fallait qu'elle se montrât immédiatement menaçante à tous ses ennemis et accueillante à tous ses amis. Une coupure à arêtes vives devait séparer, opposer même l'une à l'autre la masse de ceux qui voulaient la république démocratique et la masse de ceux qui n'en voulaient pas. Laissons de côté les faits qui alors étaient de beaucoup les plus importants, ceux sur lesquels l'opinion publique devait juger le cabinet, depuis le procès de Rennes jusqu'à la Haute-Cour, depuis le fort Chabrol jusqu'à l'amnistie. Ne retenons que ce qui intéresse la doctrine permanente du parti républicain.

A cet égard, la composition même du Cabinet était tout un programme. Elle suffisait à prouver une inspiration très franche et une résolution très originale. Le président du Conseil, « tenu par la nature même du gouvernement parlementaire de s'assurer par des alliances une majorité, avait jugé que le bon sens autant que la bonne foi lui conseillait de les chercher à gauche plutôt qu'à droite ». Il avait donc convié à une loyale collaboration tous les éléments du parti républicain, mais ceux-là seulement. Ce fut ce qu'on appela le « Bloc ».

Le « Bloc » différait de toutes les concentrations républicaines jusque-là tentées, parce qu'il était, suivant le mot très juste de M. Henri Brisson, une « concentration naturelle ».

N'ayant rien de factice, il n'était plus à la merci des événements.

Un rien suffit pour briser le fragile accord d'intérêts discordants. Quand l'unité se fait par un dosage savant des proportions, quand l'équilibre est dû aux forces rivales qui se font contrepoids, il faut un effort immense pour aboutir à un résultat, qui est le néant.

A la multiplicité de ces opérations puérilement compliquées, Waldeck-Rousseau en substitue une seule, simple et énergique. Elle consistait à réunir sans promesses, sans marchandage, sans calcul de proportionnalité, toutes les fractions du parti, qui à ce prix, mais à ce prix seulement, était sûr d'être une majorité agissante. Entre tous les membres de ce cabinet comme entre tous les éléments de cette majorité, il était entendu, une fois pour toutes, que l'on excluait du pacte tant gouvernemental que parlementaire, pour aussi longtemps qu'il le faudrait, toutes les questions qui pourraient les diviser. On ne retenait que celles qui forcément les unissaient.

Pour tous donc, tout était subordonné à « l'intérêt supérieur de la République ». Les intérêts de parti étant momentanément effacés, il ne restait entre tous, pour mettre en mouvement la machine, qu'un même élan de conviction, avec la commune volonté d'en finir. Obstinément résolus à arracher coûte que coûte la République aux trahisons des uns, aux défaillances des autres, faisant front au même ennemi, les républicains avaient conscience de servir tous ensemble sans arrière-pensée la même cause.

« Par là même », — a pu dire plus tard l'auteur de cette révolution gouvernementale — « par là même se trouvait définie la seule politique appropriée aux circonstances et à l'état parlementaire.

« Au regard de la réaction, elle ne pouvait être qu'une politique d'offensive hardie, résolue et légale.

« Au regard des républicains, elle devait être une politique de neutralité loyale, de désintéressement réciproque et dont aucune fraction du parti ne pût tirer avantage contre aucune autre (1). »

C'est dans cet esprit que fut constitué pour la première fois un ministère homogène sur une base intégralement républicaine, c'est-à-dire allant des modérés aux socialistes, associant à l'œuvre commune et à la commune responsabilité, en face du péril, des représentants de toutes les fractions, depuis M. de Galliffet jusqu'à M. Millerand.

Waldeck-Rousseau lui-même avait dès le début

1. Discours de Saint-Etienne, 12 janvier 1902.

distingué les deux aspects ou mieux les deux moments successifs de son œuvre : d'abord un ministère de *défense* républicaine, ensuite un ministère d'*action* républicaine.

Ce programme fut rempli.

« L'union de tous les républicains contre tous les adversaires de la République » eut pour premier effet d'arrêter net les progrès jusque-là inquiétants de la contre-révolution organisée. Après avoir essayé d'autres formes, la réaction s'était faite populaire, patriotique, démocratique. « Un parti tumultueux, formé des oppositions jadis les plus irréconciliables et toujours les plus disparates, se préparait à l'usurpation du pouvoir. Par l'exercice le plus extraordinaire de la tyrannie, il avait décrété que n'être pas avec lui c'était être contre le pays : la patrie était sa chose, et le patriotisme une industrie politique pour laquelle lui-même s'était délivré un brevet... Impunis, enhardis, ils occupaient la rue, toujours agitée par les mêmes comparses : deux fois ils avaient fait outrager le chef de l'Etat, un jour par leurs camelots, un autre jour par quelques-uns de leurs gentilshommes. On avait le pressentiment d'une de ces crises dont les peuples sortent désemparés et pour longtemps vulnérables. » (1).

Quelques mois et quelques mesures d'énergie suffirent pour « rendre au pays la paix intérieure et lui

1. Même discours.

donner l'impression d'un gouvernement qui sait ce qu'il veut et qui prouve ce qu'il peut ».

Ce succès permettait au ministère de passer de la défense à l'action. Il n'y manqua pas.

Et là encore sa méthode renouvela les procédés de la politique.

Son programme ne se composa pas, comme il était si souvent arrivé, de la longue liste des réformes qui pouvaient être réclamées, mais de celles-là seulement que le gouvernement avait choisies, d'accord avec la majorité, parce qu'il les jugeait mûres, celles qu'à ses yeux commandait « l'intérêt supérieur de la République ». On ne visa pas à une œuvre encyclopédique, mais à une bonne sélection par ordre d'urgence.

Par où donc fallait-il commencer ?

De toute la suite de notre histoire politique depuis 1871, plus visiblement encore du drame terrible où la République avait failli sombrer, une leçon se dégageait avec éclat, celle même qu'avait d'avance formulée Gambetta dans une parole dont le sens profond n'avait pas d'abord été saisi : « le cléricalisme, voilà l'ennemi ». Parole non de sectaire, non de tribun, mais d'homme d'Etat.

Il était d'un homme d'Etat d'avoir vu, avant l'événement, ce que tous virent après. Maintenant, les moins perspicaces reconnaissaient que ce mot n'était pas un cri de guerre, qu'il définissait, en un raccourci puissant, la situation politique du pays.

Oui, la force directrice et organisatrice de la contre-révolution en France, ce n'était pas l'un quelconque des vieux partis dynastiques, c'était l'Eglise. L'Eglise seule avait l'ampleur de vues, la portée d'esprit et les moyens d'action qu'exige une lutte d'ensemble contre la démocratie. Seule elle pouvait de ces groupes divers si impuissants faire une puissance, en les cimentant, même à leur insu. Seule elle était en mesure de rassembler, sous une main d'autant plus forte qu'elle était invisible, ces débris du passé, légitimistes, orléanistes, bonapartistes, boulangistes, tous les réactionnaires d'instinct et d'intérêt, tous les conservateurs par peur ou par égoïsme ; elle leur donnait un but ou un semblant de but commun ; elle les enrôlait sous un drapeau qu'elle prétendait être celui de la patrie : il n'en différait que par l'image du Sacré-Cœur en plus. Le nationalisme couvrait d'une vague et décente étiquette ce syndicat des mécontents : il mettait entre eux, sinon l'unité non pour l'action, œuvre de demain, du moins l'unité pour la destruction, œuvre d'aujourd'hui.

Bien plus, à cette conspiration pour la défense des privilégiés, l'Eglise se flattait d'associer une partie même de ce peuple qui ne comprenait pas encore la République : le socialisme chrétien le détournerait de l'autre. Faire marcher avec les hobereaux une partie des masses rurales, paysans et métayers, avec les patrons une partie du prolétariat industriel et commercial, c'était le coup de maître.

Nul autre que l'Eglise n'était capable d'exercer cette hégémonie plus qu'humaine.

Association privilégiée, prétendant ne rien devoir aux hommes, qui lui devaient tout, puissance spirituelle indépendante de ceux mêmes qui lui donnent l'appui des lois et du budget, incarnée d'ailleurs dans la plus souple et la plus forte hiérarchie que le monde ait jamais vue, l'Eglise se dressait sur le roc au-dessus des flots mouvants de la démocratie comme l'image éternelle et vivante du principe d'autorité. Elle représentait, parmi tout ce qui passe, ce qui ne passe pas, par-dessus tout ce qui change, la stabilité du vieil ordre social. Le conserver, c'était sa fonction.

Au service de cette cause elle mettait deux armées incomparablement disciplinées, son double clergé séculier et régulier, les ecclésiastiques agissant au nom du Concordat, les Congrégations malgré le Concordat. Par l'action diverse et parallèle de ces deux milices sacrées, elle soutenait les droits de Dieu contre les droits de l'homme. Le *Syllabus* était la charte qui s'opposait à celle de 89. Eparse, discréditée et suspecte, la réaction sans l'Eglise était un corps sans âme ; Rome lui donnait la sienne.

C'est de cette vue bien nette sur le rôle politique et social de l'Eglise que le lieutenant de Gambetta déduisit avec une froide logique les conséquences qui devaient faire l'unité de son œuvre gouvernementale.

Au lieu de poursuivre la réaction dans l'insignifiant détail de ses manifestations secondaires, c'est à la tête qu'il la frappe. Il s'en prend au pouvoir qui la dirige : il la réduit à l'impuissance en désarmant l'Église, non pas qu'il veuille mettre le pied sur le terrain religieux : à l'Eglise croyante et priante, paix et liberté. Mais il y a une autre Eglise, celle qui fait de la politique, des élections et des affaires. C'est contre celle-là qu'il dresse pour la première fois sérieusement la souveraineté nationale décidée à se faire respecter.

Il s'en prend d'abord à son avant-garde, il engage le duel avec les Assomptionnistes. On s'étonne de ce premier acte de vigueur : d'autres suivent. Les Congrégations qui portent fièrement le titre (car c'en est un) de « Congrégations non autorisées », les Jésuites en tête, sont avisées que cette fois il faudra plier devant la loi, qui jusqu'ici a toujours plié devant elles. Elles rient d'une si vaine menace.

Waldeck-Rousseau, pour avoir plus vite le dernier mot, va-t-il céder à la tentation d'être un gouvernement fort, s'engager dans la petite guerre et demander un prompt triomphe aux moyens dont dispose le pouvoir exécutif?

Il veut (chose beaucoup plus longue et plus difficile) faire œuvre organique. Il s'adresse au Parlement, il lui porte sans détour et sans atténuation tout le problème de la société française dans l'ensemble de sa complexité périlleuse, et il lui demande de le résoudre par une grande loi qui ne soit ni une loi de circonstance, ni une loi d'exception.

C'est la méthode des vrais hommes d'Etat. Le résultat fut la loi sur le contrat d'association du 1er juillet 1901.

Renouvelant les principes mêmes de notre droit

public, cette loi institue sans réserve la liberté pour toutes les formes d'association entre des individus qui restent libres et vivent à l'état normal. Mais, s'agit-il d'individus qui renoncent à leurs droits d'hommes et déclarent se placer dans la sujétion absolue vis-à-vis d'une autorité qui disposera d'eux souverainement, la loi décide qu'une telle institution ne pourra s'établir sans une autorisation expresse du Parlement.

Ainsi est déjoué l'antique sophisme qui, sous prétexte de liberté d'association, réclamait la liberté pour la congrégation, c'est-à-dire pour le contraire d'une association. Ainsi tombe l'immunité monstrueuse qui attribuait la plénitude de la personnalité civile à un organisme créé pour anéantir la personnalité individuelle.

Loi capitale, on le voit, par le côté négatif autant que par le côté positif de ses prescriptions.

Etait-ce un triomphe du radicalisme? Oui, sans doute, puisque la suppression de toutes les congrégations était depuis 1791 un des thèmes invariables du parti radical à toutes les époques. Mais Waldeck-Rousseau doublait la valeur de cette mesure de salut public en l'unissant étroitement à la loi organique. en en faisant une conséquence logique du principe même de la liberté d'association. Ce n'était plus un geste isolé, une sorte de mouvement réflexe de défense républicaine. C'était un acte parfaitement réfléchi, faisant partie de la ligne de conduite de la démocratie, déterminé par tout l'ensemble de nos conditions politiques et sociales, s'insérant à sa juste place, comme un anneau dans une chaîne, dans la série logique des mesures d'organisation républicaine.

Parallèlement à la réforme politique, le gouvernement du Bloc ébauchait les réformes sociales. La présence de Millerand au ministère était une promesse qui fut suivie d'effet.

Dans son grand discours de Roubaix (30 avril 1898) Waldeck-Rousseau, qui avait tant contribué au vote de la loi de 1884, n'hésitait pas à en demander, à en proposer lui-même l'élargissement. Il voulait qu'on en étendît les effets en accordant aux syndicats professionnels la capacité civile, industrielle et commerciale. Il rappelait l'intérêt « que le parti républicain devait attacher à ce que cette loi fût complétée dans un sens conforme aux besoins essentiels de la démocratie », et il envisageait sans appréhension, la « grande évolution sociale... qui serait la solution de l'avenir et dont les syndicats devaient être les agents décisifs : *l'accession du salariat à la propriété industrielle et commerciale* ».

Sur la question des syndicats, comme sur celle de la grève, du contrat collectif de travail, de la réduction des heures de la journée d'ouvrier, de la surveillance des ateliers, du chômage, des retraites ouvrières et sur tout l'ensemble de la législation du travail, Waldeck-Rousseau avait un vaste plan de réformes sociales dont nous n'avons pas à retracer ici le détail et qui donnait pour la première fois, à un ministère l'attitude de la sympathie sincère et de l'évidente bonne volonté à l'égard du prolétariat ou, en d'autres termes, du socialisme, partie intégrante du bloc républicain.

II. — 1902-1906

Les élections de 1902 sont la réponse du pays à Waldeck-Rousseau. Et cette réponse est la plus belle récompense que pût souhaiter un homme de gouvernement. Il a osé : le pays l'en remercie et promet de le suivre.

Pourquoi ce ministère jugea-t-il à propos de se retirer en plein triomphe? Waldeck-Rousseau, déjà miné par la maladie, se sentait-il hors d'état de prolonger l'effort ?

N'eut-il pas aussi la pensée que l'opinion nationale avait fait un pas de plus et que l'axe de la majorité devait être reportée un peu plus à gauche?

Quoi qu'il en soit, c'est lui qui désigna pour lui succéder un des chefs du parti radical, M. Emile Combes.

Le ministère Combes marque la seconde phase de l'évolution du Bloc. Le Gouvernement de défense républicaine passait à l'offensive, ou si l'on préfère une métaphore moins guerrière, il passait des principes à l'application, des affirmations théoriques aux réalisations effectives. Le ministère Combes allait tirer les conséquences logiques du ministère Waldeck-Rousseau.

Politiquement, l'œuvre essentielle de la précédente législature avait été la loi sur les associations. Loi organique, avons-nous dit, elle ne tranchait que la question de méthode. En ce qui concerne les communautés religieuses, un seul point se trouvait réglé en principe par la loi et appliqué enfin par le Gouvernement : il n'y aurait plus de congrégations non autorisées. Les Jésuites même devraient être ou autorisés ou dissous.

Spectacle nouveau pour un pays, habitué à voir depuis des siècles tous les gouvernements sévir contre la Compagnie de Jésus, et puis laisser rentrer les Jésuites un à un, avec ou sans bruit.

Mais la leçon ne s'arrêtait pas là. Pour toutes les autres congrégations, qui ne pouvaient pas se draper dans l'intransigeance altière du *Sint ut sunt, aut non sint*, la même obligation s'imposait de solliciter l'autorisation. Elles la demandèrent. L'obtiendraient-elles ?

Tout dépendait du Parlement, mais la décision du Parlement dépendait elle-même de celle du gouvernement. M. Combes prit d'emblée, d'accord avec la majorité, une attitude parfaitement nette. Il représenta aux Chambres qu'elles avaient la pleine responsabilité de tout ce qui allait suivre : la loi les faisait juges. Elles pouvaient accorder tout ou partie des autorisations demandées, mais du coup elles abrogeaient les lois de 1791, qui ont supprimé toutes les congrégations en France et interdit de les rétablir sous aucun prétexte. Ces lois sont si peu abrogées que tous les gouvernements les ont visées, M. Combes les visait à son tour dans tous ses arrêtés. Seule la réaction veut les faire considérer comme virtuellement abolies. Mais cette prétention même dictait son devoir à la majorité.

Il était facile de prévoir ce qui arriverait du moment qu'on demandait à une majorité républicaine de prendre l'initiative d'instituer des congrégations, c'est-à-dire de déchirer une des pages immortelles du livre de la Révolution. Elle se refuserait à faire ce que les gouvernements les plus rétrogrades n'avaient pas osé : tous se sont évertués à tourner les lois de la Constituante, aucun n'en a proposé l'abrogation. Serait-ce de la troisième République qu'on l'obtiendrait ?

M. Combes avait donc raison de ne pas se laisser engager dans le tri minutieux des cas et des espèces. C'était la notion même de congrégation que la Constituante avait déclarée illicite, que Waldeck-Rousseau avait reconnu exorbitante du droit commun de la liberté d'association : le Parlement de 1902 avait à dire s'il voulait la relever de cette exclusion de principe et la faire rentrer dans la liste des modes normaux d'association. La majorité républicaine des deux Chambres n'hésita pas : elle resta fidèle aux principes qu'avaient inspirés les lois de 1791 et celle de 1901. Elle prononça, en bloc, le refus d'autorisation (scrutin des 18, 24 et 26 mars 1903).

La conséquence logique s'en suivait, M. Combes la conçut et l'appliqua aussitôt.

Ce refus en bloc des autorisations ne se justifie que par une opposition de principe à la forme même de l'institut congréganiste. L'Etat se contredirait donc lui-même si, en même temps qu'il affirme cette incompatibilité de la congrégation avec le régime républicain, il continuait à laisser aux mains des congrégations un des services nationaux à caractère obligatoire, l'enseignement primaire. Sans doute il n'emploie plus les congrégations directement dans les écoles publiques, mais il leur permet encore d'établir des écoles qui en fait seront réputées équivaloir aux écoles publiques. Si l'on refuse l'autorisation à toute congrégation, le bon sens veut qu'on la retire surtout à celles qui se chargent de faire œuvre éducatrice aux lieu et place de l'école publique. De là le nouveau projet de loi de M. Combes, portant suppression de l'enseignement congréganiste et en particulier dissolution dans un délai fixé des congrégations enseignantes telles que l'Institut des Frères des Écoles chrétiennes (loi du 7 juillet 1904).

Ces deux lois ne se comprendraient pas si elles avaient dû rester à l'état d'actes isolés, d'opérations empiriques, de police ou de politique. Elles faisaient partie d'un plan. La logique immanente des choses devait mener le ministère Combes à une application d'ensemble du principe de la laïcité intégrale de l'Etat, c'est-à-dire à la séparation définitive de l'ordre religieux et de l'ordre civil.

En effet, la séparation des Eglises et de l'Etat, cet article en quelque sorte légendaire du programme radical, se trouva contre toute attente passer très rapidement au premier rang de l'ordre du jour. Il est juste de convenir que les événements en décidèrent ainsi plus peut-être qu'une volonté préconçue ou une tactique arrêtée du parti républicain. L'avènement du nouveau pape, l'abandon de ce qu'on avait nommé « la politique de Léon XIII », l'influence prise au Vatican par le parti ultraconservateur, la diplomatie agressive du cardinal Merry del Val et ses incorrections réitérées à l'égard de la République Française, de son président et de son gouvernement firent plus que vingt ans de discours pour hâter la solution.

La meilleure preuve que la question était mûre, c'est qu'abordée non sans quelque hésitation par le ministère Combes, elle fut reprise avec plus de décision par celui qui lui succéda. Le Cabinet Rouvier était pourtant considéré à plusieurs égards et avec raison comme représentant une politique moins accentuée et d'un radicalisme sensiblement atténué : ce fut lui qui mena l'œuvre à bonne fin. Par un de ces paradoxes dont notre histoire politique offre plus d'un exemple, la proposition la plus radicale du programme radical, celle que l'opportunisme avait le plus vivement combattue, devait en fin de compte avoir pour défenseur l'ancien chef de l'opportunisme, être présentée par lui comme la condition *sine qua non* de son maintien au pouvoir et, grâce à lui, devenir la pierre angulaire du régime religieux de la République.

Nous n'avons pas à suivre l'historique de la séparation, ni la filiation des diverses lois qui sont venues compléter celle du 9 décembre 1905, lorsque des actes multipliés eurent prouvé que Rome n'acceptait sous aucune forme les associations cultuelles.

L'intransigeance romaine nous dispense également de rechercher si les concessions faites ou offertes par le gouvernement de la République dépassaient la mesure.

Une seule chose finalement subsiste avec une clarté éclatante : la République a su rester fidèle à son programme de laïcité absolue ; elle a pu le maintenir intégralement ; elle a réussi à l'appliquer sans rudesse et sans faiblesse.

Le nom de M. Briand demeure d'autant plus légitimement attaché à cette œuvre capitale que, par moments, le parti radical a pu lui reprocher d'aller trop loin dans son désir d'entente avec le Vatican. Le Vatican s'est chargé de conjurer le péril en ne laissant au Ministre de la République que le mérite d'un beau geste.

La loi toute récente sur la dévolution des biens ecclésiastiques clôt heureusement le cycle de ses débats, et l'opinion publique n'a plus qu'à enregistrer la pleine et entière victoire du radicalisme sur un des points où elle semblait devoir se faire le plus longtemps attendre.

CHAPITRE V

LA POLITIQUE RADICALE DEPUIS MAI 1906

Les élections de mai 1906 ont marqué incontestablement l'apogée du parti radical.

Non seulement les résultats numériques, de quelque manière qu'on les calcule et qu'on les retourne(1), constituent pour les candidats élus sous le nom de « radicaux » ou de « radicaux-socialistes » une majorité sans précédent.

Mais, ce qui importe plus, les élections s'étaient faites dans des conditions qui leur donnaient un sens politique d'une clarté parfaite.

C'était au lendemain du vote de la Séparation, au milieu de l'année de délai fixée par la loi pour son exécution que le peuple était consulté tant sur l'application que sur le principe. L'immense majorité qui approuvait les votes du Parlement et les actes du

1. Les statistiques du ministère de l'Intérieur comptaient: 66 progressistes, 90 républicains de gauche, 115 radicaux, 132 radicaux-socialistes.

Gouvernement était la plus éclatante ratification du grand acte de la politique radicale. Le pays ne s'était laissé ni affoler ni diviser par les polémiques : il avait conscience de voir enfin traduite dans les faits la très ancienne doctrine du parti républicain en matière de religion et d'association religieuse.

D'autre part, les élections suivaient de près la décision prise par les socialistes d'abandonner le « Bloc », de « s'unifier » et de s'isoler sous la forme de parti révolutionnaire subordonnant tout à la lutte de classe.

C'était donc sa politique propre que le radicalisme soumettait au pays et que le pays approuvait.

Les réformes politiques ou économiques votées par les Chambres étaient bien celles que comporte le programme du parti. Sans avoir aucun caractère collectiviste et révolutionnaire, elles tendaient à réaliser ce socialisme fait à la fois de prévoyance individuelle, de mutualité collective et d'intervention de l'État en faveur des faibles, qui caractérise le « solidarisme social » des radicaux. Dans la sphère économique donc aussi bien que dans celle de la politique pure, le corps électoral, à bon escient, donnait raison au parti républicain avancé.

A la rentrée des Chambres, M. Sarrien, pour cause de santé, abandonnait la présidence du Conseil, qui revenait de plein droit à M. Clemenceau, déjà ministre de l'Intérieur.

C'était donc la fraction la plus hardie du parti, la fraction radicale-socialiste, qui prenait les rênes du pouvoir. Nous touchons ici de trop près aux événements pour les juger. Et, puisque dans tout ce rapide résumé, nous n'avons en vue que de rechercher ce que devient, de ministère en ministère et d'une législature à l'autre, le programme radical, ici encore c'est à cette question que nous nous bornons.

On pouvait croire qu'au lendemain d'un tel triomphe, le parti radical s'affirmerait avec un éclat exceptionnel, que son programme surtout allait devenir en quelque sorte celui de la législature et s'exécuter d'autant plus vite et plus complètement que les obstacles s'étaient évanouis.

Il n'en fut pas ainsi.

Deux causes modifièrent non seulement l'attitude, mais la physionomie du parti radical. L'une interne, l'autre agissant du dehors.

La cause interne d'hésitation après la victoire fut le nombre même des vainqueurs. Ils étaient trop pour être bien sûrs les uns des autres. L'étiquette radicale avait eu, à n'en pas douter, la faveur populaire. Beaucoup l'avaient prise de confiance, sans nulle intention de mensonge, mais sans un examen approfondi des engagements qu'elle supposait. C'était de leur part une indication de tendance politique plutôt qu'une adhésion précise à une politique précise.

La largeur même des formules radicales et leur élasticité, nécessaire pour comprendre depuis les républicains de gauche jusqu'aux socialistes parlementaires, permettait un certain flottement sur les articles même essentiels. Les divergences n'avaient pu se faire jour tant qu'on en restait aux généralités de la profession de foi électorale : elles allaient éclater au moment de voter des projets de loi en forme.

Et c'est à ce moment que les radicaux s'aperçurent que beaucoup d'entre eux ne l'étaient pas, ou du moins l'étaient si peu qu'il ne fallait pas leur demander une politique spécifiquement radicale, encore moins radicale-socialiste. Des questions, vidées en principe, montrèrent tout de suite l'indécision du parti, celle par exemple du repos hebdomadaire. Sur le principe, tout le monde est d'accord ; on se divise sur l'application. De même pour le rachat des chemins de fer, pour l'assistance aux vieillards, pour la mise en pratique des diverses lois ouvrières.

A plus forte raison, en face des questions nouvelles, le manque de cohésion du parti devait-il apparaître. L'impôt sur le revenu devait en donner la mesure. Le parti radical en fit la découverte non sans quelque malaise ; il se sentit lui-même, on ne peut le nier, très impressionné par la révélation de sa propre discorde et de ses tiraillements intérieurs. Il éprouvait ce genre d'embarras que donne une victoire dont on n'a pas hâte d'user.

Ce sentiment de la difficulté intrinsèque des problèmes fut singulièrement accru par les circonstances qui vinrent compliquer la situation du parti.

Si le socialisme avait rompu l'alliance avec les autres républicains de gauche, ce n'était pas tant par dissentiment d'opinion que pour des nécessités de tactique. Il avait craint de perdre le contact avec les masses ouvrières et d'être soupçonné de compromissions bourgeoises. Il sentait le besoin de redevenir parti d'action, de protestation, de revendication, et, pour tout dire, de prouver qu'il était toujours le parti de la lutte de classe.

Cet effort même ne suffisait pas à lui rendre son prestige. Un élément nouveau s'était constitué au sein du prolétariat, qui avait peut-être encore moins d'indulgence pour les socialistes que pour les radicaux. C'était le syndicalisme qui se qualifie de révolutionnaire, qui fait profession de croire très peu aux moyens politiques et légalitaires, d'attendre tout de l'action directe, jusques et y compris la grève générale, de ne compter que sur le peuple pour faire rendre justice au peuple.

On sait avec quel fracas la Confédération Générale du Travail lança coup sur coup appels, menaces, proclamations, accusations, manifestes antimilitaristes, antilégalitaires, antiparlementaires. On sait les paniques causées par le 1er mai, par la grève soudaine des électriciens et d'autres incidents. On sait enfin quel renfort imprévu apportèrent à ces « symptômes d'anarchie » les manifestations du Midi à propos de la crise viticole.

Cette suite d'événements, les uns pris au tragique et naïvement exagérés par la peur, les autres exploités par ceux qui avaient intérêt à propager la peur, eurent leur répercussion jusque dans le parti radical. On ne peut pas dire qu'il s'affola, mais il s'inquiéta et se mit sur la défensive.

Enfin, ce qui acheva de déterminer ce repliement de l'esprit radical sur lui-même avec l'intention de tenir tête à l'anarchie, ce fut la détestable propagande de l'antipatriotisme dont M. Gustave Hervé se fit une spécialité retentissante.

Sous l'empire de ces diverses circonstances devait se dessiner plus ou moins vite ce qu'on a nommé la « crise du radicalisme ».

Elle eut un premier moment aigu et inquiétant.

C'était au lendemain des incidents dramatiques provoqués par la Confédération Générale du Travail, par Hervé, par le syndicalisme d'un certain nombre de facteurs et d'instituteurs, enfin par les troubles dont l'ordre public semblait menacé à l'occasion du 1er mai (1907).

Le ministère Clemenceau prit des mesures énergiques pour la défense de l'ordre. Il sévit contre les facteurs et les instituteurs. Il intenta des poursuites contre certains membres de la Confédération générale du travail. Enfin il fit connaître sa politique générale en réponse à une interpellation qui remplit trois grandes séances (mai 1907).

Dans l'histoire des idées, qui seule nous occupe, il faut attacher une importance capitale à l'attitude et aux déclarations du Gouvernement, ou, plus exactement, de M. Clemenceau.

Pour saisir sur le vif l'impression qui fut celle du moment, qu'on nous permette d'emprunter quelques lignes à un article écrit à l'heure même. C'est un document qui montrera comment l'extrême gauche du parti radical apprécia, en ce moment critique, l'état des esprits et l'intervention de M. Clemenceau :

« Il faut bien qu'on le sache, nous avons traversé sinon une heure, au moins une minute de panique.

« Pendant les premières journées de l'interpellation, un effort inouï a été tenté pour entraîner le parti radical à des mesures de la dernière gravité, à des fautes irréparables. Des républicains de gauche, des radicaux et non des moins notables — les uns exaspérés par les attaques sans mesures des socialistes unifiés, les autres révoltés par les insanités, les menaces, les excitations criminelles de certains apôtres du sabotage, de l'émeute et de la désertion — se laissaient aller à accueillir favorablement un vaste plan de répression énergique, n'allant à rien moins qu'à dissoudre la Confédération Générale du Travail.

« Ce ne furent pas propos en l'air.

« Les juristes furent consultés. On en trouva pour soutenir que la Confédération Générale du Travail est illégale par essence. A les entendre, le premier gouvernement qui voudra faire son devoir n'aura qu'à fermer cette caverne de brigands : la France entière applaudira. D'autres dirent : la loi de 1884 sur les syndicats a été faussée, il suffit de la ramener à son vrai sens, de l'appliquer dans sa lettre et dans son esprit, de ne pas laisser prendre aux unions de syndicats plus de liberté que n'en ont les syndicats eux-mêmes, obligés de s'en tenir exclusivement aux intérêts professionnels proprement dits. D'autres encore opinèrent : la Confédération Générale du Travail n'est peut-être pas illégale dans ses statuts, elle l'est devenue par ses agissements. Plusieurs de ses membres ont mérité d'être poursuivis pour menées anarchistes et anti-patriotiques. Une sanction s'impose, outre la condamnation personnelle des coupables : c'est la dissolution de la Confédération Générale du Travail, pour être sortie de ses attributions légales.

« Et l'affolement allait son train...

« La Délégation des Gauches, sous la présidence de M. Sarrien, avait tenu, coup sur coup, trois délibérations. Elle examina plusieurs ordres du jour que la presse a publiés. Et, finalement, celui de M. Delcassé, qu'elle vota — à l'unanimité moins 2 voix et 1 abstention — était une sommation au Gouvernement d'avoir à partir en guerre contre la Confédération Générale du Travail.

...La partie semblait bien perdue, quand on apprend que, sans hésitation, le président du Conseil refuse l'ordre du jour Delcassé (1). On sait la suite. On sait comment son intervention mit en déroute la belle unanimité de la veille, et comment la Délégation des Gauches, après avoir voté laborieusement, paragraphe par paragraphe, un texte qui n'osait plus rien dire, mais qui trahissait toujours la même intention, finit par voter sur l'ensemble et... le rejeter.

« Ce qu'il avait fait à cette réunion des groupes républicains, M. Clemenceau le refit à la tribune. Il

1. Lire la confirmation de ces détails dans René Wallier, *Le XXe siècle politique*, année 1907, p. 147-235.

vint dire tout net qu'il ne serait pas l'homme de la politique de peur et de défiance, qu'il ne fallait pas compter sur lui pour briser le faisceau syndical et fédéral de la Confédération Générale du Travail. Il eut le courage d'exposer à la majorité ce qu'est, en principe, cette vaste tentative d'organisation de la solidarité ouvrière; il en fit sentir la légitimité, la beauté même; il fit comprendre quelles espérances y attache naturellement le prolétariat.

« Il expliqua enfin comment — tant par l'effet des circonstances que par des habiletés et des audaces de tactique — une minorité d'extrême-gauche, anarchiste et révolutionnaire, s'était emparée du pouvoir, c'est-à-dire des comités directeurs de la Confédération Générale du Travail. Enfin, il eut de nobles paroles de sympathie et d'estime pour ceux des membres de ces comités qui luttent courageusement contre les tendances anarchistes, mais qui se retourneraient aussitôt contre le Gouvernement, s'il voulait en avoir raison par la force.

« Et M. Clemenceau tenait ce langage devant une Chambre qui l'écoutait à peine, qui dissimulait mal son mécontentement. Il s'adressait à une majorité qu'il sentait hostile. Elle lui témoigna surtout sa surprise et sa froideur, quand il affirma son respect absolu pour les libertés syndicales, en dépit de tous leurs dangers, et l'impossibilité de déclarer la guerre à la C. G. T., sans paraître la déclarer à tout le prolétariat. Combien l'applaudirent à ce moment? Les socialistes unifiés et peut-être une trentaine de radicaux-socialistes. De tous les autres, silence glacial ou murmures hostiles.

« Il y eut là un moment historique. Le spectacle était saisissant : à la fois beau et triste. Beau, car ce vieux lutteur, fidèle à ses doctrines de liberté, tenait tête à la peur bourgeoise et au conservatisme radical (il y en a un, si invraisemblable que ce soit). Triste aussi, car il était visible que seule l'autorité personnelle d'un homme, aidée de son rôle de président du Conseil, empêchait cette majorité républicaine de s'engager dans la voie où M. Ribot l'appelait.

« A cette heure précise, Clemenceau a sauvé l'honneur du Parti républicain, ou, pour mieux dire, de la République. Le mérite qu'il eut à prendre et à garder cette attitude, ceux-là seuls le mesurent qui ont vu de près à quel courant il a résisté et par quel prodige il y a réussi.

« En de telles circonstances, abandonner l'homme qui, si fièrement, si crânement venait dire à son parti prêt à le lâcher : « Messieurs les radicaux, je vous attends », eût été une mauvaise action (1). »

Que cette appréciation soit de tout point exacte, qu'elle tienne compte ou non de tous les éléments du problème posé ce jour-là en termes très complexes et résolu par un verdict de la Chambre si mêlé d'intentions diverses et de diverses interprétations, là n'est

1. *Le Petit Méridional* du 16 mai 1907, article F. Buisson : *Pour qui j'ai voté et pourquoi*.

pas la question. Le fait même que la victoire du Cabinet ne fut assurée que par l'intervention de M. Briand, dont manifestement l'accent et le ton n'était pas le même que celui de M. Clemenceau, importe assez peu. Que M. Clemenceau ait ensuite repris en détail par des mesures individuelles ce qu'il avait accordé en bloc aux syndicats, qu'il se soit entêté dans des rigueurs contre d'humbles fonctionnaires coupables d'avoir fait leur devoir de syndicalistes convaincus, ce sont des actes particuliers que nous avons pu combattre et déplorer. Ils n'effacent pas l'acte de politique générale qui, à l'heure critique avait préservé la majorité d'une défaillance, et la forçant à rester fidèle coûte que coûte à la vieille politique de la démocratie sociale.

Mais, si cette journée décisive coupa court à tout danger de réaction proprement dite, elle laissait subsister, d'autant plus grave qu'il perdait son caractère violent, le conflit intervenu entre les deux tendances qui se disputent la direction du radicalisme.

Non pas qu'il eût jamais été question d'abandonner le programme radical.

On se tromperait en pensant à un changement profond dans la doctrine elle-même ou dans la direction des esprits au sein du parti radical. Ce ne sont pas les esprits qui ont changé, ce sont les situations. Les mêmes principes se retrouvent, mais aux prises avec des conditions d'application très différentes. Il ne s'agit plus d'attaquer et de vaincre, mais, ayant vaincu l'ancien régime, d'organiser le nouveau.

A ce moment précis il est impossible qu'il n'arrive pas au grand parti d'aujourd'hui ce qui est arrivé à celui d'hier. Toutes les fois que les républicains arrivent au pouvoir, la même question se pose à nouveau : Vont-ils pousser à fond leur succès, entreprendre *hic et nunc* la mise en œuvre de leur programme, de tout leur programme ? ou bien vont-ils sagement graduer et sérier leurs efforts, de manière à gagner des adhésions, à se rallier le plus possible de bonnes volontés hésitantes et à désarmer l'opposition par leur modération même ?

Cette seconde tactique pourrait tout aussi bien être appliquée à la majorité radicale de 1906 qu'elle le fut à la majorité républicaine d'il y a vingt ans. On peut concevoir un « *opportunisme* radical », si paradoxal que soit le rapprochement de ces deux termes.

Les suggestions, puis les exhortations expresses pour une évolution dans ce sens, ne se firent pas attendre. Elles furent exprimées avec autorité par quelques-uns des chefs du parti. Parmi ceux qui prirent la plus grande part à cette campagne, il faut citer tout d'abord M. de Lanessan, ancien ministre de Waldeck-Rousseau et directeur du *Siècle*.

Dans une série d'articles de haute portée politique, M. de Lanessan essayait de définir ce qu'il appelait la *nouvelle majorité*. Il croyait cette nouvelle majorité constituée par le double fait que, d'une part, les socialistes unifiés, suivis d'un petit groupe de radicaux socialistes d'extrême-gauche, refusaient leur appui au gouvernement radical, que, d'autre, part un certain groupe de progressistes ou de républicains modérés semblait se rallier au ministère Sarrien. D'où M. Lanessan concluait : « L'ancien bloc n'existe plus. L'axe de la majorité ne se trouve pas, comme on l'avait annoncé au lendemain des élections, parmi les radicaux-socialistes, mais parmi les radicaux, c'est-à-dire au cœur de la représentation de la masse électorale formée par la petite bourgeoisie. »

Et c'était sur les tendances d'esprit de la petite bourgeoisie que l'ancien ministre de Waldeck-Rousseau fondait ses pronostics, quant à la nouvelle direction politique du radicalisme dégagé par Clemenceau de « l'engrenage collectiviste » où il avait failli se laisser prendre. Quelques lignes de cet exposé de doctrines éclaireront le débat :

Aussi éloignée des conservateurs systématiquement hostiles aux réformes sociales que des collectivistes plus ou moins révolutionnaires, cette *petite bourgeoisie n'est hostile à aucune réforme*, ni inféodée à aucune oligarchie. C'est avec elle que nous avons fait la séparation des Eglises et de l'Etat : c'est avec elle que l'on devra réaliser les réformes fiscales et sociales, si l'on veut qu'elles soient acceptées par le pays sans résistances et sans troubles. Et si le gouvernement actuel comprend son devoir en même temps que son intérêt, c'est sur elle qu'il devra s'appuyer pour diriger les grands intérêts de l'État.

Composée entièrement de travailleurs dont la plupart ont été ouvriers, *elle connaît les misères du prolétariat en même temps que les abus du patronat*. Elle sait, par conséquent, quel intérêt s'attache à l'atténuation des premières et à la disparition des secondes. Mais elle a besoin d'ordre à l'intérieur pour assurer la tranquillité de son travail et de paix extérieure pour édifier sa fortune, en même temps que de progrès sociaux pour favoriser son accession aux échelons les plus élevés de la hiérarchie sociale.

Dans ses rangs figurent tous les petits commerçants que les patentes accablent au profit des grands magasins ; tous les petits et moyens agriculteurs qui exploitent eux-même ou font exploiter leurs terres sous leurs yeux et qui ont à lutter, à la fois, contre le fisc et les accidents météorologiques ; tous les petits patrons de l'industrie, dont les mains sont aussi calleuses que celles de leurs ouvriers et dont les charges fiscales sont trop lourdes pour leurs épaules encore insuffisamment développées ; tous les employés du commerce, de l'industrie, des services publics, dont les maigres revenus ne sauraient échapper au fisc parce qu'ils sont aussi connus qu'invariables..

Tout ce *petit monde est laborieux, économe, rangé, un peu craintif et* peu disposé à faire étalage de ses opinions politiques, mais il formera *les assises les plus résistantes du parti républicain* tant qu'il ne craindra pas pour ses intérêts matériels qui font, en somme, l'objet principal de ses préoccupations.

Les conservateurs ne peuvent pas avoir ses sympathies parce qu'il est contraint de lutter sans cesse, pour édifier sa fortune, contre le grand commerce, la grande industrie, la grande agriculture, les grandes fonctions privées et publiques. Il ne peut monter dans l'échelle sociale *qu'en prenant des places dont les détenteurs se défendent et disposent de moyens puissants de résistance.*

Les collectivistes ne sauraient lui plaire davantage, car ils le menacent *d'une spoliation* dont l'éventualité lui paraît d'autant plus *redoutable* qu'il jouit depuis moins longtemps *des fruits accumulés de son travail et de son économie.* Trop timide pour faire entendre la moindre protestation contre les rêveurs ou les énergumènes qui agitent au-dessus de sa tête le drapeau rouge de la révolution et du communisme, il se tait devant les braillards, mais il est prêt à soutenir tout gouvernement qu'il *jugera assez fort pour protéger ses intérêts et sa timidité.*

Les collectivistes ont commis une grande faute en exposant à la tribune dès les premières séances de la Chambre. *leurs projets d'expropriation,* car ils ont soulevé contre leurs théories tous les travailleurs qui *sont en train d'édifier leur fortune* et à qui il est impossible de la dissimuler.

A l'encontre du riche bourgeois qui se moque du collectivisme et des révolutionnaires parce qu'il a mille moyens de leur échapper, le petit patron, le petit commerçant, le petit agriculteur où le petit employé redoutent d'autant plus les menaces, même les plus vaines, qu'ils ne connaissent aucun moyen de s'y soustraire. Tant que le collectivisme s'en tint aux phrases sonores, ils restèrent indifférents et comme sourds ; maintenant qu'il parle de passer à l'action, *ils tremblent de tous leurs membres et sont prêts à se jeter dans les bras de qui les débarrassera de ce cauchemar.*

La conclusion de M. de Lanessan est très nette. Il se réjouit des premiers indices qu'il relève « d'une tendance à briser la discipline servile que les groupes les plus avancés de la Chambre ont imposée à la majorité pendant les dernières années ». Il voit déjà « le catéchisme qu'ils prétendaient imposer au parti républicain déchiré par les enfants de chœur eux-mêmes ». Il affirme que « les républicains de gauche et les radicaux sont déjà libérés du dogme dont ils avaient accepté trop docilement les formules oppressives », que « la plupart des radicaux-socialistes les imiteront, si le ministère reste uni ». Ainsi, « sur les *débris du bloc dogmatique, monastique et servile de ces dernières années*, le gouvernement est en train de fonder une majorité nouvelle ayant le bon sens, la raison et la liberté pour base » (1).

Après toute une année de tâtonnements et de tiraillements, il apparut bien que la « rupture du

1. *Siècle*, 17 juillet 1906.

bloc » était un fait accompli, mais fallait-il en conclure que la « crise de radicalisme » fût ouverte? Après le bloc républicain, allait-on voir s'effriter le bloc radical lui-même ? Y aurait-il demain des radicaux opportunistes et des radicaux socialisants ?

Un des jeunes députés radicaux, M. Maurice Ajam, posa nettement la question à la veille du congrès de Nancy dans plusieurs articles dont le dernier présentait un programme complet. Nous croyons nécessaire d'en reproduire les conclusions, qui tracent, avec une rare précision de termes, la ligne de démarcation entre les deux radicalismes (1) :

De deux choses l'une : ou bien le parti *radical pur* a identiquement les mêmes vues que le parti *radical-socialiste*, et alors il est absurde de les différencier ; ou bien le parti radical a une existence propre, et alors, dans son intérêt même, il doit se préciser.

Il me parait relativement aisé d'esquisser pour le parti radical un programme assez clair pour que les collectivistes perdent toute espérance d'y découvrir un germe de marxisme.

La philosophie première du démocrate non collectivisant tient tout entière dans cette merveilleuse pensée de Tolstoï : « Tous les changements extérieurs des formes de la vie qui ne sont pas la conséquence d'une modification de la conscience, non seulement n'améliorent pas la condition des hommes, mais le plus souvent l'aggravent. »

Ainsi, le radical sans épithète oppose fortement à l'idéal d'une socialisation des choses, celui de la socialisation des esprits ; c'est la formule même d'Auguste Comte.

Dès lors, la partie essentielle de sa doctrine résidera dans l'œuvre d'enseignement ; il proclamera, en première ligne,

1. *Siècle*, 6 octobre 1907. *Un programme radical non « collectivisant »*.

son désir d'assurer l'unité d'éducation civique de tous les Français et de réaliser l'égalité des enfants devant l'instruction.

Dans l'ordre politique :

Le parti radical juge sans urgence actuelle la revision de la Constitution ; il affirme, en matière budgétaire, la nécessité d'une collaboration étroite du Sénat et de la Chambre, il désire *la limitation de l'initiative parlementaire en ce qui touche les dépenses publiques* et veut qu'aucun député ne puisse proposer une dépense nouvelle sans indiquer la ressource correspondante.

Il constate historiquement que le Sénat a, jusqu'à présent, bien mérité de la République et ne croit pas à la nécessité d'une réforme du système électoral d'où procède cette Assemblée.

Il indique la *Représentation proportionnelle des minorités* comme une juste méthode d'organisation du suffrage universel, mais il ne fait pas de cette réforme une condition essentielle d'adhésion au parti.

Il préconise *la diminution du nombre des députés* pour amener une équitable répartition des sièges et pour alléger le fardeau de l'augmentation de l'indemnité parlementaire reconnue par lui légitime.

Dans l'ordre administratif :

Le parti radical considère que la décentralisation constitue le meilleur moyen de consolider en France le régime républicain et il ne recule pas devant l'idée d'une division régionale.

Il est décidé à supprimer d'une manière décisive l'arbitraire dans le recrutement et l'avancement des fonctionnaires.

Dans l'ordre judiciaire :

Le parti radical se refuse à considérer le système de l'élection des magitrats par le suffrage universel comme un idéal à poursuivre.

Il pense que la réforme judiciaire doit être assurée : en première ligne, par l'organisation d'une magistrature *peu nombreuse*, présentant des garanties de savoir et bien payée ; en seconde ligne, par la suppression de la vénalité des offices ministériels.

La question de la peine de mort doit être rangée parmi les opinions philosophiques ; dans tous les cas, un radical peut être partisan de l'exécution capitale des criminels sans risquer d'être exclu du groupement.

Dans l'ordre fiscal :

Le parti radical reconnaît que le projet d'impôt global et progressif sur le revenu présenté par M. le ministre des Finances et déjà amélioré par la commission de législation fiscale est le projet le plus scientifique qui puisse être soumis aux délibérations du Parlement. Toutefois, se rendant compte de la vive opposition que ce projet rencontre dans le pays, le parti radical, peu soucieux des solutions absolues, se déclare prêt à accepter transactionnellement tout système qui tendrait à transformer progressivement et par étapes, notre régime fiscal.

Dans l'ordre social :

Le parti radical ne considère pas l'intervention de l'Etat comme *indispensable* dans les rapports du travail et du capital ; il pense que la justice est réalisable par la liberté.

Il encouragera la formation des syndicats ouvriers et des coopératives, l'*association libre* lui semblant le meilleur moyen d'améliorer le sort des travailleurs.

Il refuse toutefois le droit de coalition et de grève aux fonctionnaires et aux employés des administrations publiques, qui sont protégés par un contrat de travail *à vie* et couverts par un statut assurant leur avancement hiérarchique et leur retraite.

Avant de mettre en exécution une loi sur les retraites ouvrières, il croit bon d'exiger préalablement la mise en application sérieuse de la loi sur l'assistance aux veillards et de compléter les ressources qui sont nécessaires au jeu régulier de cette loi.

Désireux avant tout d'éviter un conflit entre la Chambre et le Sénat, il est disposé, comme mesure d'attente, à accepter un projet établissant les retraites ouvrières *sans l'obligation et par la mutualité subventionnée.*

Il n'envisage pas les *monopoles d'Etat* comme un moyen efficace de régler les questions sociales et voit, tout au plus, en eux, des expériences sociologiques.

Je crois avoir ainsi tracé, à titre personnel, bien entendu, les grandes lignes d'un programme simplement radical, net, pratique et facile ; je le soumets aux réflexions des démocrates qui ne veulent pas être pris pour les éclaireurs du collectivisme.

Je n'ai même pas cru qu'il fût nécessaire d'ajouter à tout cela une déclaration patriotique. Elle serait superflue, puisque d'avance elle est inscrite dans tous les cœurs français.

Sans adhérer expressément au programme qu'on vient de lire, beaucoup de radicaux y inclinaient. Mais les circonstances les amenèrent à mettre tout à fait au second plan les controverses intérieures d'ordre politique. Un autre sujet absorbait l'attention, passionnait les esprits et devait servir de pierre de touche au classement des partis. C'était celui qu'avait mis en pleine lumière et en lumière crue la propagande furieuse de M. Gustave Hervé contre l'armée et contre la patrie.

Les formules du Congrès socialiste de Nancy, sans donner à l'hervéisme une approbation expresse et complète, le répudiaient si peu que M. Hervé affectait de les trouver satisfaisantes. Le parti radical, plus libre, devait avoir une attitude plus nette. Il ne pouvait que rompre ouvertement avec toute doctrine et avec tout parti qui nierait la patrie et les devoirs envers la patrie.

C'était manifestement sur ce terrain que s'engageait la partie brûlante du débat devant le Congrès de Nancy. Il y allait de l'honneur du parti ; son existence même dépendait de la réponse qu'il ferait à cette question devenue la question capitale.

Par là même les autres s'effacèrent. Et il en résulta que les deux grandes thèses générales, relatives à la politique intérieure du radicalisme, qui devaient se heurter avec fracas, se réduisirent à des divergences de détail et à des différences de ton ou de degré qui n'entamaient pas l'unité radicale.

Pour qu'il n'y eût malentendu ni sous-entendu possible, le Comité exécutif avait pris soin de faire préparer depuis plusieurs mois un texte étendu, méthodique, rédigé en forme de propositions doctrinales précises. Une commission en avait, de longue main, préparé la rédaction; après discussion, des retouches, des additions, des suppressions avaient été consenties. Finalement le congrès était saisi de ce projet de *Programme officiel du parti*. En d'autres termes c'était pour la première fois un corps de doctrines politiques et sociales dressé article par article, ayant la portée d'un manifeste collectif, engageant le parti tout entier, que le Congrès aurait à examiner et à voter.

On pouvait concevoir de deux façons la rédaction de ce document : ou bien elle serait assez large et assez élastique pour éluder à force de généralités, les difficultés et les causes possibles de désaccord ; ou elle serait précise, explicite, sans atténuations, sans équivoques et sans réticences.

Ce fut cette dernière méthode qui parut être celle de la franchise que les républicains se doivent les uns les autres. En conséquence le Programme n'évita et ne laissa sans réponse aucun des points délicats sur lesquels les radicaux pouvaient se diviser. On s'efforça de proposer les solutions spécifiquement radicales, représentant la pure doctrine de la démocratie avancée sans autre habileté que l'aveu sincère des points sur lesquels resteraient ou des doutes ou hésitations ou des contestations entre radicaux. Sous cette réserve le texte ainsi adopté serait considéré non seulement comme l'expression authentique de la politique radicale, mais comme le document auquel devrait avoir adhéré quiconque demanderait à représenter le parti dans une fonction élective.

C'est ce *Programme officiel du parti* que nous publions *in extenso* à la fin du présent volume et dont nous reprenons le texte, chapitre par chapitre, dans la seconde partie de ce travail pour fixer et exposer la doctrine du parti radical.

L'accord étant intervenu sur l'ensemble du programme, il ne restait plus à régler que la question dite de tactique, c'est-à-dire celle des rapports électoraux du parti radical avec le parti socialiste. Nous avons dit comment elle se posait à propos de l'antipatriotisme poussé aux dernières outrances par M. Hervé et si mollement éludé plutôt que combattu par le socialisme unifié.

La proposition Bonnet, rédigée dans le même esprit que les déclarations de l'Alliance républicaine démocratique, tendait à réprouver en principe l'hervéisme, à considérer en fait les votes des Congrès socialistes comme impliquant adhésion à l'hervéisme, et à proclamer en conséquence qu'il serait dans tous les cas et quelles qu'en soient les suites, interdit à tout radical de faire cause commune avec un socialiste unifié.

Cette proposition semblait jouir d'une grande popularité dans le parti à la veille du Congrès. Au Congrès, après de longs et vifs pourparlers entre les diverses fractions, la formule Bonnet ne fut même pas soutenue par son auteur. Un ordre du jour, à la fois plus ferme dans ses prescriptions et plus mesuré dans l'application qu'il en fait, fut lu par Charles Dumont et adopté à l'unanimité. En voici la teneur.

Citoyens, le Parti radical et radical-socialiste entend rester un parti démocratique, un parti de réformes populaires. Tous ceux qui travaillent à faire aboutir les lois de progrès qu'il a promises sont des alliés, tous ceux qui à ces lois refusent leur suffrage sont ses adversaires.

Le Bloc doit continuer.

Nous ne voulons exclure aucune fraction de la democratie avancée ; mais hors du Bloc se placeraient eux-mêmes ceux qui, personnellement, par une propagande criminelle, tenteraient de donner aux plus mauvais instincts l'excuse d'une apparence de doctrine et renieraient la patrie et la République. En conséquence, les membres du Congrès soussignés, en leur nom personnel et au nom de la Commission de tactique et de discipline qui les a approuvés d'un vote unanime, ont l'honneur de vous proposer l'ordre du jour suivant :

« *Le Congrès radical et radical-socialiste, ne séparant pas la patrie de la République, impose à tous les adhérents au Parti le devoir de refuser leurs suffrages à tout candidat qui préconiserait la désorganisation des armées de la République, soit par la désertion en temps de paix, soit par l'insurrection et la grève générale devant l'ennemi.*

« *Sous cette réserve et répudiant toute compromission avec les partis réactionnaire et conservateur, le Congrès déclare que le Parti radical et radical-socialiste reste résolu à continuer, avec la collaboration de tous les éléments du Bloc de gauche, l'œuvre de réformes sociales, fiscales et politiques qu'il a promise au pays.* »

On ne pouvait reprocher, on ne reprocha pas à l'ordre du jour d'être équivoque, de se tenir dans des généralités prudentes et d'éluder le problème. En l'adoptant, le Congrès interdisait nettement à tout candidat, à tout comité radical une complaisance quelconque, même sous forme tacite, pour la propagande antipatriotique. Il défendait de se désister en faveur de quiconque ferait siennes les doctrines détestables du refus de service militaire, de la désertion, de la grève générale devant l'ennemi, bref la négation de la patrie et des devoirs envers la patrie.

Mais le Congrès ne se chargeait pas d'interpréter d'office les votes politiques des congrès socialistes comme constituant nécessairement une preuve d'hervéisme. Il ne se faisait ni le juge, ni le commentateur autorisé des textes incriminés, où les uns prétendaient lire un aveu d'hervéisme, d'autres le contraire, d'autres un refus de statuer.

A ces querelles sur le sens d'un vote et sur la portée des obligations qu'il entraîne pour tous les membres

1. Ce document était signé par MM. Camille Pelletan, Maurice Berteaux, général André, Ferdinand Buisson, Albert Sarraut, Jean Cruppi, Henri Michel, Herriot, Malvy, Messimy, Steeg, Puech, Charles Dumont, Henry Bérenger, Dalimier.

du parti, le Congrès substituait sagement la responsabilité personnelle loyalement mise en cause : sans s'embarrasser de disputer sur des textes controversés, on demanderait à chaque candidat devant le public de déclarer si, oui ou non, il préconise la haine de la patrie, la désertion, l'insurrection en cas de guerre, et tout le reste du programme d'Hervé.

Par cette décision, le Congrès radical éviterait à la fois le double piège qui lui était tendu : il ne déclarait pas la guerre à tout le socialisme, et il la déclarait à tout l'hervéisme. Il ne prenait pas sur lui de soutenir, contre l'évidence d'ailleurs, que tous les socialistes sont antipatriotes : mais il prévenait que ceux qui seraient de leur propre aveu antipatriotes le trouveraient résolument armé contre eux. Ce n'était donc à l'égard des socialistes, ni une rupture, ni une sommation. Le parti radical les attendait à l'œuvre, prêt à l'alliance ou à la bataille suivant leur décision.

Ainsi triomphait à Nancy la politique suggérée par l'ancien président du Conseil. Dans son télégramme, M. Combes avait exprimé le vœu que « plus que jamais, le Congrès proclamât — en même temps que son dévouement inaltérable à la patrie — *la nécessité de l'union de tous les groupes de gauche* pour la réalisation des réformes inscrites au programme du parti radical et radical-socialiste ».

*
* *

Quelques mois après, M. Combes, en prenant la

présidence de la gauche démocratique au Sénat, reprenait une fois de plus l'attitude qui resta invariablement la sienne à travers le changement apparent des choses et des esprits. Aujourd'hui comme au temps de son ministère, avec la même force et par des raisons que la variété des temps n'a fait qu'accroître, M. Combes est l'homme de l'unité républicaine avec le radicalisme pour noyau central. Pour lui, aucune augmentation numérique ne change rien au devoir pour la majorité d'être consciente, d'être agissante, d'être homogène. Et le pire danger de l'heure actuelle à ses yeux serait précisément d'affaiblir le sentiment et le souci de ces conditions sans lesquelles la vitalité même du parti tout entier serait atteinte.

A cet égard M. Combes ne dissimule pas ses inquiétudes. Il craint que dans la foule des radicaux de formation récente il ne règne un esprit assez peu radical. Il appréhende « un pêle-mêle funeste », un commencement de « désorganisation des partis ».

Non seulement, si l'on excepte les membres des droites du Sénat et de la Chambre, qui arborent fièrement encore le drapeau de la royauté, tous les autres groupes de ces assemblées se disent républicains — et certes nous serions les premiers à nous féliciter et nous nous féliciterions cordialement de cet hommage direct rendu à la République, à sa stabilité, à son avenir, — mais il est certain de ces groupes qui s'imaginent ou feignent de croire qu'ils ont le droit en vertu de cette appellation, sans se départir d'ailleurs de leurs opinions bien connues et de leurs principes constitutifs, de se classer dans la majorité républicaine, la vraie, celle qui est sortie en nombre accru des dernières élections, celle qui a reçu des électeurs le mandat positif et précis de poursuivre l'œuvre réformatrice, qui s'est affirmée avec tant d'éclat, de vigueur et de succès sous les deux ministères de Waldeck-Rousseau et de son successeur.

Ces républicains, qui n'ont dû pour la plupart leur victoire dans les élections qu'à l'appoint des voix réactionnaires, s'ingénient à faire oublier la vue de leur origine. Ils se faufilent avec une prestesse exempte de scrupules dans les rangs des républicains de gauche.

Le pis est que, grâce au manque d'orientation nette et précise qui caractérise la situation politique actuelle, où le programme des réformes proposé par le gouvernement et approuvé par nous tous, qui désirons avec ardeur le voir aboutir, s'est trouvé ajourné par des causes jusqu'à un certain point indépendantes du gouvernement lui-même, les républicains dont je parle saisissent toutes les occasions de se joindre à la majorité de gauche, soit dans des ordres du jour de confiance, soit dans des questions d'importance secondaire, faussant de la sorte, en l'élargissant en apparence, le caractère comme la force exacte de cette majorité.

La conséquence de ces mélanges et de ces confusions volontaires ou non, l'ancien président du Conseil la dénonce d'avance avec autant de franchise que de sang-froid. Il le dit tout net :

« Le pays républicain s'étonne et s'émeut. Il fait plus que s'émouvoir. En constatant l'indifférence ressentie à cet égard par ses vrais représentants, il est pris de découragement et, en maints endroits, il est tenté de se désintéresser de la politique. Au contraire, la réaction, sous toutes ses formes, jadis abattue par une longue série de ses défaites électorales, s'enhardit à ce spectacle et s'organise puissamment en tous lieux pour bénéficier de l'état de désarroi qui paralyse l'action auparavant si féconde des partis avancés.

De là tout un plan de campagne politique exposé sans ombre et sans détours. M. Combes n'hésite pas plus sur la solution du problème en 1908 qu'en 1902 :

Reconstituer résolument, sans exclure aucune bonne volonté éprouvée, les deux partis bien distincts qui se sont disputé, sous Waldeck-Rousseau et de mon temps, les suffrages des électeurs : le parti des républicains avancés et le parti des républicains progressistes, ou, comme le désignait Waldeck-Rousseau, d'un nom qui leur a déplu, je ne sais pourquoi, puisqu'il était conforme à leur programme, le parti des républicains conservateurs.

« Il est de notre dignité et de notre intérêt, comme de la dignité et de l'intérêt des progressistes, que cette reconstitution se fasse avec franchise et au grand jour. Elle est en harmonie de tous points avec les exigences de même qu'avec ses habitudes de tout régime parlementaire, où ces deux partis se succèdent alternativement au pouvoir suivant les changements amenés par leurs fautes ou par des événements inattendus dans les dispositions de l'opinion publique. Aucun homme véritablement ami de son pays ne saurait s'accommoder de situations politiques indécises. »

C'est sur ces paroles que nous clorons cette trop rapide et superficielle étude sur la formation de la politique radicale. Ce ne sont pas en effet les paroles d'un homme de parti ou d'un chef de groupe obéissant à des prédilections particulières. Elles résument la philosophie même du radicalisme et elles en expriment l'idéal : cesser d'être une politique spéciale à une fraction de l'opinion républicaine, pour devenir incontestablement la pensée même et la volonté du gros de la nation, en marche vers la démocratie intégrale.

DEUXIÈME PARTIE

LE PROGRAMME DU PARTI

L'exposé qui précède nous a permis de suivre la marche d'une idée, depuis son apparition dans les écrits de quelques penseurs isolés, jusqu'au jour où elle est devenue le lien d'un grand parti.

Grâce à elle ce parti, qui avait commencé par être une minorité dans la minorité républicaine, est aujourd'hui la majorité de la majorité.

Nous l'avons vue naître, grandir, lutter et vaincre. Maintenant qu'elle a pris corps en un progamme d'action politique, il nous reste à chercher comment elle s'affirme et se déploie, quelles œuvres elle engendre, quelles réformes elle suscite, de quel poids et dans quel sens elle va peser sur la vie publique.

En d'autres termes, nous aurons à nous demander ce que veut et ce que peut désormais le parti radical. Jusqu'à quel point a-t-il pris conscience de lui-même et reste-t-il fidèle à ses principes ? Quelle action exerce-t-il sur le Parlement, sur l'opinion publique, sur les masses populaires d'où il est sorti ? Que vaut son programme, et quelle application en fait-il ?

Telles sont les questions qui feront l'objet de cette seconde partie de notre étude. Elle n'a d'autre but que de dresser sous nos yeux le tableau complet des doctrines que s'efforce de réaliser le parti radical et radical socialiste.

Pour cette appréciation, point par point, de tout ce qui constitue aujourd'hui le programme du radicalisme, nous ne sommes pas réduits aux conjectures et aux controverses. Nous avons un texte. La route nous est tracée pas à pas, et nous ne saurions nous en écarter. Non seulement les *Déclarations* rédigées par les congrès annuels constituent une suite de manifestes élaborés par les chefs les plus autorisés du parti et votés par l'assemblée générale de ses délégués authentiques. Mais le dernier congrès a fait plus. Il a arrêté, sur des propositions mûrement élaborées, un résumé doctrinal qu'il a lui-même nommé « le Programme du parti. »

C'est ce document, très méthodiquement composé, que nous allons suivre chapitre par chapitre. Nous parcourrons ainsi, en prenant le Congrès lui-même pour guide, l'ensemble des questions qu'il a inscrites en permanence à son ordre du jour, et nous examinerons les solutions qu'il en donne, les unes déjà réalisées, conquêtes d'hier, les autres en préparation, objet des batailles de demain.

CHAPITRE PREMIER

LE RADICALISME ET LES RÉFORMES POLITIQUES

DANS L'ORDRE POLITIQUE

Le Parti radical et radical-socialiste :

1° *Prévoit* **la revision de la Constitution dans le sens le plus démocratique**, *la République mise hors de discussion.*

2° *Il affirme* **la souveraineté du Suffrage universel**, *souveraineté dont le principe exige que la Chambre des députés ait le dernier mot, notamment en matière budgétaire.*

3° *Il demande* **que le système électoral d'où sort le Sénat, soit élargi dans un sens démocratique**, *de façon à y assurer une proportionnalité plus exacte et une action plus directe du suffrage universel.*

Pendant longtemps le premier article du programme radical s'énonçait en ces termes : revision de la Constitution.

Il y avait deux raisons pour qu'il commençât ainsi : l'une générale, l'autre particulière.

D'abord nous sommes enclins depuis la Révolution, par tradition et par logique, à nous représenter tout l'ensemble de notre régime politique comme étroitement lié à la Constitution : il semble qu'il en soit l'application et ne puisse valoir que ce qu'elle vaudra. Nos pères de 1848 obéissaient encore à cette conception toute théorique. A leurs yeux la Constitution était une sorte de charte suprême et complète, une loi des lois, une encyclopédie politique et sociale en raccourci. De là l'importance capitale qui devait s'y attacher dans l'esprit public, dans celui des partis populaires surtout.

L'autre raison, c'était la nature même de la Constitution de 1875. Il est clair qu'elle n'avait été faite ni par ni pour une majorité républicaine. Les auteurs y avaient expressément inséré le droit de remettre la République en question. Et ils avaient réglé tout le mécanisme des pouvoirs publics dans des conditions qui trahissaient clairement et des habitudes et des espérances monarchiques.

Rien donc de plus naturel que la fièvre revisionniste qui agita le parti radical aussi longtemps que la Constitution lui sembla un danger de toutes les heures pour la République.

Mais il arrive souvent qu'un organisme vivant corrige ou supprime par la seule force de la vie ce qui l'entrave ou le menace. Ainsi fit la République pour les lois constitutionnelles qui devaient l'étouffer. Ce fut elle qui, d'un lent et irrésistible effort, les fit céder. De certaines mesures ingénieusement dirigées contre elle, elle sut tirer un parti merveilleux.

Les revisions partielles et en apparence insignifiantes des premières années qui succédèrent au 16 mai suffirent pour réformer ce qui était réformable et laisser tomber le reste en désuétude. Quand les Chambres cessèrent de siéger à Versailles, quand fut abolie l'institution des sénateurs inamovibles, quand plus tard une sorte de *modus vivendi* eut réglé au moins tacitement les attributions respectives des deux Chambres en matière budgétaire, on se rendit compte en France de ce qu'avaient expérimenté d'autres pays : ce ne sont pas les démocraties les plus avancées qui retouchent le plus souvent leur constitution. Ce serait plutôt le contraire. Comme les Etats-Unis, comme la Suisse, la France se trouva bien de n'attacher à la lettre des textes qu'une valeur relative et de laisser le temps la fixer. On s'est aperçu, ici comme ailleurs, qu'il importe moins à un peuple de posséder la meilleure des constitutions que de faire de la sienne le meilleur usage.

Ainsi tomba peu à peu l'ardeur première du radicalisme en matière de réforme constitutionnelle.

Sans doute, on peut encore trouver excessives certaines prérogatives presque monarchiques attribuées au président de la République. On peut soutenir que cette charge suprême pourrait être supprimée et, comme en Suisse, réduite à la présidence annuelle des Conseils du gouvernement. On peut s'irriter de certains errements qui dans l'élection sénatoriale semblent des survivances d'un état de choses dépassé. On peut protester contre bien des vestiges du régime monarchique dans notre organisation gouvernementale, administrative, judiciaire, militaire.

Mais, sans même abandonner toutes ces critiques. le parti radical ne peut plus leur attribuer la portée qu'elles eurent à d'autres heures déjà lointaines. Et d'ailleurs les progrès de l'opinion républicaine ont en vingt ans si profondément changé la composition du Sénat que de « geôlier de la République » il en est devenu le défenseur.Les services qu'a déjà rendus au pays la seconde Chambre ont fait hésiter même de résolus partisans d'une Chambre unique.

Telles sont les raisons qui ont réduit aux trois propositions inscrites en tête de ce chapitre le programme radical actuel dans l'ordre des réformes constitutionnelles.

Elles n'exigent pas, elles admettent : une revision dans la Constitution dans le sens le plus démocratique ; — une accentuation de la prépondérance financière de la Chambre élue par le suffrage universel ; — une réforme du système électoral du Sénat.

Est-ce à dire qu'on ait renoncé dans le parti radical à tout remaniement constitutionnel ? Ce serait une erreur de le croire. Telle circonstance peut se produire qui obligerait à reprendre une campagne revisionniste. quelques uns ont déjà fait luire le spectre d'un conflit avec le Sénat en matière économique si la Haute Assemblée, pour résister aux entraînements démocratiques de la Chambre, se mettait en travers des réformes sociales que la Chambre considère comme essentielles et justes. Mais ce péril est de moins en moins à craindre, d'une élection à l'autre. Et il en sera sans doute pour ce second ordre de réformes comme il en fut du premier : le Sénat, après les avoir un peu fait attendre, les votera, non sans les avoir parfois heureusement amendées.

D'autres entrevoient le jour où notre mécanisme parlementaire aura besoin d'emprunter à celui des Etats-Unis certains rouages excellents pour couper court aux abus mêmes de parlementarisme. Il en est qui se demandent si nous n'en viendrons pas un jour, comme à Washington, à prendre les ministres hors du Parlement.

D'autres encore, attentifs à un exemple plus proche, voient déjà poindre chez nous une imitation du *referendum* pratiqué en Suisse depuis quelques années et qu'il ne faut pas confondre avec le plébiscite : celui-ci supprime le régime parlementaire, le *referendum* le complète. C'est assez dire qu'il suppose un peuple depuis longtemps rompu à la pratique de ses propres affaires, assez instruit, assez exercé à la discussion, assez indépendant de tous les partis pour se faire une opinion et trancher des questions même techniques.

Mais toutes ces vues et d'autres aussi hardies, sans être à dédaigner, ne sont pas non plus arrivées à un tel état de précision et d'urgence qu'on puisse les traduire en propositions immédiates. La Constitution n'est ni parfaite ni intangible. Mais peut-être serons-nous mieux en mesure de la perfectionner quand nous en aurons reconnu à l'usage les vices décidément intolérables et incorrigibles. Peut-être aussi serait-il sage d'appliquer en quelque mesure à la Constitution elle-même la méthode que les Anglais ont poussé jusqu'à l'extrême pour presque toutes leurs lois : le texte subsiste à travers les siècles modifié, interprété, redressé d'époque en époque par le bon sens public (1).

1. Un exemple entre mille de la confiance avec laquelle l'esprit anglais compte sur le temps plus que sur les textes pour déterminer le développement d'une institution. Dans le dernier *Livre Bleu* (décembre 1995) se trouve créé sans formalité ni solennité un rouage pourtant capital, un Conseil impérial ou siègeront les grands ministres des colonies anglaises avec le secrétaire d'Etat de la métropole chargé des colonies. En annonçant cette création comme une sorte d'ébauche, M. Lyttleton ajoute : « L'histoire des institutions — celle par exemple des plus importantes comme le Parlement ou le Conseil de Cabinet — semble montrer qu'il est souvent sage de laisser une institution se développer sous l'empire des circonstances et en quelque sorte à sa fantaisie : il est bon de ne pas sacrifier son élasticité et son pouvoir d'adaptation au souci d'en arrêter prématurément la forme. » (Message du 20 avril 1905.)

CHAPITRE II

LE RADICALISME ET LA RÉFORME ÉLECTORALE

> *4° La réforme électorale, intimement liée à la refonte de notre système administratif, doit assurer la consultation du peuple dans des conditions telles que les électeurs se déterminent* **sur des programmes bien plus que sur des personnalités.**
>
> *Une nouvelle et* **équitable répartition des sièges législatifs** *assurera à chaque région une représentation numériquement* **en rapport avec l'importance de sa population.**
>
> *La législation qui règle le mode de votation garantira* **le secret et la sincérité du vote** *: toutes les* **pressions patronales,** *surtout celles du grand industriel et du grand propriétaire sur les citoyens qu'il emploie, seront ou prévenues ou sévèrement réprimées ; les* **procédés de corruption** *seront recherchés et punis ; des mesures législatives seront édictées pour* **restreindre les dépenses électorales** *et égaliser la lutte entre le riche et le pauvre.*

Les lignes que nous venons de transcrire résument exactement, par leur imprécision même, l'état actuel de l'opinion sur la question électorale au sein des groupes radicaux.

Il n'y a plus accord que sur un principe, que tout le monde accepte par ce que chacun se réserve de l'interpréter à son gré. On convient que le suffrage universel devra consulter le peuple « dans des conditions telles que les électeurs se déterminent *sur des programmes* bien plus que *sur des personnalités* ».

Comment réaliser les « conditions » qui assureront ce résultat ?

***

Trois systèmes sont en présence :

Le scrutin uninominal d'arrondissement ;

Le scrutin de liste par département ;

Le scrutin de liste avec représentation proportionnelle.

On peut admettre sans crainte d'être contredit que tous trois ont leurs partisans, dans les rangs du parti radical. Il serait difficile de dire en quelle proportion ils se répartissent aujourd'hui ou se répartiront demain. La question est à l'étude, et les jugements ne sont pas sans appel : le juge qui les émet est le premier à en prévoir la revision possible.

Nous croyons devoir exposer ci-dessous, très sommairement, les trois systèmes. Nous ne cachons pas notre préférence marquée pour le troisième, mais nous voudrions être juste pour les deux autres.

I. — Le scrutin de liste

Historiquement, le scrutin de liste est le scrutin de la République. En principe, il fait partie de la conception même du suffrage universel. Aussi fut-ce toujours le premier mouvement du peuple vainqueur de l'établir au lendemain même de sa victoire.

Pour quelles raisons ? Tout simplement parce que la logique le veut ou semble le vouloir ainsi.

Du moment que la loi doit être l'expression de la volonté générale et que la souveraineté nationale est le pouvoir suprême, c'est la nation entière, qui, faute de pouvoir légiférer elle-même, doit choisir ses représentants. Chacun d'eux doit être « représentant du peuple ». Aucun ne peut être le chargé d'affaires d'un groupe qui serait considéré comme ayant des droits propres, distincts de ceux des autres. Les groupes ne sont que les subdivisions numériques de la République une et indivisible ; ils sont tous égaux et pareils en droits comme en pouvoirs.

Théoriquemement, donc, la nation devrait dresser une liste unique de représentants. C'est l'impossibilité matérielle de l'opération qui seule force à y renoncer ou plutôt à la limiter. En fait on a pris pour limite numérique et géographique l'étendue du département. Mais cette segmentation territoriale, pour la facilité matérielle des opérations ne change rien, ni à la nature du mandat, ni au caractère du vote, ni aux conditions d'électorat ou d'éligibilité.

C'est bien d'une élection politique qu'il s'agit, et, par conséquent, c'est un choix politique qu'il faut faire, ce qui suppose chez chaque électeur une double décision : le choix d'un programme représentant son opinion politique, le choix d'une personne représentant ce programme.

Il est manifeste qu'un tel scrutin ne peut fonctionner que dans une démocratie arrivée à la pleine conscience d'elle-même. C'est le mode normal d'exercice du suffrage universel arrivé à l'âge adulte et à la parfaite possession de lui-même.

Pour qu'un peuple puisse ainsi voter par grandes masses et par grands courants, il faut qu'il y ait des masses et il faut qu'il y ait des courants, en d'autres termes que ce peuple, s'il n'est pas unanime à suivre une direction, sache bien, du moins, quelles sont les directions bien définies entre lesquelles, il aura résolument à choisir. Que les partis dûment constitués se disputent le pouvoir, l'équilibre politique n'en est pas troublé. C'est la lutte régulière de forces légitimes : la résultante sera une orientation générale du pays dans le sens où la majorité veut le mener, comme c'est son droit. Cette orientation n'est pas à la merci d'un coup de force ou d'une surprise : elle est durable, parce qu'elle répond à la réalité d'une situation politique stable en ses grandes lignes. Elle sera demain, à quelque chose près, ce qu'elle était hier. Elle ne risque ni d'être retournée, au dedans, par un revirement total qui renverserait la proportion des forces, comme par un jeu de bascule, ni bouleversée du dehors par des orages qui affoleraient l'appareil. C'est le calme de ces démocraties heureuses où tout peut être mis en question, sauf la démocratie elle-même.

Tel ne fut pas l'état de la France ni après 1848 ni après 1871.

La réaction de 1849, le coup d'Etat, l'Empire ne pouvaient faire confiance au scrutin de liste. La Constitution impériale le remplaça par les deux institutions en apparence contraires, en réalité complémentaires l'une de l'autre, qui devaient permettre à l'autorité centrale de faire du suffrage universel un instrument de règne. Dans la règle, ce fut le scrutin uninominal par arrondissement avec accompagnement de lois électorales donnant libre jeu à l'arbitraire gouvernemental. Dans les grandes occasions, ce serait le plébiscite : le gouvernement poserait au peuple la question qu'il voudrait aux heures et dans les formes où il se croirait sûr de la réponse voulue.

Après la guerre et la Commune, le scrutin de liste ne dura pas davantage, pour des causes analogues. Ce fut la réaction qui l'abolit (1). La Constitution de

1. « La doctrine du parti républicain n'avait jamais varié depuis 1848 : ses préférences étaient pour le scrutin de liste par département ; et, si le scrutin d'arrondissement l'avait emporté en 1875 à l'Assemblée Nationale, il n'avait dû cette victoire très disputée qu'à M. Dufaure qui s'était déclaré en sa faveur. » Edgar Zevort, *Histoire de la Troisième République*, III, p. 141.

1875 revint au scrutin individuel et aux petites circonscriptions, égales tout au plus à un arrondissement.

On sait avec quelle opiniâtre persévérance Gambetta soutint jusqu'à sa mort le scrutin de liste comme une des conditions essentielles du régime républicain. On sait de quels poids il pesa sur les hésitants et les timides de son parti, les conjurant d'accepter même des risques graves pour en écarter un qui lui paraissait le pire de tous, l'altération du suffrage universel. On sait enfin contre quels obstacles misérables vinrent se briser tous ses efforts.

Après lui, le scrutin de liste triompha. Mais peut-être, devant s'appliquer sans lui, triomphait-il trop tard ou trop tôt.

Trop tard, car on avait eu le temps de voir les avantages du scrutin d'arrondissement et non ses inconvénients. On avait commencé à s'y habituer. Par ce qu'il avait de bon et par ce qu'il avait de mauvais, il avait pris faveur.

Trop tôt, car pour revenir au scrutin départemental il fallait être sûr d'une majorité républicaine solide, consciente de ses devoirs, consciente aussi des dangers que les divisions créaient, aggravaient de jour en jour. Et l'événement prouva que, si nous avions su nous battre, nous ne savions pas encore, suivant le mot courageux de Gambetta, nous gouverner.

Le scrutin de liste avait été rétabli par la loi du 16 juin 1885. Il ne s'appliqua qu'une seule fois.

Il fut supprimé, et non sans donner lieu à de tragiques inquiétudes, par la loi du 13 février 1889, qui remettait en vigueur le régime de 1875.

II. — Le scrutin d'arrondissement

Que faut-il penser de ce retour au scrutin d'arrondissement ?

Faut-il dire qu'en le votant on avait cru revenir au mode normal d'élection ? Faut-il le considérer, comme ayant été, au moins dans la pensée de ses auteurs, la fin d'une erreur et le retour à la vérité, la rentrée au port après les périls d'une expédition hasardeuse ?

Ou bien au contraire faudrait-il, comme certains adversaires de ce système l'ont cru, n'y voir qu'une défaillance, un abandon des principes sous le coup de la peur ou de l'intérêt, une de ces diminutions de notre idéal qui trahissent une diminution de notre foi ?

Ni l'une de ces interprétations, ni l'autre ne nous semble répondre à la vérité.

Ce retour au scrutin d'arrondissement a sans doute l'apparence et l'allure du mouvement réflexe, du mouvement instinctif de légitime défense. Mais à y regarder de près, ce geste, sans avoir rien d'héroïque, n'a rien de lâche : il couvre en somme un acte de sagesse et de sagacité politique.

Il faut se rappeler ces moments-là, cette effervescence où, sous le nom de boulangisme, la démagogie et la réaction, complices quoique dupes l'une de l'autre, se croyaient sûres d'en finir à la fois et avec la République démocratique et avec la République parlementaire.

C'est au plus fort de cette tempête soudainement déchaînée que les gardiens de la France républicaine décidèrent de dresser contre elle sur tout le rivage une sorte de brise-lames qui devait diviser la houle, en amortir le choc et en réduire singulièrement les désastres. Au lieu d'un entraînement furieux dont le scrutin de liste aurait centuplé les effets par cet affolement qu'on a nommé le délire des foules, le scrutin local commandait des luttes locales, les enfermait chacune dans un cadre étroit, et les faisait redescendre aux proportions d'une victoire ou d'une défaite individuelle n'excédant guère la portée de l'homme et du lieu.

Quand ce recours au scrutin divisé n'eût été qu'un expédient heureux, il était trop nécessaire et il s'est montré trop efficace pour que nous hésitions à nous en féliciter.

Mais c'était plus qu'un expédient. C'était une phase normale à traverser. C'était la phase initiale par où la République devait commencer la conquête du pays. Et si d'instinct on y eut recours en 1889, c'est parce que dix ans d'expérience en avaient démontré la valeur.

Pourquoi le scrutin d'arrondissement a-t-il fait triompher la République depuis 1889 ?

Pourquoi l'avait-il sauvée au lendemain du Seize mai ?

C'est une belle page de notre histoire politique qu'on écrira un jour avec le recul nécessaire.

La France est un pays de bon sens et de bon cœur, mais c'est un pays qui aime l'ordre, parce qu'il aime le travail. Ceux qui avaient intérêt à le détourner de la République savaient bien qu'ils n'y réussiraient qu'en l'effrayant et qu'ils ne l'effraieraient qu'ene trompant. Les discours des gens en place, les sermons dans les églises, les articles dans la bonne presse, les propos courants, la légende qu'on appelle populaire parce qu'elle est habilement fabriquée à l'usage du peuple, les traditions prétendues historiques, les petits livres même, ces petits livres d'histoire mis aux mains des enfants dans les écoles, tout était savamment ou naïvement agencé pour donner à ce pays, à nos six millions de paysans tout d'abord et à nos quelques millions de petits bourgeois, de petits rentiers et de petits artisans l'effroi de la République. En choisissant, il n'était pas difficile de faire surgir de notre histoire le spectre rouge étalé dans quelques pages tragiques et sanglantes qui épouvantaient les inspirations. Au fond, à l'arrière-plan de tout ce qui s'appelait républicain, réapparaissaient invariablement la Terreur, la rue Transnonain, les journées de Juin, la Commune. On avait beau répondre, raisonner, expliquer, raconter : l'impression dominante restait.

On ne parvint à la vaincre que le jour où dans chaque circonscription se présenta devant le public, encore méfiant et craintif, quelqu'un du pays, généralement un homme connu et estimé, d'une famille connue et estimée, ayant souvent le prestige d'une situation aisée, qui venait dire : « La République, c'est moi. Je suis son candidat. » Cette démonstration concrète faisait plus que tous les discours pour éclairer l'électeur. Et c'est ainsi qu'en une dizaine d'années furent enlevées contre toute vraisemblance la plupart de ces citadelles réputées invincibles. On vous racontera cette histoire dans tous les départements. On vous décrira cette première campagne où le gentilhomme portant un grand nom, le millionnaire, le gros patron, l'ancien député de l'Empire ont été, à leur stupéfaction, supplantés par un médecin de campagne, un avocat, un professeur, un petit propriétaire, un agriculteur qui n'avait jamais fait de politique et qu'on était allé chercher pour la bataille.

C'est bien ainsi que la République devait gagner une à une les circonscriptions. Elle se rendait ainsi visiblement tangible, elle se rapprochait du peuple, elle se faisait comprendre, estimer, aimer, dans la personne de ceux qui portaient son drapeau.

Le scrutin d'arrondissement rompait donc, maille par maille, le terrible réseau de préventions, de peurs et de méfiances dont on avait enserré « la Gueuse ».

Il se trouvait dans chaque arrondissement un républicain de la première heure qui était comme le garant de la République dans les campagnes environnantes, comme le symbole vivant et sur place du nouveau régime.

Mais n'était-il pas facile de prévoir que ce rôle même aurait ses conséquences? Une fois la lutte finie, ce député va-t-il disparaître, rentrer dans le rang ? Le lui demander, ce serait folie tout ensemble et ingratitude. Il a été à la peine, il sera à l'honneur, et avec lui la petite et vaillante minorité qui s'est exposée aux coups. Elle est devenue majorité, comme il est devenu le premier personnage de l'arrondissement. C'est à lui que tous s'adressent. Son activité n'est plus consacrée à la politique, elle n'en sera que plus féconde. Enfant du pays, il en connaît les besoins. Il a montré comment il sait « défendre » une cause, il défendra les droits d'abord, puis les intérêts de l'arrondissement, intérêts politiques, économiques, agricoles, fiscaux, industriels, commerciaux. Peu à peu le voilà passé homme nécessaire ; il est celui sur qui comptent les maires pour plaider la cause de leur commune, les fonctionnaires pour obtenir quelque avancement, les candidats un emploi, les malheureux un secours, les réservistes un sursis, d'autres un bureau de tabac, une recette buraliste, une remise d'amende, une décoration.

Ainsi se corrompt nécessairement en quelques années, par une insensible déformation, la notion même du mandat législatif. Législatif, c'est le moindre de ses caractères, c'est de beaucoup ce qui prend le moins de temps au député. Les affaires de la circonscription — euphémisme, pour ne pas dire des gens de sa circonscription — sont sa préoccupation dominante.

La question est de savoir si cette inévitable déviation de la fonction élective est un mal assez grave et entraîne assez d'inconvénients pour qu'il vaille la peine d'y mettre fin ou du moins d'y chercher un remède.

Certains en prennent aisément leur parti.

Dans ce fourmillement de démarches inutiles, d'apostilles ridicules et de vaines promesses ils ne voient qu'un des ennuis du métier. Quel métier n'a les siens ?

Mais la plupart aujourd'hui s'avouent qu'il y a autre chose. En se prolongeant, cette manière étroite, mesquine et utilitaire d'entendre le mandat électif a créé un double mal, qui va grandissant si vite qu'il n'est plus possible de n'en pas voir les conséquences prochaines et lointaines.

Cet échange perpétuel de services entre l'électeur et l'élu nuit beaucoup plus qu'il ne semble d'abord à la dignité de l'un et de l'autre.

Ecartons, bien entendu, l'idée et le mot de corruption électorale. Ni l'un ne songe à vendre son suffrage, ni l'autre à trafiquer de son mandat.

Mais l'élu peut-il empêcher que chacun des petits services qu'il rend se traduise en une sorte de menue monnaie électorale ? Il n'y pense pas, c'est entendu. Mais l'obligé y pense. N'est-il pas vrai qu'il considèrerait comme une mauvaise action de sa part d'accueillir la candidature d'un concurrent, celui-ci eût-il à certains égards plus de titres que le titulaire actuel? Qu'une question se pose sur laquelle se séparent se séparent ces deux candidadures, l'examinera-t-il avec impartialité ?

L'élu de son côté peut-il dire qu'il votera toujours comme représentant du peuple avec la préoccupation dominante de l'intérêt général du pays ? Ne se tient-il pas pour lié aux intérêts particuliers de la région, de la circonscription, de la catégorie d'électeurs qu'il représente ? Dans son action personnelle auprès des ministères, n'essaie-t-il pas d'obtenir pour les siens des mesures de faveur : il est possible d'en arracher beaucoup à la bienveillance d'un ministre qui lui non plus n'est peut-être pas tout à fait indifférent au plaisir de faire... un heureux de plus.

Mais c'est surtout à l'électeur ou pour mieux dire à la population tout entière que nuisent ces pratiques de la recommandation.

Elles perpétuent l'abus que la République avait promis de détruire avant tous les autres : l'arbitraire sous ses deux faces ; la faveur accordée aux uns, le droit refusé aux autres.

Peu importe qu'en réalité recommandations, apostilles, démarches aient infiniment moins d'effet qu'il ne semble. Ici l'apparence est tout, car c'est sur l'apparence qu'en juge l'opinion.

Ces petits papiers, ces recommandations, ces apostilles, ces suppliques suivies de réponses attestant « qu'il est pris bonne note ou promettant de tenir compte de l'intérêt que vous témoignez » et autres formules qui seraient des politesses banales si elles s'échangeaient entre des particuliers, qu'est-ce autre chose qu'une menue monnaie électorale circulant entre trois personnes qui font le geste de se rendre mutuellement de petits services et dont aucune n'est tout à fait dupe : le ministre, le député et l'électeur ? Le malheur est que ces trois personnes ont chacune un pouvoir propre et réel. Qu'importe que cette monnaie n'ait que peu ou point de valeur ? Elle a cours. Elle entretient l'illusion chez quelques naïfs, elle simule au moins un échange de services dont après tout on n'est jamais sûr qu'il ne sorte pas quelque chose. Qui y gagnera le plus ? On ne sait. Aujourd'hui c'est le protégé qui se confond en remerciements. Mais demain qui sait s'il ne paiera pas sa dette dans telle élection où tout dépendra peut-être de quelques douzaines de voix ? Aujourd'hui c'est le ministre qui accorde une satisfaction à un parlementaire : qui sait si demain ce parlementaire ne s'en souviendra pas dans quelque vote ?

Ecartons même ce point de vue. Admettons que la dignité politique ne soit pas effleurée par ce vain simulacre de bons offices réciproques ; supposons que ce va-et-vient de milliers de lettres de complaisance ne soit qu'une immense et innocente mystification.

Il y a un mal du moins qui est réel et que l'on ne peut plus nier : c'est la démoralisation qui résulte de ces pratiques du haut en bas de l'administration.

Les incidents multiples de ces dernières années, la faveur qui a accueilli la création des *Amicales* de fonctionnaires pour la défense de leurs droits, la fièvre même qui un instant s'est emparée de beaucoup d'entre eux et leur a fait entrevoir comme suprême moyen de lutter contre le favoritisme, la constitution en syndicats dont on peut contester la légalité, mais non la légitimité, enfin les arrêts réitérés du Conseil d'État qui ont cassé nombre de nominations scandaleuses dans plusieurs ministères, tout prouve que la plaie de la recommandation, c'est-à-dire du favoritisme, c'est-à-dire de l'anarchie, a fait de grands ravages dans beaucoup de nos administrations.

Il est temps d'y porter remède (1).

1. Proposition de loi relative au statut des fonctionnaires, n° 1482, 30 janvier 1908.

Mais quel remède pourrait opérer utilement aussi longtemps que la cause du mal subsistera et agira? Et la cause profonde de la déformation subie par le mandat électif ne réside-t-elle pas dans l'exiguïté même de la circonscription qui fait converger sur un seul homme tous les intérêts politiques et économiques d'une région assez étroite pour qu'il s'attache étroitement à elle et elle à lui ?

Il faut donc chercher un mode de représentation nationale qui réunisse les avantages du scrutin de liste et du scrutin d'arrondissement et qui en élimine, s'il se peut, les inconvénients.

III. — Le Scrutin de Liste avec Représentation proportionnelle

Evidemment ce troisième mode de scrutin ne pouvait être conçu et ne pourra être appliqué qu'après les deux autres. Il marque un degré de plus dans l'éducation du suffrage universel : il est nécessairement plus complexe, il répond à des exigences plus grandes, il suppose un corps électoral plus exercé.

Il a pour trait caractéristique l'abandon total du principe sur lequel reposent les deux autres scrutins. Jusqu'ici par département ou par arrondissement, avec un seul nom ou avec une liste de plusieurs noms, ce que chaque parti poursuivait, c'était l'élimination pure et simple de l'adversaire. Conquérir le siège unique ou conquérir tous les sièges, tel était l'objet des ambitions, l'enjeu de la partie. Cette manière d'entendre la bataille électorale est ce qu'on appelle le système majoritaire.

La représentation proportionnelle est la négation formelle du régime majoritaire. C'est une autre conception du gouvernement représentatif, résultant d'une analyse plus exacte des opérations électorales.

Qu'est-ce que la représentation nationale, sinon l'image réduite de la nation ? Faute de pouvoir convoquer la totalité des citoyens, on convoque une assemblée d'un petit nombre de citoyens, dont chacun parlera et votera pour plusieurs milliers.

Qu'est-ce que l'élection, sinon l'opération par laquelle on substitue ce petit nombre au grand ? Si la proportion est de 1 pour 10.000, autant il y aura de fois 10.000 citoyens, autant il y aura de représentants.

Quelles conditions doit remplir cette opération pour être juste et correcte ? Elle doit reproduire en petit, aussi exactement que possible, ce que la nation est en grand. Une image réduite n'en doit pas moins être scrupuleusement ressemblante.

On n'a le droit d'y rien ajouter, d'y rien retrancher. Il ne s'agit pas de savoir si, en modifiant certains traits, en leur donnant ou en leur ôtant du relief, on embellirait la figure. Ce qui est certain, c'est qu'on ne la reproduirait plus, on la dénaturerait. Que demande-t-on à une copie ? De ne pas altérer le modèle.

Cette copie en miniature de la nation qui s'appelle

la représentation nationale doit donc la représenter telle qu'elle est, sans rien changer aux proportions des diverses parties dont elle se compose.

L'élection après tout, c'est ce qui remplace les anciennes guerres civiles. C'est une manière amiable de régler les querelles qui autrefois se vidaient à main armée. Au lieu de se battre, on se compte, ce qui revient au même, avec les coups en moins, mais à une condition : c'est qu'on respecte scrupuleusement les chiffres et qu'on s'incline d'avance devant leur verdict quel qu'il soit.

Il faut donc commencer par les relever aussi exactement que possible ; il faut interdire tout artifice tendant à les grossir ou à les diminuer abusivement.

Et pourquoi ce respect scrupuleux ? C'est que derrière les bulletins, il faut voir les hommes en chair et en os. Supposez qu'un parti malhonnête s'avise de supprimer quelques centaines de bulletins pour écraser l'adversaire. Supposez qu'une contestation s'ensuive et que dans la fièvre de la passion on en revienne un instant de la bataille des petits papiers à la bataille dans la rue. Est-ce que les quelques centaines de combattants dont on a escamoté les suffrages se laisseraient faire de même ? Ne faudrait-il pas compter avec eux, à coups d'épée ou à coups de fusil ? Comptons donc tout de suite avec les bulletins qui les représentent.

Une fois ces conditions posées et respectées, qu'est-ce que l'élection ? Un simple dénombrement. Elle a pour objet de constater l'opinion des électeurs, non de la corriger. Elle suppose que nul citoyen ne sera privé de son droit à être représenté à son gré, ce qui veut dire simplement à être compté comme existant. Lui rendre impossible d'être représenté, c'est le rayer de la liste des citoyens actifs.

Il ne faut donc pas recourir à un mécanisme électoral qui par définition serait tel qu'il rendrait nécessairement impossible la représentation d'une partie notable des électeurs. Or il est manifeste que c'est l'inévitable résultat d'abord du scrutin uninominal. Il n'y a qu'un siège, il n'y aura donc de représentation que pour le parti qui l'occupera, les autres seront comme s'ils n'étaient pas. C'est encore le résultat auquel arrive le scrutin de liste majoritaire, puisque la liste la plus nombreuse, n'eût-elle qu'une supériorité d'une ou deux voix, se fera adjuger la totalité des sièges, c'est-à-dire que cent mille citoyens plus un priveront de toute représentation cent mille citoyens moins un.

Dès qu'on fait effort pour se dégager des habitudes et pour reprendre une vision exacte des choses qu'on ne voit plus à force de les voir tous les jours, on est frappé de la sottise et de l'injustice de cette prétention des majorités à être seules comptées comme existantes.

« Si, ne pouvant m'occuper de mes intérêts privés, j'en confie le soin à un mandataire, vais-je me battre avec mes voisins pour leur imposer le même gérant ? Quelle folie ! Nous ne sommes pas moins fous, quand voulant confier nos droits souverains à un tiers, nous exigeons que nos concitoyens, eux aussi, le choisissent pour député.

« Un homme a la confiance de 5.000 électeurs : peu importe que le second ait la confiance de 5.000 autres, il n'en est pas moins le mandataire des premiers.

« Si je suis notaire et qu'un de mes confrères ait dix clients de plus que moi, je n'en suis pas moins le notaire de mes clients.

« Mais il suffit que M. X... récolte dix voix de plus que M. Y... pour que celui-ci cesse d'être considéré comme le mandataire de ses 5.000 électeurs et par suite mis dans l'impossibilité d'exercer en leur nom le droit de souveraineté. » (1).

Quelle dérision n'est-ce pas de faire servir le suffrage universel, c'est-à-dire l'instrument par excellence des droits de l'homme, à ce qu'il y a de plus anti-démocratique, l'accaparement de la représentation, la suppression détournée du premier de tous les droits du citoyen !

Toute la question est de savoir s'il est possible de substituer à ce système barbare du « tout ou rien » électoral un mode de répartition proportionnelle attribuant à la majorité des électeurs la majorité de la représentation et aux minorités plus ou moins fortes une part de représentation correspondante à leur importance numérique dans le pays.

Sans doute, il ne peut être question de descendre

1. Paul Lapie. « Réforme électorale », dans la *Revue de Métaphysique et de morale*, p. 823, nov. 1907.

jusqu'à des chiffres infimes. Où sera la limite ? C'est ce qu'il faudra déterminer. Une opinion qui ne compte que quelques dizaines de voix dans un pays ne peut prétendre à une représentation si, par exemple, l'échelle adoptée est, comme nous le supposions tout à l'heure, de 1 pour 10.000.

Dans cette hypothèse l'équité serait respectée et le bon sens serait satisfait s'il est établi que tout groupe comptant 10.000 électeurs sera sûr de pouvoir se faire représenter par l'élu de son choix. Ces 10.000 peuvent avoir contre eux une majorité dix fois plus forte. Aussi cette majorité aura-t-elle dix sièges quand ils n'en auront qu'un. Mais elle n'aura pas le onzième sous prétexte qu'elle est la majorité.

Et ici il faut se hâter de prévenir l'objection qui naît d'une confusion trop couramment commise. On confond la représentation et le gouvernement, le droit à l'existence et le droit au pouvoir. Rétablissons les principes, qui sont de sens commun (1),

La représentation appartient à tout le pays. La direction des affaires publiques appartiendra à la majorité de ses représentants.

La règle d'une bonne représentation, c'est la conformité à l'état réel, c'est l'exactitude, c'est donc la proportionnalité entre le nombre des électeurs et celui des élus.

La règle d'une bonne direction des pouvoirs publics

1. Nous empruntons la page qui suit à notre exposé de la *Réforme des mœurs politiques par la Réforme électorale* publié dans la *Grande Revue* du 25 octobre 1907.

c'est l'exercice par la majorité du droit de commandement après délibération et discussion.

Exercer les pouvoirs, faire les lois, voter les impôts, constituer le gouvernement, c'est de l'action, et l'action ne se divise pas. Le pouvoir de décision ne se partage pas, puisque le partage, neutralisant les forces, annulerait l'action.

La représentation au contraire se divise, et c'est sa raison d'être : elle doit offrir un abrégé de la nation aussi pareil que possible à la nation elle-même. Il faut donc qu'elle en recueille attentivement et impartialement tous les éléments constitutifs. Le droit d'être représenté, ce n'est autre chose que le droit d'exister et d'être compté comme existant. Qui osera dire tout haut qu'il veut priver de ce droit quelques centaines ou quelques milliers de ses concitoyens ?

Il faut convaincre l'opinion qu'il est possible de respecter parallèlement ces deux lois de la vie publique, de garantir à la fois le droit de tous à la représentation et le droit exclusif de la majorité au commandement. Ce sont deux obligations d'apparence contraire, mais, loin d'être incompatibles, elles se complètent : nécessité de représenter équitablement la majorité et les minorités, nécessité d'assurer la suprématie directrice à la majorité.

La grande objection à la représentation proportionnelle, c'est la peur d'énerver l'action gouvernementale de la majorité des élus si l'on enlève à la majorité des électeurs le monopole de la représentation. C'est toute la philosophie et la politique du scrutin uninominal. Ce scrutin ne laissait pas d'autres alternatives. Pour exclure l'ennemi du pouvoir, il n'y avait qu'un moyen : l'exclure de la représentation nationale. Notre démocratie arrive à un stade de son développement où elle peut en toute tranquillité exclure la minorité du pouvoir, ce qui est juste, sans l'exclure de la représentation, ce qui est inique.

Mais pour cela une condition est nécessaire : c'est qu'il y ait une majorité.

Faire une majorité : c'est l'œuvre finale de la représentation proportionnelle.

Longtemps on l'a nommée, d'un nom qui trahissait la préoccupation dominante, « représentation des minorités ». Et en effet c'était l'écrasement du faible par le fort qu'on avait d'abord en vue.

Après beaucoup d'études et d'expériences, on comprend mieux maintenant la réforme et sa portée. On a un égal souci de faire une majorité qui reste majorité et des minorités qui restent minorités.

Quelle est la pensée profonde, la vraie raison de cette nouvelle organisation du Suffrage universel ? Un motif d'équité ? Oui sans doute, mais surtout une autre conception de la fonction électorale, de l'exercice de la souveraineté du peuple.

Il s'agit de faire comprendre à tout électeur qu'il a deux offices à remplir, que son geste de souveraineté se décompose en deux actes qui, même accomplis simultanément, sont d'ordre différent et n'ont pas la même portée.

L'un consiste à choisir, à déclarer le parti politique

auquel il se rattache. L'autre à choisir, à désigner dans ce parti un ou plusieurs hommes qu'il prend pour mandataires.

Distinguer ces deux points de vue, c'est la véritable révolution à introduire dans les mœurs électorales. Un vote de principe et un vote de personne : tel est l'acte électoral complet, digne d'une démocratie adulte.

Si la République a vraiment jeté des racines suffisantes dans le pays, l'électeur de 1908 doit pouvoir sans peine démêler ces deux questions et rendre ces deux verdicts d'inégale portée en connaissance de cause.

Pour cela, il faut qu'il ait en face de lui des partis constitués, dont chacun présente à son examen un programme de politique générale bien déterminé.

C'est précisément ce que lui assure la représentation proportionnelle, et par là elle fait faire un grand progrès aux mœurs politiques.

Elle oblige les groupements à passer de l'état amorphe à l'état organique. Ils ne sont rien s'ils restent poussière flottante. Un parti, c'est un programme ; et un programme, c'est une liste. Pour qu'il y ait une liste, il faut qu'il y ait une direction politique commune, avouée, exprimée, affichée.

Elle oblige les électeurs à faire acte d'électeurs politiques. Il faudra que chacun sache et dise s'il est républicain ou monarchiste et dans le premier cas s'il entend la République à la façon modérée, radicale, radicale-socialiste, socialiste, socialiste-révolutionnaire.

Elle oblige les candidats à se ranger nettement dans un parti. Elle leur ôte la précieuse faculté d'évoluer, ondoyants et divers entre des groupes ondoyants eux-mêmes et non moins divers. Adieu les adroites réticences, les périphrases sonores, les formules savamment équivoques.

Elle oblige enfin les élus à tenir leurs promesses. Il ne s'agit pas d'un mandat impératif. Il suffit qu'il y ait un programme explicite, expressément accepté par le candidat et que l'élu ne pourrait renier sans se disqualifier aux yeux de ses mandants.

Telle est la réforme politique intimement liée avec la représentation proportionnelle. C'est le suffrage universel passant de l'état empirique et anarchique à l'état organique et méthodique.

Ainsi prendrait fin, parce qu'elle ne serait plus tolérée par personne, la méprisable pratique aujourd'hui encore tolérée par nécessité, dit-on, des marchandages et des compromis électoraux qui, sous le nom de « concentration », achètent la victoire par la promesse sous-entendue de n'en rien faire : l'élu d'une coalition d'extrême-droite et d'extrême-gauche ou d'un syndicat accidentel d'intérêts locaux ou d'une entente de rancunes qui se vengent est d'avance condamné à l'impuissance, il n'est au Parlement qu'une quantité négative : il n'y a plus de place pour lui dans le nouveau régime.

Est-il besoin de démontrer que cette constitution plus forte d'un suffrage universel organisé accroît les forces de la majorité incomparablement plus que ne pourrait les affaiblir une diminution numérique de ses représentants, fût-elle notable ? Trois cents députés groupés dès le premier jour avec cette puissance de cohésion ne vaudront-ils pas plus que trois cent cinquante dans les conditions actuelles ? Il n'y aura plus pour ainsi dire de déchet possible, et l'on sait ce qu'il est parfois aujourd'hui.

D'autre part les minorités seront condamnées, elles aussi, à la loi de l'homogénéité. Et cette loi, qui fortifie une majorité en la rendant plus compacte, affaiblit plutôt les minorités en ce sens du moins qu'elle rend singulièrement difficiles les coalitions immorales si connues à d'autres époques. Chaque minorité, sous peine de se déconsidérer, devra rester elle-même, fidèle à son programme, sorte d'engagement collectif qui la lie devant le public. Ainsi se ferait ressentir jusque dans le Parlement l'action moralisatrice de cette franchise politique devenue la règle du jeu.

Est-ce à dire que le changement des pratiques électorales va changer la nature humaine, en éliminer toutes les tares, couper court notamment à toutes les faiblesses de l'électeur et de l'élu ? On ne nous prêtera pas cette illusion. C'est assez qu'il nous soit permis d'en attendre d'appréciables améliorations dans les mœurs politiques avant, pendant et après l'élection.

*
* *

Après cette discussion sommaire des principes

envisagés au point de vue purement théorique, une question pratique se pose pour le parti radical.

C'est de savoir si la représentation proportionnelle, en la supposant légitime et raisonnable en principe, ne se traduirait pas en fait par un désastre pour le parti républicain et notamment pour la fraction radicale.

Un homme politique a résumé toutes les objections de cet ordre en ce mot un peu brutal : « Quand on a la majorité, on la garde. »

La question est précisément de savoir ce qu'il faut faire pour la garder.

On ne la gardera pas si elle est le résultat ou d'une injustice ou d'une surprise ou d'un accident heureux L'injustice finit par révolter, la surprise n'a qu'un moment, l'accident ne se répète pas.

On ne garde qu'une majorité bien acquise, fondée sur l'état vrai de l'opinion et dans la mesure où elle y correspond.

Le système majoritaire actuel force les proportions au profit du parti au pouvoir. Il divise la France en cinq cent quatre-vingts petits champs clos où la lutte politique se réduit à un seul objet : maintenir ou déposséder le détenteur actuel du monopole de la représentation.

Le caractère rudimentaire et semi-barbare de cette conception de la vie publique ne peut manquer, quoi qu'on fasse, d'apparaître à tous les esprits à mesure qu'ils arrivent à un certain degré de culture. Le parti qui s'entêtera à vouloir conserver ce mode primitif, n'en tirera pas grand lustre devant le pays.

Le parti radical se flatterait-il de faire tant bien que mal durer ce régime ? A cette attitude, ne perdrait-il pas son renom et sa tradition de parti d'avant-garde et de parti de principe ?

Au contraire n'aurait-il pas intérêt à prendre la tête du mouvement, et à occuper la place qui est généralement la sienne, au premier rang des partisans d'une réforme démocratique, quelle qu'elle soit ?

Même au point de vue le plus étroitement électoral, les radicaux, en prenant l'initiative d'une mesure de progrès, en auraient non seulement l'honneur, mais le légitime bénéfice.

Il est évident, en effet, qu'ils sont arrivés présentement à un point culminant, qu'ils ne dépasseront pas, n'atteindront peut-être plus. Il est à prévoir que la tension de leurs rapports avec les socialistes ne peut qu'amener une certaine décroissance dans leur majorité future. Ce serait donc sagesse et et habileté de leur part de saisir pour la transformation du régime électoral, le moment où ils jouissent d'une grande supériorité : le suffrage universel procède rarement par soubresauts, il tend tout naturellement à consolider, à « clicher » la situation telle qu'il la trouvera le jour de la réforme. Si la réforme est faite à la demande et avec le franc concours du parti radical, les minorités n'en pourront faire une arme contre lui. Trop heureux d'en recueillir les fruits immédiats, elles accepteront aisément comme point de départ les chiffres actuels, avec l'espoir de de les modifier peu à peu à leur avantage.

Quoi qu'il en soit, il est permis de comparer cette réforme à une autre de même nature que le parti radical n'a pas acceptée non plus sans quelque hésitation.

C'est celle que réalisa M. Goblet contre l'opinion de la plupart de ses amis et même de ses collègues du cabinet, quand il décida de faire rentrer dans le droit commun toutes les communes en donnant même à celles de plus de 20.000 habitants, l'élection de leurs maires, privilège que le Gouvernement se réservait jusqu'alors avec un soin jaloux. On ne manqua pas dire que M. Goblet perdait la République par amour des principes. Et de fait, il y eut dans les premiers temps quelques communes qui passèrent à la réaction. Se trouverait-il pourtant aujourd'hui un seul républicain pour demander le retour à l'ancien état de chose ? Et à tout prendre cet acte de probité politique n'a-t-il pas profité à l'opinion républicaine ?

Nous nous bornerons à cette réponse générale, sans aborder le détail des prévisions et des conjectures auxquelles il est permis de se livrer sur les résultats possibles d'une refonte de la législation électorale. On trouvera en annexe (1) les rapports en sens contraire de M. Bonnet et de M. Bouillard au Congrès de Nancy.

Le Congrès a écarté la représentation proportionnelle, il a admis à une faible majorité le retour au scrutin de liste, en même temps qu'il admettait dans

1. Voir aux annexes les pièces nos 16 et 18.

le programme du parti le vœu inscrit en tête de ce chapitre et qui ne tend à rien moins qu'à une « réforme électorale » : il veut faire porter désormais le vote « bien plus sur des programmes que sur des personnalités », et il veut « une nouvelle et équitable répartition des sièges législatifs » qui proportionne plus exactement la représentation des diverses régions à leur population (1).

C'est dire que le débat est ouvert sur la réforme électorale et qu'en somme la question est à l'étude.

*
* *

Pour ceux qui voudront en pousser l'examen plus à fond il faudrait donner ici deux ordres de renseignements techniques pour permettre l'étude comparée des divers systèmes dont l'opinion est saisie.

Les deux principaux se rapportent : l'un à la *représentation proportionnelle*, l'autre à la *représentation proportionnée* : c'est ainsi qu'on a nommé la revision

1. « Tirez, dit M. le sénateur Boudenoot, une parallèle traversant la France à la hauteur de Bordeaux environ. La partie de la France au *Sud* de cette ligne comprend environ 7.900.000 habitants.

« Tirez une autre parallèle, à la hauteur de Paris, qui laissera au *Nord* une population sensiblement égale de 7 millions 900.000 habitants.

« Voilà deux régions également peuplées. Avec notre système actuel, celle du *Sud* a 71 sénateurs et 131 députés, celle du *Nord* 49 sénateurs et 107 députés. L'une des deux a donc à population égale 23 o/o de députés et 45 o/o de sénateurs en plus que l'autre. » — *Le Proportionnaliste*, janvier 1908, p. 79.

de la carte électorale reconnue indispensable pour maintenir le scrutin d'arrondissement.

Sur le mécanisme de la représentation proportionnelle appliquée au scrutin de liste, on trouvera les éclaircissements nécessaires dans le rapport Bonnet : nous y ajoutons pour en faciliter la discussion, le texte même de la proposition de loi présentée au nom de la commission du suffrage universel par M. Etienne Flandin (1).

Si nous ne donnons pas, de même, les divers projets de retouche de circonscriptions électorales pour le maintien du scrutin uninominal et en particulier les tableaux préparés par un groupe considérable de la Chambre, c'est en raison de l'étendue de ces documents et surtout de l'incertitude où l'on est encore sur les conclusions auxquelles ce groupe s'arrêtera. Il semble bien acquis que la majorité se prononcerait pour un mode d'élection par département à raison d'un député par 75.000 habitants, étrangers non compris.

* * *

Enfin nous ne devons pas clore ce chapitre sans appeler l'attention sur les dernières lignes du programme : la législation électorale relative au secret et à la sincérité du vote, aux mesures prises contre toute pression patronale, contre tout procédé de

1. Voir aux annexes pièce n° 18.

corruption, enfin aux moyens de restreindre les dépenses électorales.

On sait l'histoire de ces divers projets tous si dignes d'intérêt. Ils ont traversé à la Chambre et au Sénat de longues et nombreuses péripéties. Puissent-ils enfin sortir des délibérations parlementaires et être promulgués au cours de la présente période législative. Cet ensemble de mesures réclamées depuis si longtemps par l'opinion républicaine serait une victoire de plus à l'actif du parti radical.

CHAPITRE III

LE RADICALISME ET LES RÉFORMES ADMINISTRATIVES ET JUDICIAIRES

DANS L'ORDRE ADMINISTRATIF ET JUDICIAIRE

5° *Le Parti radical et radical-socialiste est partisan d'une réforme profonde et étendue qui, sans entamer l'unité nationale achevée par la Révolution,* **accroisse les libertés communales et départementales, simplifie les rouages administratifs, réduise les dépenses et le nombre des fonctionnaires tout en rétribuant mieux les petits emplois** *et mette l'organisation du pays mieux en rapport avec les moyens rapides de communication et les transformations qui se sont opérées depuis un siècle.*

6° *Il veut donner* **aux fonctionnaires civils** *de tout ordre* **un statut** *garantissant leurs libertés civiques, la justice dans l'avancement, et la* **plénitude de leurs droits, y compris le droit d'association.**

Il demande qu'on exige d'eux un dévouement absolu aux intérêts du pays et aux institutions républicaines. Il réclame du gouvernement une action ferme et soutenue, pour détruire dans les services publics les influences hosti-

les à la démocratie qui y ont trop longtemps prévalu.

7° *Il veut la* **justice rapide et égale** *pour tous.*

Il en réclame la **gratuité,** *et si cette gratuité ne peut être obtenue à bref délai, il considère comme urgente une* **réduction considérable de fait de justice.**

Il veut la **simplication des codes** *par l'abrogation des lois surannées et tombées en désuétude.*

*Il reste attaché au principe de l'***élection des juges :** *si cette réforme ne peut être réalisée à bref délai, il réclame, sur le recrutement, la nomination et l'avancement des magistrats, une* **législation nouvelle assurant, avec leur indépendance, leur loyalisme et leur sincérité dans l'application des lois républicaines.**

*La réforme judiciaire doit comprendre l'***extension de la juridiction prud'homale,** *la* **suppression du privilège des avocats** *et la* **transformation des offices ministériels en fonction publique.**

8° *Le Parti radical et radical-socialiste réclame l'***abolition de la peine de mort.**

Ce chapitre contient deux sections qu'on eût pu séparer plus profondément : réforme administrative, réforme judiciaire. Les paragraphes 5 et 6 du *Programme* se rapportent à la première, le septième à la seconde.

I. — Réforme administrative

Le Parti radical et radical-socialiste a de tout temps réclamé le remaniement de notre administration générale dans un double sens : simplification d'abord, décentralisation ensuite. Faire des économies et accroître les libertés locales, ce sont deux bonnes raisons à l'appui d'une même réforme.

Fidèle à son passé, le Parti, comme on le voit, maintient ces importantes revendications (1). Mais peut-être convient-il de noter d'un peu plus près, à l'aide du texte officiel ci-dessus reproduit le point, précis où en est l'évolution de la pensée radicale.

On peut souligner à la fois ce que dit le texte et ce qu'il ne dit pas. Ce sont là souvent pour un parti deux manières de parler également éloquentes.

Le texte dit que le « Parti veut accroître les libertés communales et départementales, sans entamer l'unité nationale achevée par la Révolution ». Ainsi sont indiqués les deux termes entre lesquels toute la réforme administrative devra s'enfermer ou plus exactement, les deux écueils qu'elle devra éviter. Comment faire naître ou renaître l'autonomie locale,

1. Sur le problème du fonctionnarisme en France, on peut consulter un des derniers travaux du regretté Morlot, député de l'Aisne : *Dénombrement des fonctionnaires de l'Etat* (14 articles dans la *France de Bordeaux* du 8 septembre au 9 décembre 1906), dont la conclusion, après de longues pages de statistiques, est « qu'il serait possible de rêver soixante millions d'économies ».

communale, cantonale, départementale, régionale sans rompre ou sans relâcher les liens de dépendance administrative qui font la force de l'unité nationale et en sont peut-être la condition ? Le Programme ne le dit pas, parce que le Parti hésite encore. Peut-être hésite-t-il plus aujourd'hui qu'il y a trente ans. On aurait tort de le lui reprocher. C'est la preuve qu'il a dépassé la première période, celle des généralités faciles.

C'est pourquoi le Programme ne se prononce pas sur les trois ou quatre grands projets, tous de provenance radicale, que le Parti garde avec une certaine fierté dans ses archives, qu'il en tirera sans doute, l'heure venue, mais sur lesquels pour le moment il ne croit pas pouvoir s'engager à fond.

Le Parti n'a oublié : ni le grand projet Hovelacque (1), repris en 1906 par MM. Louis Martin et Defontaine (2), qui substituait aux départements une vingtaine de grandes circonscriptions, supprimait les arrondissements, instituait des conseils cantonaux et abolissait presque entièrement la tutelle administrative du pouvoir central sur les départements et les communes ; ni les projets antérieurs de M. Antonin Dubost (18 mars 1882) sur les « conseils de canton » et celui de M. René Goblet (20 mai 1882) qui avait si courageusement lancé l'idée d'une réorganisation de la France administrative avec le canton pour unité

1. Proposition de loi relative à l'*organisation départementale et cantonale et à la suppression de la tutelle administrative*, 29 mai 1890.

2. Séance du 19 juin 1906, n° 127.

territoriale ; ni la proposition plus récente de M. Beauquier (5 février 1907) « tendant à la constitution de 25 régions en remplacement des départements actuels » : ni la proposition de M. Boudenoot au Sénat, du 7 mai 1907 sur les conseils cantonaux, ni les divers plans de décentralisation sur lesquels en d'autres temps s'acharnait l'ingéniosité des réformateurs.

De tous ces grands travaux, aucun n'est condamné, aucun même abandonné. Mais d'autres soucis nous serrent de plus près. De récentes expériences ont fait entrevoir que, contrairement à ce qu'on eût dit sans doute il y a quelques années, il est encore nécessaire d'affirmer et d'affermir l'autorité du pouvoir central, l'indissolubilité du lien national. Bien que ni les échauffourées du Midi ni les menaces de la Confédération Générale du Travail ne tirent à conséquence, on a cru voir poindre je ne sais quelles arrières-pensées fédéralistes qui ont fait tort aux aspirations décentralisatrices.

De là la rédaction volontairement effacée de ce premier paragraphe.

***

Le second paragraphe présente un phénomène analogue.

Il s'agit des fonctionnaires. On sait quelle a toujours été à leur égard l'attitude du Parti : il réclamait pour eux toutes les libertés civiques en dehors du service. On se rappelle qu'en 1894 lors du fameux incident sur lequel tomba le cabinet Casimir-Périer, les radicaux avaient fait la majorité qui le renversa. Ils avaient voté l'ordre du jour de Ramel-Millerand.

Ce fut le premier ministère radical qui combattit au Sénat en 1896 la motion Merlin-Trarieux. Le Président du Conseil, M. Léon Bourgeois, s'y était opposé par des discours d'une forte argumentation.

Plus récemment, sous le ministère Rouvier, quand la question du droit d'association syndicale se posa inopinément devant la Chambre par la décision du Ministre de l'Instruction publique de poursuivre les instituteurs syndiqués, ce furent encore des radicaux, sinon tous les radicaux, qui maintinrent ce droit avec les socialistes. Et la Chambre leur donna raison au moins pour reconnaître qu'il y avait matière à doute et par conséquent à sursis de poursuites.

Depuis, les mêmes événements ou des événements connexes à ceux qui ont refroidi le zèle décentralisateur sont venus modifier sensiblement les dispositions du Parti à l'égard des fonctionnaires. Leur « syndicalisme » inquiéta. On supporta mal la perspective de les voir d'abord s'associer en vastes syndicats interprofessionnels, puis s'affilier aux Bourses du travail, puis recevoir les inspirations de la Confédération générale du Travail, enfin participer le cas échéant aux grèves, peut-être à la grève générale. Quand le Gouvernement résolut de sévir, une majorité radicale l'approuva. S'il avait voulu sur l'heure aller plus loin, — proposer des mesures soi-disant interprétatives, en réalité restrictives de la loi de 1884, telle qu'elle s'applique depuis vingt ans, il eût été suivi sans doute par la Délégation des Gauches (1) et par le plus grand nombre des radicaux.

M. Clemenceau, nous l'avons dit, arrêta ce commencement de panique, en donnant l'impression du Gouvernement prêt à défendre l'ordre, il donna à son parti le temps de se ressaisir. En rédigeant un projet de statut relatif aux associations de fonctionnaires, il fit de la question, un moment brûlante, une matière à études parlementaires. On put, on dut l'aborder de sang-froid, la creuser, y chercher avec maturité des solutions juridiques et politiques conformes à l'esprit de la République et de la démocratie.

C'est cet état d'esprit, encore indécis, mais non plus angoissé que reflète le texte officiel du Programme. Il ne donne pas, tant s'en faut, la formule, mais il laisse voir ce qu'elle devra être. Il écarte les coups de tête et les coups de force. Il dit tout ce qu'on peut dire tant qu'on n'est bien résolu qu'à une chose : ne pas faire de folies.

Nous ne demandons pas pour cette sagesse de notre Parti une admiration enthousiaste. Mais nous en prenons acte comme d'un symptôme rassurant pour les fonctionnaires aussi bien que pour la République.

Qu'énonce en effet le paragraphe que nous avons à commenter ? Il articule des propositions qui se

1. Voir ci-dessus.

balancent sans se neutraliser : elles ne se détruisent pas, elles se complètent.

D'une part le parti radical, on le sait, a toujours accueilli les doléances de ses modestes comités locaux contre l'esprit rétrograde de certaines administrations et de beaucoup de leurs chefs ; plus d'une fois il a pris l'initiative de demandes « d'épuration du personnel ». Il s'agissait, qu'on ne l'oublie, pas du personnel de choix que nous avait légué l'ordre moral. Le parti radical ne pouvait donc pas manquer d'affirmer à nouveau sa volonté : la subordination des fonctionnaires à la fonction, des serviteurs au service, quand ce service est celui de la nation. Le Programme ne manque pas d'y insister : aux fonctionnaires de tout ordre et de tout nom il rappelle leur rôle et leurs devoirs : la République doit avoir en eux des agents sûrs et loyaux. Il ne leur est licite ni de conspirer contre elle, ni de la servir négligemment, ce qui est bien près de la desservir.

Le Parti, plus que jamais, repousse toute idée de faire de la fonction la propriété du fonctionnaire, de laisser la bureaucratie s'organiser en une classe de privilégiés irresponsables qui auraient des droits et point de devoirs.

Mais, ces principes remis une fois de plus en lumière, il restait à se prononcer sur l'autre côté de la question.

Le Programme, tout en étant sobre et prudent, est parfaitement net. Il exige que la République donne enfin aux fonctionnaires civils un « statut ». Mais quelle sorte de statut ? Le texte répond : « un statut *garantissant* »... Nous allons voir ce qui est garanti, mais notons d'abord l'importance de ce mot : garantir à un fonctionnaire certains droits et avantages, c'est l'armer d'un texte impératif qu'il puisse au besoin invoquer contre l'administration si elle outrepassait les pouvoirs, texte légal, soit qu'il prenne place *in extenso* dans un acte législatif, soit qu'il s'y rattache par une délégation au Gouvernement pour la rédaction en Conseil d'Etat d'un règlement d'administration publique ayant par là même force de loi.

Voilà donc accomplie ou du moins réclamée énergiquement par le Parti, la révolution de notre régime administratif tant de fois ébauchée, tant de fois ajournée ou éludée depuis quatre-vingts ans. Que de temps il aura fallu et que d'efforts pour arriver à convaincre ce pays d'une vérité que Talleyrand affirmait déjà si nettement au premier Consul : « Une administration qui n'a pas un système de promotion n'a pas à proprement parler d'employés ; les hommes qui s'en occupent sont des salariés qui ne voient devant eux aucune perspective, autour d'eux aucune garantie, au-dessus aucun motif de confiance ! » C'est la « révolution » — le mot est de lui — que Laboulaye déclarait en 1843 « plus féconde que la révolution de Juillet » ; que Saint-Marc Girardin et Dufaure firent voter en 1845, et qu'une cabale parlementaire renvoya à la commission ; qui, sous la République de 1848, fut reprise par Mortimer-Ternaux, votée en deux délibérations et à la troisième habilement écartée par Rouher; que de nos jours Marcel Barthe avait de nouveau fait accepter par le Sénat et qui enfin s'impose aujourd'hui à l'attention du Parlement avec une force telle qu'il n'est plus possible d'y résister. Cette législature ne peut pas se terminer sans avoir promulgué le « Statut des fonctionnaires ».

Mais quelles sont les garanties que comportera ce statut ?

Le Programme en prévoit trois ordres qu'il énumère avec précision :

1° Le statut garantira aux fonctionnaires « leurs libertés civiques ». Premier point acquis : hors du service, l'employé de l'État est un citoyen comme un autre. Qu'on lui recommande la tenue, la réserve, le tact, toutes les qualités que peut lui souhaiter l'administration et qu'il souhaite parfois lui-même à l'administration : rien de mieux. Mais le droit légal, puisqu'il ne s'agit ici que de cela, est formel : le citoyen instituteur, professeur, rédacteur, facteur ou douanier reste citoyen et doit être traité comme tel. A cet égard, depuis quelques années, les mœurs ont fait un progrès décisif : on n'a pas même songé à remarquer aux dernières élections le fait d'un professeur se portant candidat à la députation contre le ministre de l'Instruction publique. Une foule de difficultés ou d'incompatibilités professionnelles, qui semblaient énormes il y a seulement deux ou trois législatures, ne viennent plus même à l'esprit de personne. Les libertés civiques en général, électorales en particulier d'un fonctionnaire quelconque ne sont plus contestées.

2° Le statut leur garantira de même « la justice dans l'avancement », c'est-à-dire ce que Talleyrand appelait « un système de promotions », ce que tous les auteurs de projets législatifs et administratifs ont réclamé : une organisation de l'avancement qui repose sur des règles établies d'avance, qui ne puisse être modifiée ni par le caprice d'un chef ni par des considérations de personnes, ni par des intrigues politiques, qui fasse enfin dépendre le sort des fonctionnaires de leurs seuls mérites régulièrement constatés et régulièrement appréciés en dehors de toute pression extérieure.

3° Le statut enfin leur garantira « la plénitude de leurs droits, y compris le droit d'association ».

Ici encore le Programme dit exactement en quelle mesure le Parti entend prendre la défense des fonctionnaires. Fidèle aux principes, il leur reconnaît la plénitude des droits du citoyen, et dès lors comment songer à restreindre pour eux le droit d'association ?

Le Programme ne parle pas du droit syndical. On peut interpréter ce silence comme un refus, de même que pour le droit de grève, dont il n'est rien dit.

Mais il semble plus juste de considérer que le Programme a voulu s'en tenir aux énonciations positives tendant à préciser les garanties offertes aux fonctionnaires ; il n'a pas entrepris d'énumérer les revendications diverses que tel parti a pu formuler, mais qui n'ont jusqu'ici pris corps dans aucun projet législlatif ; il ne traite pas la question de la grève parce qu'elle est indépendante du droit d'association, il ne traite pas la question du syndicat parce qu'elle n'est qu'un cas particulier du droit d'association. De deux choses l'une : ou le législateur édictera des dispositions spéciales interdisant, autorisant ou restreignant l'association syndicale entre fonctionnaires, et le Programme n'avait pas à préjuger la solution qui prévaudra ; ou au contraire le législateur laissera purement et simplement s'exercer le droit d'association tel qu'il résulte de l'interprétation actuelle des lois, et le Programme n'avait pas non plus à fixer cette interprétation.

Il règne donc dans le Programme précisément la même incertitude qui règne dans notre législation sur ce point.

Que faut-il entendre par le droit d'association ?

Deux réponses sont possibles. L'une dirait : Le droit d'association, c'est celui qui résulte de la loi de 1901, rien de plus, rien de moins. L'autre dirait : le droit d'association résulte de la loi de 1901 et de la loi de 1884, que celle-ci n'a pas abrogée.

En d'autres termes, suivant la première réponse, les fonctionnaires ne pourraient s'associer que dans les conditions prévues par la loi de 1901. Suivant la seconde ils pourraient choisir entre ce mode d'*association générale* et un mode particulier d'*association professionnelle.* Dans cette dernière, ils seraient régis par la loi de 1884, à moins qu'une loi nouvelle leur fixe des conditions spéciales, limitant, étendant ou modifiant leurs droits.

La question reste ouverte. On sait que la Chambre en est saisie. Le Congrès de Nancy n'a pas voulu anticiper. Le Programme ne préjuge rien. Le Parti attend (1).

Il est cependant permis de faire remarquer qu'en accordant la plénitude du droit d'association, le Programme a donné tout le nécessaire. Car, en supposant même que la forme d'association professionnelle, c'est-à-dire la forme syndicale soit exclue, il restera toujours celle d'association au sens de la loi de 1901. Or, cette association est susceptible de toutes les modalités quant au nombre de ses membres, quant à leur composition, quant à leurs rapports, quant à l'objet de leur association, quant aux fins poursuivies et aux moyens employés, pourvu qu'il ne s'y trouve rien de contraire aux lois. Dans ces conditions la querelle entre syndicats et amicales est bien près d'être une querelle byzantine, et l'on peut soutenir que le Programme a été bien inspiré en la passant sous silence : il a fait bon marché des mots, précisément parce qu'il garantissait la chose.

1. Depuis, le rapport de M. Jeanneney a été distribué. Voici comment la Commission après plus d'une année de délibérations, tranche le problème : « Les fonctionnaires « peuvent constituer entre eux soit des associations d'après « la loi de 1901, soit des syndicats ou associations profes- « sionnelles dans les conditions de la loi de 1884 » ; suivent un certain nombre de réserves, notamment concernant la grève. Mais cette législation nouvelle relative au *Statut des associations de fonctionnaires* prévoit elle-même contre condition préalable à sa mise en vigueur la promulgation d'une autre loi relative au *Statut individuel des fonctionnaires*.

II. — Réformes judiciaires

Dans ce domaine, le parti radical conserve tous les articles du programme d'extrême-gauche qui fut le sien pendant de longues années, mais il ne les défend pas tous avec la même énergie.

Il « reste attaché au principe de l'élection des juges », tout en prévoyant que « cette réforme » n'est pas sur le point de se réaliser, et jusque-là il se contentera d'une législation assurant l'indépendance des magistrats, leur loyalisme, leur correction.

Il reste attaché à deux autres « principes », qui ne semblent pas d'une application très prochaine et pour lesquels il s'abstient de demander l'urgence : suppression du privilège des avocats transformation des offices ministériels en fonctions publiques.

On sait que sur ce dernier objet M. Clemenceau a présenté au Sénat (23 octobre 1902) une proposition de loi qui est, dit un ancien ministre radical, parmi les nombreuses propositions tendant à cette réforme, « la plus intéressante et la plus pratique » (1).

1. Voici comment M. Dubief en résumait dans *Le Siècle* les dispositions essentielles : « Les avocats cumulent leur profession avec celle des avoués dans la mesure où la réforme de la procédure aura laissé subsister les fonctions actuelles de l'avoué. Les commissaires-priseurs sont supprimés et leurs attributions qui se rattachent à l'exécution des jugements sont transférés aux greffiers, huissiers et notaires

Enfin le Parti réclame toujours « la gratuité de la justice », mais la seule réforme qu'il considère comme

qui, eux, ne sont plus que des fonctionnaires rétribués par l'Etat et recrutés au concours.

« M. Clemenceau indemnise les titulaires des offices par le remboursement du prix qu'ils les ont payés. Tant pis pour les contre-lettres. La somme totale nécessaire à ce paiement s'élèverait à environ 951 millions et serait empruntée en obligations 3 o/o amortissables. Tout calcul fait, l'Etat aurait un bénéfice de 42 millions, qui pourrait recevoir une triple affectation : remboursement de l'emprunt en soixante-quinze ans, constitution d'une caisse de garantie, réduction des frais d'actes et contrats. »

M. Dubief ajoutait que la Commission du Sénat chargée de l'examen de la proposition avait « déclaré ne pas vouloir s'y associer pour ces motifs que le rachat des offices entraînerait une charge écrasante pour le budget de l'Etat et qu'il serait dangereux de créer 18.000 à 20.000 fonctionnaires dans un pays qui en compte déjà trop. »

Et il répondait : « Ces motifs ne sont peut-être pas suffisants pour écarter une réforme si intimement liée à la réduction des frais judiciaires... Le projet peut être amélioré.

« De toutes les nations de civilisation voisine de la sienne, la France est seule à connaitre encore la vénalité ; ailleurs on trouve la corporation libre sans monopole ou bien des fonctionnaires.

« Il est inutile de faire remarquer combien ces deux conceptions des services de la justice sont supérieures au régime de la vénalité, qui n'appelle pas le plus digne par sa moralité ou ses aptitudes, mais le plus offrant, préoccupé seulement, par la suite, de faire fructifier les capitaux déboursés pour l'acquisition de sa charge.

« Le devoir du Parlement est de reprendre au plus tôt l'étude de la réforme des offices ministériels. Le législateur républicain ne saurait mieux faire que d'achever l'œuvre ébauchée par la Révolution, œuvre de justice et de liberté. »

(*Le Siècle*, 8 août 1906.)

urgente c'est « une réduction considérable des frais de justice ».

Les autres réformes inscrites au Programme lui sont, en principe du moins, communes avec tout le parti républicain. Il demande : la justice rapide, la justice égale pour tous, la justice simplifiée par l'abrogation de lois surannées, la justice enfin mise de plus près à la portée de tous d'abord par l'extension de la juridiction des juges de paix (ce qui est fait depuis la dernière législature), ensuite par l'extension de la juridiction prud'homale, ce qui n'est encore que partiellement réalisé.

Tel est ce plan de réformes qui, comme on le voit, conserve théoriquement et platoniquement les revendications de l'extrême-gauche, mais n'insiste en fait que sur des réformes très modérées (1).

1. La plupart de ces vues de réforme ont été présentées, sous la forme d'un projet de loi, dans une brochure intitulée : *Plan d'une réorganisation scientifique et pratique de la magistrature* par M. Raoul de la Grasserie (Giard et Brière, 1908). Bien que ce document n'appartienne pas à la bibliothèque politique du radicalisme, on peut le considérer comme le meilleur commentaire du Programme de Nancy sur cette question.

Voici, d'après l'auteur, les idées directrices de son projet de réforme : « 1° l'indépendance effective assurée par une admission et un avancement réguliers, excluant toute faveur ; 2° la capacité rendue évidente par des sélections successives appropriées ; 3° la réorganisation du jury sur des bases assurant sa capacité et excluant son choix arbitraire avant le tirage définitif ; 4° la distribution logique des attributions entre le magistrat d'assises et le juré ; 5° le rattachement des justices de paix aux tribunaux ordinai-

Nous ne mentionnons que pour mémoire le paragraphe qui maintient la vieille attitude du Parti en faveur de l'abolition de la peine de mort, conformément d'ailleurs au projet de loi Guyot-Dessaignes (5 nov. 1906).

res, de manière à ne former qu'un vaste corps judiciaire ; 6° la séparation nette entre le siège et le ministère public ; 7° la suppression de tous les tribunaux d'exception et l'établissement de l'unité de juridiction ; 8° la simplification, l'accélération et la gratuité, autant que possible, de la procédure, en attendant que ces qualités pénètrent dans les lois civiles et pénales elles-mêmes ; 9° l'unicité du juge, substitué à sa collégialité, sauf en appel, ainsi que la réduction du nombre des jurés ; 10° les procédés ayant pour résultat de fixer pour toujours la solution des questions de droit qui renaissent aujourd'hui dans chaque affaire ; 11° le rapprochement extrême entre les justiciables et les organes de justice qui leur sont nécessaires ; 12° l'alternance de la présidence dans les Chambres restées collégiales ; 13° l'extension de la compétence du jury à l'application de la peine ; 14° son emploi pour la solution de tous les litiges, même civils, analogues aux procès criminels et qui ne comportent que des questions de fait ; 15° la suppression ou la solution rapide des questions de compétence qui encombrent les abords judiciaires ; 16° les garanties nouvelles assurées, les unes aux juges, les autres aux justiciables ; 17° la continuité, sans interruption du service judiciaire ; 18° la restriction de l'appel ; 19° l'extension des pouvoirs de la Cour suprême, nécessaire pour abréger lse procès et en diminuer le nombre. »

CHAPITRE IV

LE RADICALISME ET LA QUESTION RELIGIEUSE

EN MATIÈRE DE RELIGION

9° Avec le maintien intégral des lois de laïcité, le Parti radical et radical-socialiste demande la **suppression effective des congrégations** *encore existantes.*

Sa formule : « **Les Eglises libres dans l'Etat souverain** », *assure, avec* **la liberté de conscience, l'exercice de tous les cultes** *et la* **suprématie du pouvoir civil.**

La brièveté de ce chapitre — qui eût été si long il y a quelques années — s'explique par la plus grande des victoires qu'ait encore obtenues dans le monde entier la politique radicale : la séparation des Eglises et de l'Etat.

Ce sera un beau livre d'histoire, que celui où l'on retracera un jour les longs et patients efforts qui ont abouti à ce résultat réputé irréalisable jusqu'au moment précis où il fut réalisé.

Pour nous tenir dans les limites de ce travail, nous devons nous borner à constater la persistance opiniâtre de la politique radicale sur cet article longtemps considéré comme le plus important de son programme.

Sans doute il y eut toujours dans le radicalisme même deux courants, l'un plus modéré que l'autre. l'un tendant à faire aussi large et l'autre aussi restreinte que possible la part des concessions à l'Eglise au moment de la Séparation.

Il serait oiseux aujourd'hui d'insister sur cette divergence qui s'accuse depuis la première heure de la République jusqu'au vote de la loi du 9 décembre 1905. Il importe cependant de l'envisager sous l'aspect final qu'elle présentait à l'heure où la séparation fut consommée. Il nous suffira de rappeler en quels termes les deux tendances s'affirmèrent dans le grand débat sur le fameux article 4.

Bien entendu, tout le monde était d'accord pour vouloir la liberté de conscience, le libre exercice des cultes et un très large libéralisme dans les conditions de passage d'un régime à l'autre.

Quelle était donc la différence entre les deux manières d'entendre et d'effectuer la Séparation ? Elle portait en apparence sur la question des biens d'Eglise, en réalité sur les droits que l'on reconnaîtrait à l'Eglise à propos de ces biens.

Les uns voulaient traiter une dernière fois avec l'Eglise catholique comme avec une puissance organisée dont on respecte la constitution au moment même de s'en séparer. En conséquence, bien que prêts à déchirer le Concordat, bien que se refusant à toute négociation avec le Vatican, ils consentaient à envisager l'Eglise catholique telle qu'elle est, telle qu'elle veut être, c'est-à-dire comme un grand gouvernement hiérarchique et autoritaire où tout commandement, toute initiative, tout droit vient d'en haut. Abandonnant donc complètement le vieux point de vue gallican, ils accordaient à l'Eglise, représentée par son clergé, tout ce que l'ultramontanisme réclamait depuis un siècle, tout ce que le Concordat napoléonien et bourbonien lui avait obstinément refusé, le droit de se poser comme un pouvoir indépendant des peuples et des rois, comme une institution qui, par cela même qu'elle se déclare divine, prétend à un caractère et à un rôle *sui generis*, affirme son autonomie et oppose nettement à la démocratie la théocratie.

Les autres répondaient : Nous n'avons ni à connaître ni à reconnaître le pape, les évêques, les curés. Nous sommes la nation souveraine. Nous pourrions faire rentrer dans le fonds commun des biens nationaux les monuments, les immeubles, les valeurs de toute sorte présentement administrés par les fabriques, les menses et autres établissements publics du culte. Mais nous croyons, par certaines considérations morales, devoir laisser tous ces biens à la disposition de ceux qui en jouissent, c'est-à-dire des catholiques. Les fidèles en sont moralement les propriétaires et dans tous les cas les bénéficiaires. Nous les leur laissons. Aux fabriques paroissiales, ils substitueront eux-mêmes des associations cultuelles qui pourront être exactement composées comme les anciennes fabriques. Libre à eux de mettre de nouveau à la tête de ces petits comités leurs chefs ecclésiastiques, de reconnaître à ceux-ci les pouvoirs les plus étendus, les plus exorbitants. Sous le régime de la séparation cela ne nous regarde plus. Ils feront de ces biens, que nous leur abandonnons, l'usage qu'il leur plaira. Nous ne leur demandons que de nous désigner les mandataires aux mains de qui l'Etat remettra tout ce patrimoine des catholiques de France.

Ces deux conceptions ne pouvaient manquer de se heurter violemment. A qui sont les biens d'Eglise ? Au pape et au clergé, selon les uns ; aux fidèles, suivant les autres.

Au fond, s'il ne s'était agi que de savoir ce que deviendraient ces biens ecclésiastiques, il n'y avait pas matière à grand débat. Il était clair que, si on les donnait au clergé, le clergé ne pourrait que les mettre à la disposition des fidèles. Et il était tout aussi clair que, si on les donnait aux fidèles, ceux-ci ne manqueraient pas d'en remettre l'administration et la gestion souveraine au clergé.

Mais sous cette question matérielle s'agitait celle de la nature même de l'Eglise. Si la République, ne connaissant que des citoyens français, leur remettait les temples et leurs revenus, en leur laissant la liberté de tout faire passer aux mains du clergé, mais sans les y obliger elle-même par avance, il pourrait n'y avoir rien de changé en fait dans l'Eglise, mais il y aurait en droit un grand changement ; ce serait désormais de la volonté des fidèles que le clergé recevrait cette dotation, ce serait la loi de la démocratie appliquée à l'Eglise, ce serait le suffrage universel mis, pour le temporel du moins, à la base de la société religieuse. Il était facile de prévoir que Rome n'y consentirait pas. Fallait-il donc qu'inversement la République consentît à reconnaître la théocratie à l'heure même où elle en brisait le joug ?

Tel était le sens profond du conflit.

Le parti républicain se divisa.

La majorité des radicaux et des radicaux socialistes, Clemenceau et Pelletan à leur tête, se prononça pour le transfert pur et simple aux associations cultuelles. Jaurès et Briand, appuyés par M. Ribot, par le centre et par la droite, par une fraction des radicaux et par les socialistes l'emportèrent ; ils firent voter à l'article 4 une addition qui obligeait les associations cultuelles à « se conformer aux règles de l'organisation générale du culte », ce qui, en termes voilés, avait l'intention de signifier que l'association ne recueillerait les biens que si elle prouvait qu'elle avait à sa tête un prêtre agréé par l'évêque et un évêque agréé par le pape.

C'est cette solution que Clemenceau repoussait dans ce titre d'un de ses articles : « Tout au pape ! » C'est ainsi, disait-il, que le socialisme révolutionnaire cherche à garantir le pape contre le danger du gallicanisme à venir. « Voilà donc le simple droit d'administration des biens cultuels, le seul qu'ait jusqu'ici l'Eglise, transformé par Briand, Jaurès et M. de Mun en un droit absolu de propriété. » Voilà « les tribunaux civils de la Révolution française, obligés de dire le droit canon, homologuant la sentence de l'évêque, puisque MM. Briand, Jaurès et de Mun refusent au prêtre le droit d'*évoluer* dans son église. Ils veulent le prêtre dans la main de Rome, le prêtre tout entier et avec lui la société cultuelle de laïques dont il est le pasteur ». S'il y a contestation, « c'est l'autorité ecclésiastique qui prononce » (1).

Ces appréhensions furent d'ailleurs partiellement calmées par le vote de l'article 6, qui donna au Conseil d'Etat la décision suprême avec le droit d'appréciation de toutes circonstances de fait.

Peut-être se seraient-elles réveillées si, au lendemain de la promulgation de la loi, le clergé avait entrepris d'user de tous les avantages qu'elle lui ménageait. Mais on sait comment, après avoir fait liquider la pension du plus grand nombre des ecclésiastiques, le pape se prononça contre l'acceptation de la loi : son *veto* à la dernière heure empêcha la constitution des associations cultuelles.

A cet acte d'hostilité déclarée, le Gouvernement répondit par une série de mesures qui attestaient un parti pris de pousser les concessions au delà des limites vraisemblables. L'aveuglement du Saint-Siège, sa folie d'absolutisme, ses appels à la révolte contre la

1. *Aurore*, avril-mai, 1905.

loi, ses défis réitérés à la souveraineté nationale achevèrent, en quelques semaines, l'œuvre de la Séparation et la firent infiniment plus profonde, en même temps que plus dommageable pour l'Eglise.

Ainsi se trouvèrent réalisés par la force des choses et par le ministre même qui avait fait au désir d'apaisement les plus extrêmes sacrifices, tous les vœux émis par les congrès radicaux de 1905 et de 1906 pour une application intégrale de la loi de Séparation.

La Chambre a voté, le Sénat votera incessamment la dernière des lois destinées à remplacer les dispositions d'extrême bienveillance que le législateur de 1905 avait offertes à l'Eglise et dont l'intransigeance papale ne lui a pas permis d'user.

Ainsi s'achève sans troubles, sans persécution, sans agitation religieuse et, pour tout dire, au milieu de l'indifférence du pays, cette révolution qui avait paru à Gambetta et à Ferry la plus redoutable des aventures. Ainsi se réalisent les prévisions de l'homme d'Etat qui, il y a vingt ans, exhortait les républicains à affronter sans peur « le spectacle de l'insolente résistance de la hiérarchie cléricale, qui ne vit que de privilèges, qui ne craint rien tant que la liberté et que nous ne vaincrons qu'en la condamnant à la liberté (1) ».

La séparation des Eglises et de l'Etat étant un fait

1. Disc. de Clemenceau 24 décembre 1885.

accompli, le Programme a raison de n'insister en matière ecclésiastique que sur le seul objet qui reste à l'ordre du jour : « la suppression effective des congrégations encore existantes ».

On sait à cet égard quelle est la situation, ou plutôt on le sait si mal que cette ligne du Programme surprendra peut-être quelques radicaux.

On s'imagine évidemment que depuis M. Combes les congrégations ont cessé d'exister. Si l'on analyse plus exactement la situation, on comprendra la justesse des termes employés par les rédacteurs du Programme :

1° Les *congrégations non autorisées* qui n'ont pas voulu demander l'autorisation ont été supprimées ; leurs établissements sont fermés ; les biens qu'elles détenaient sont l'objet d'une liquidation judiciaire ; aucun de leurs membres individuellement n'a été inquiété s'il se soumettait à la loi ; là où le personnel n'a pas consenti à dissoudre la congrégation, il en a transporté le siège à l'étranger.

2° Les congrégations qui avaient demandé et qui n'ont pas obtenu l'autorisation, ont été invitées à se dissoudre, et l'ont fait, sauf celles qui, imitant les premières, sont allées vivre hors de France.

3° Un certain nombre de congrégations sont encore en instance devant le Sénat, et leurs demandes d'autorisation n'ont pas été rapportées.

4° La loi du 7 juillet 1904 a, en principe, interdit l'enseignement aux congrégations de tout ordre, de toute nature.

Mais, pour la mise à exécution de ce principe, elle a distingué plusieurs cas différents.

1° Les congrégations qui ont été autorisées à titre de congrégations exclusivement enseignantes, sont supprimées dans un délai maximum de dix ans.

2° Même délai pour celles qui, autorisées en vue de plusieurs objets, étaient en fait exclusivement enseignantes.

3° Les congrégations autorisées pour plusieurs objets, dont l'enseignement, ne conservent le bénéfice de cette autorisation que pour les services étrangers à l'enseignement.

4° Même prescription pour les congrégations en instance d'autorisation dans les conditions du précédent paragraphe.

5° Même délai de dix ans pour la fermeture des établissements, c'est-à-dire des écoles, relevant des congrégations susvisées.

Il résulte de ces textes, d'abord, que c'est seulement en 1914 que la suppression des congrégations enseignantes sera un fait accompli ; ensuite, que d'ici là il dépend du Gouvernement d'accélérer ou de ralentir le mouvement.

Mais deux autres considérations justifient le paragraphe du Programme que nous commentons.

Pour arrêter le recrutement des congrégations enseignantes, la loi supprimait les noviciats. Par suite d'un amendement que M. Georges Leygues, a fait triompher à l'article 2, une exception a été insérée dans la loi, par où peut être maintenu un vaste recrutement du personnel congréganiste. Il est permis en effet de conserver les noviciats « destinés à former le personnel des écoles françaises à l'étranger, dans des colonies et les pays de protectorat ». Dans quelle limite ? La loi n'en fixe pas ou plutôt elle la laisse à la discrétion des intéressés et de l'administration : ils « sont limités aux besoins des établissements visés au présent paragraphe ».

On devine sans peine le parti que pouvaient tirer de ce texte les congrégations résolues à vivre quand même.

Il y a une autre fissure par où risque de s'échapper presque tout l'effet de la loi. C'est la disposition relative aux congrégations mixtes, c'est-à-dire ayant plusieurs objets. Des contestations sans nombre en sont résultées, et beaucoup de congrégations ont réussi par là à tourner la loi, des décisions judiciaires leur ayant donné raison.

Enfin, et ce dernier point n'a pas manqué de préoccuper les congrès radicaux, la suppression des congrégations est loin d'avoir la portée qu'on en avait attendue, parce que beaucoup d'entre elles essaient de survivre sous l'habit laïque.

Y réussiront-elles ? Peuvent-elles faire durer bien longtemps cette continuation d'une existence oblique et clandestine ? Il est impossible de le dire encore. Il ne faut pas perdre de vue que nous ne sommes pas au terme de la période de dix ans, que les grandes et puissantes congrégations, les Frères des écoles chrétiennes, les Sœurs de Saint Vincent de Paul, ne sont pas supprimées. Elles ont perdu déjà un certain nombre d'établissements, mais leur organisation n'a que plus fortement resserré ses liens ; elles sont déchargées d'une notable partie de leur fardeau ; elles peuvent d'autant mieux faire face au reste, choisir plus sévèrement leur personnel, satisfaire plus complètement aux besoins d'établissements moins nombreux. Tout naturellement, aussi longtemps que la maison mixte existe avec son rayonnement d'influence et d'autorité, elle cherche à entretenir, même dans les groupements laïcisés, un reste d'esprit congréganiste.

On ne pourra vraiment se rendre compte des effets de la loi que dans quelques années d'ici, quand la maison-mère aura été fermée ou bien transférée à l'étranger, quand il ne restera plus un pouvoir central dirigeant, qui s'efforce de maintenir sous l'obédience même les congréganistes laïcisés. Quand les ex-frères et les ex-sœurs ne seront plus sous la coupe du supérieur général, beaucoup d'entre eux et d'entre elles subiront vite, à leur insu même, les influences du nouveau milieu, rentreront dans les conditions normales de la vie de famille et de la vie sociale ordinaire, et il est permis de croire qu'à la seconde génération, sinon dès la première, ce prétendu danger d'une survivance d'esprit congréganiste se sera totalement évanoui.

CHAPITRE V

LE RADICALISME ET LA QUESTION SCOLAIRE

EN MATIÈRE D'ENSEIGNEMENT :

> *10° Il considère que l'***enseignement est une des plus nobles prérogatives de l'État**, *qui doit le dispenser lui-même par des maîtres laïques ou le contrôler étroitement au cas où il laisse à des particuliers le soin de le dispenser.*
>
> *Tous les enfants du peuple ont* **droit à l'éducation intégrale** *suivant leurs aptitudes.*
>
> *Le système d'éducation nationale doit donc garantir ce droit. Il doit aussi permettre le* **développement de l'éducation professionnelle** *et le perfectionnement de l'adulte.*

Sur la question scolaire comme sur la question religieuse, le Programme est bref. Mais la raison n'en est pas tout à fait la même.

Il est bref sur la question religieuse parce qu'elle est tranchée ; sur la question scolaire, parce qu'elle ne l'est pas. Le Parti n'est pas en mesure d'aborder celle-ci, tandis qu'il n'a plus besoin d'aborder celle-là.

La rédaction même de l'article ci-dessus transcrit,

explique surabondamment la position que croit devoir prendre le Parti en matière pédagogique,

Il considère l'enseignement « comme une des plus nobles prérogatives de l'Etat », ce qui signifie que l'enseignement est une des charges, une des fonctions, une des dettes de la nation.

Jusque-là tous les radicaux sont d'accord et peuvent souscrire unanimement. Mais, le principe énoncé, dès qu'il faut en tirer les conséquences, ils se séparent.

Les uns disent : une dette qui pèse sur l'Etat, l'Etat doit se charger par lui-même et à lui seul de l'acquitter. Lui seul, en effet, a qualité pour remplir cette magistrature de l'enseignement national. Lui seul offre à tous les garanties requises, garanties d'autorité et garanties de liberté, garanties pour le respect du droit de l'enfant et pour le respect du droit des parents. Il n'est, il ne peut être suspect à personne, puisqu'il n'est autre chose que la nation elle-même exerçant sa souveraineté et la faisant servir à remplir une fonction essentielle de la société démocratique. L'Etat éducateur, l'Etat formant la jeunesse, la France d'aujourd'hui élevant la France de demain, ce n'est pas une conception autoritaire et traditionaliste, c'est au contraire la notion démocratique par excellence. Telle est la thèse si mal nommée « monopole de l'enseignement ». Ce mot *monopole* est un archaïsme qui peut sembler un contresens. Il faudrait le remplacer par *service public*. On n'appelle pas monopole la défense nationale, ou la justice, ou la police, ou les travaux publics: on les appelle services publics, charges d'Etat. Ainsi en doit-il être de l'instruction publique.

Les autres répondent : L'instruction publique incombe à l'Etat, il est certain qu'il ne peut s'en désintéresser, ni en remettre la direction et la responsabilité à d'autres. Mais pourquoi ne pourrait-il pas en assurer le bon fonctionnement soit en s'en chargeant directement dans des établissements à lui et par un personnel à lui, soit en en laissant la charge à des établissements et à un personnel placés sous son contrôle pourvu qu'ils remplissent les conditions imposées par la loi. Cette thèse est aussi improprement désignée sous le nom de «liberté de l'enseignement» que l'autre sous celui de «monopole». Il s'agit d'une délégation du pouvoir enseignant de l'Etat.

C'est entre ces deux doctrines qu'oscille le radicalisme.

Bien entendu, il écarte toute prétention à la liberté absolue. Il n'admet ni celle des pères de famille de donner ou de ne pas donner l'instruction à leurs enfants, ni celle de l'Eglise d'enseigner à son gré, sans souci de la loi et sans contrôle de la nation.

Par la loi, qui impose le devoir, et par les sanctions. qui en assurent l'accomplissement, l'Etat veille à ce que tout enfant reçoive un minimum d'instruction et le reçoive avec un minimum de conformité aux règles essentielles fixées par la nation.

Quelles sont ces règles? Quel est ce minimum des conditions requises pour qu'un enseignement privé soit réputé équivalent à l'enseignement public? C'est ce qu'il faudrait fixer par rapport aux divers degrés de l'enseignement. Et c'est là qu'en est la troisième République.

Elle a déjà établi ou, plus exactement, maintenu certaines prescriptions qui viennent de la loi de 1850 et qui même lui sont antérieures : nul enseignement ne peut être toléré qui serait contraire à la morale, à la constitution et aux lois.

Elle a de plus édicté certaines précautions destinées à protéger la liberté de conscience : à tous les degrés, elle a interdit l'enseignement aux congrégations des deux sexes.

Peut-elle aller plus loin et étendre cette interdiction au clergé ? Peut-elle du moins refuser à l'Eglise le droit de créer et de diriger, sous l'autorité directe du pape, des évêques et des prêtres (ou sous celle d'un corps quelconque investi de l'autorité sacerdotale spirituelle) des établissements d'instruction primaire ou secondaire, en supposant que l'enseignement supérieur soit réputé s'adresser à des adultes, libres et capables de discernement ?

La question est à l'étude, des propositions sont déposées (1). Il faut attendre le résultat des votes du Parlement pour savoir en quel sens inclinera l'opinion radicale.

Une formule, exacte à la prendre dans sa généralité,

1. La Commission de l'enseignement a adopté l'amendement qui refuse au clergé le droit de diriger des établissements d'enseignement secondaire.

avait dans ces dernières années rallié l'unanimité des radicaux et des radicaux-socialistes : abolition de la loi Falloux (1).

Pourquoi le Programme ne la reproduit-il pas?

1. Sans reproduire les nombreuses décisions des congrès radicaux à ce sujet, on peut les résumer dans le vœu ci-dessous voté par le Congrès de Lyon (11 oct. 1902) :

« Le Congrès,

« Estimant que, dans une démocratie, le droit d'instruire les enfants ne peut être considéré ni comme un droit naturel illimité, ni comme un pouvoir discrétionnaire des parents, ni comme une industrie exempte de contrôle ;

« Affirmant qu'il appartient à l'Etat de défendre la personne humaine quand elle ne peut se défendre elle-même et, agissant dans l'intérêt social du présent et de l'avenir, de prendre à l'égard de l'éducation de la jeunesse, deux ordres de mesures :

« D'abord, de faire de l'enseignement un service public offrant à tous gratuitement et également une instruction dont l'ampleur dépendra de la capacité des enfants et non plus de la fortune des parents ;

« Ensuite, de veiller à ce que ni les parents ni les maîtres ne puissent user de leur autorité au détriment des enfants, c'est-à-dire de la société ;

« Considérant que, pour les enfants instruits dans la famille, l'Etat a épuisé son pouvoir d'intervention quand il a prescrit par la loi un minimum d'instruction obligatoire ; mais qu'il a une action beaucoup plus étendue à exercer soit sur les personnes, soit sur les établissements qui entreprennent la distribution collective de l'enseignement des enfants réunis sous leur direction ;

« Qu'en effet l'Etat a le devoir : 1° d'imposer à ces personnes les garanties de moralité et de capacité sans lesquelles les enfants ne sauraient leur être confiés même avec le consentement des parents ; 2° d'imposer à ces établissements les conditions d'existence et de fonctionnement que la loi déclarera nécessaires pour assurer le respect du droit de l'enfant ;

Parce que cette formule, dans la pensée de tous, visait un résultat qui est atteint : la laïcité de l'enseignement, d'abord celle de l'enseignement primaire public (depuis 1886), puis celle de tout l'enseignement public et privé (depuis 1904) en ce qui concerne les congrégations.

Il ne reste de la loi Falloux que les chapitres relatifs à l'enseignement secondaire privé. Pour les abroger, il faut les remplacer par un texte qui règle les conditions à remplir désormais par les établissements d'instruction non publics.

« Considérant qu'en d'autres temps et à un autre degré de civilisation la société laïque incapable d'assurer elle-même l'enseignement a pu s'en décharger sur l'Eglise et celle-ci sur des congrégations religieuses investies à cet effet de pouvoirs et de privilèges correspondant aux services qu'elles devaient rendre, mais qu'aujourd'hui l'État républicain ne saurait perpétuer cette organisation sans faillir à sa fonction et sans accepter définitivement cette abdication partielle de la souveraineté nationale que la loi de 1850 lui avait arrachée sous le nom fallacieux de liberté de l'enseignement ;

« Qu'il importe de ramener ces mots « liberté de l'enseignement » à leur seul sens légitime, à savoir, la liberté pour les adultes d'exercer sur des mineurs une autorité qu'ils tiennent de la double délégation de l'autorité de la famille et de celle de l'Etat, délégation qui ne peut se faire qu'à des conditions déterminées par la loi ;

« Qu'ainsi entendue, cette liberté expressément individuelle de l'esprit public, conforme aux institutions républicaines du pays et favorable au progrès, doit être maintenue à tout citoyen, à charge par lui de répondre de l'abus qu'il en pourrait faire.

« Emet le vœu :

« I. — Que la loi Falloux soit abrogée et que le faux prin-

Si ces établissements peuvent être dirigés par le clergé, tous les membres des congrégations dissoutes étant membres du clergé, la nouvelle loi équivaudrait non seulement à la reconstitution, mais à la reconnaissance de l'enseignement congréganiste. Le Père un tel s'appellera l'abbé un tel. L'autorité ecclésiastique si fortement hiérarchisée chez nous et assujettie, nous venons d'en faire l'expérience, à une si stricte obéissance au Saint-Siège, prendra d'un coup la souveraine et exclusive direction de toute la partie de la jeunesse française qui préférera l'inspiration de l'Eglise à celle de l'Etat.

La situation actuelle se trouverait donc aggravée d'autant plus que les lois récentes, celles de 1901 notamment, nous obligeront à reconnaître ce que la loi

cipe de la liberté des congrégations en matière d'enseignement soit effacé de la législation française.

« II. — Que le Parlement refuse de conférer la reconnaissance légale et l'autorisation de tenir école à toute association ou corporation non laïque, et qu'il ne l'accorde aux établissements laïques, qu'avec l'obligation pour eux, tout en gardant leur liberté de méthodes, d'être toujours ouverts à l'inspection des représentants de l'Etat.

« III. — Que nul citoyen français remplissant les conditions requises par les lois scolaires soit pour enseigner, soit pour diriger un établissement, ne soit exclu de l'exercice de ce droit, pour motif d'opinion, mais qu'il en soit déclaré déchu dans le cas de fraude, d'interposition de personnes ou de reconstitution clandestine d'un établissement non autorisé.

« IV. — Que sur ces bases le gouvernement élabore dans le sens le plus démocratique et soumette sans délai aux Chambres un plan de réorganisation de notre enseignement national à tous ses degrés. »

de 1850 n'avait pas à prévoir, puisqu'alors la liberté d'association n'existait pas, le droit des associations de toute sorte, y compris les associations religieuses, de fonder et entretenir des établissements d'instruction.

De là l'hésitation du parti et le silence du Programme.

Un document d'une grande importance place maintenant la question avec une clarté parfaite sous les yeux de l'opinion publique. C'est le projet de loi élaboré par la Commission de l'enseignement de la Chambre sur les bases de celui que le Sénat avait voté dans la précédente législature. Ce projet est accompagné d'un rapport étendu de M. Massé qui remanie assez profondément celui du précédent rapporteur, M. Barthou. Œuvre solide, claire et consciencieuse, l'exposé de M. Massé ne laisse dans l'ombre aucune partie de ce grave sujet ; il était impossible d'expliquer plus nettement pour quelles raisons il a paru nécessaire de s'arrêter à la solution intermédiaire entre la liberté de l'enseignement comme l'entend l'Eglise et le monopole comme l'entendrait une notable fraction du radicalisme.

CHAPITRE VI

LE RADICALISME ET LES RÉFORMES FISCALES

DANS L'ORDRE FISCAL ET BUDGÉTAIRE

11° Pour rétablir la véritable proportionnalité des charges suivant les facultés contributives de chacun, le Parti radical et radical-socialiste veut l'établissement d' **un impôt global et progressif sur le revenu**, *la* **suppression des quatre contributions directes**, *la* **diminution des impôts de consommation, des droits de timbre et d'enregistrement** *qui pèsent sur les droits de justice, sur les mutations à titre onéreux,* **et des taxes** *qui pèsent sur l'Agriculture, le Commerce et la petite Industrie.*

Il demandera de nouvelles ressources pour les réformes sociales à une **réforme des droits de successions** *ou de donations entre vifs, reposant sur le principe de la progression, soit d'après le degré de parenté, soit d'après le chiffre des fortunes, et* **rapprochant le degré où s'arrête l'héritage en ligne collatérale.**

12° La réforme financière comporte un **contrôle sévère de toutes les dépenses tant militaires que civiles** *et* **l'armortissement graduel de la dette publique.**

Dans ce chapitre du Programme, on ne trouvera

pas les traces d'hésitation qu'on a pu relever en quelques autres. Ici la pensée est nette, l'intention ferme, la tradition constante. Les formules ont en tant que formules du moins, toute la précision désirable.

La réforme de l'impôt est, en date et en importance, la première de celles dont le Parti a pris l'initiative.

Il n'a pas seulement posé la question, il a dit comment il entendait la résoudre.

L'impôt général et progressif sur le revenu est une formule expressément radicale. Elle se trouve dans la profession de foi électorale de presque tous les candidats radicaux-socialistes et d'un grand nombre de radicaux. Citons au hasard, pour sa précision explicite et technique, l'exemple suivant :

« Impôt global et progressif sur le revenu, impôt établi suivant le système déjà tacitement admis en France pour l'assiette de la contribution mobilière. Cet impôt, qui fonctionne déjà d'une manière satisfaisante dans plusieurs pays étrangers, devra épargner les plus petits revenus, frapper modérément les revenus du travail et tenir compte au contribuable de ses charges de famille. Il devra être établi comme dans la loi sur les successions suivant une progression sage et mesurée qui permettra de compenser au profit des humbles les écrasantes charges de l'impôt indirect (1). »

Ce n'est pas ici le lieu de faire ni l'exposé ni l'historique des divers systèmes proposés. Un tel travail dépasserait par trop le cadre de notre modeste étude.

Bornons-nous à relever les traits caractéristiques du projet, qui portera justement le nom de loi Cail-

1. Profession de foi de M. Cruppi en 1902.

laux, et dont les premiers articles sont déjà votés par la Chambre (mars 1908) :

1° Suppression de toutes les contributions directes et leur remplacement par un impôt sur les différents revenus (*cédules*) complété par un impôt sur le revenu global ;

2° L'impôt atteint tous les revenus sans exception, alors que certains restaient indemnes sous la législation actuelle ;

3° Discrimination entre les revenus du travail, ceux du capital et les revenus mixtes, frappés d'un taux différent (capital seul : 4 o/o ; revenu mixte : 3,50 o/o ; travail seul 3 o/o ou, selon un amendement qui paraît devoir être accepté, 2 o/o) ;

4° Exemption d'un minimum d'existence pour les revenus du travail ou mixtes (chiffre encore à débattre, mais qui assurera certainement le minimum nécessaire à la vie en tenant compte des charges de famille);

5° Dégrèvement considérable de l'agriculture : les revenus agricoles *nets* inférieurs à 1250 francs, quand le propriétaire travaille lui-même son sol, seront totalement exempts de toute charge envers l'Etat, la personnelle mobilière et l'impôt des portes et fenêtres étant d'ailleurs supprimés ; il ne restera que les centimes communaux et départementaux, à fixer par un projet de loi ultérieur ;

6° Impôt complémentaire global pour les revenus supérieurs à 5000 francs. Le taux en est progressif : maximum 5 o/o au-dessus de cent mille francs de rente.

La loi de finances de 1908 a déjà prescrit la nouvelle évaluation cadastrale de propriétés non bâties qui servira de base au nouveau régime.

La réforme de *l'impôt sur les successions*, bien que de moindre importance, est encore une des plus constantes revendications du parti.

Qu'il y ait lieu d'élever la taxe dont l'Etat frappera les successions ; que l'héritage en ligne collatérale doive en tout ou partie disparaître suivant les uns, subir une forte contribution suivant les autres ; que, tout en réservant la liberté de tester, la loi cesse de reconnaître aux collatéraux un droit indéfini à hériter d'office, ce sont thèses communes à tous les radicaux : ils ne varient que sur le tracé de la ligne de démarcation.

Mais dans toutes les hypothèses, c'est l'augmentation de l'impôt successoral qui est unanimement envisagée comme la première des ressources dont l'Etat républicain puisse disposer pour commencer la réalisation de son vaste plan de réformes démocratiques.

Nous ne dirons rien du dernier paragraphe parce qu'il n'a rien de particulièrement propre au radicalisme. Il prouve du moins que le radicalisme n'oublie aucunement ni le contrôle des dépenses ni l'économie dans la gestion des fonds publics ni l'amortissement de la dette nationale. Principes plus faciles d'ailleurs à proclamer qu'à traduire en chiffres.

CHAPITRE VII

LE RADICALISME ET LA QUESTION SOCIALE

DANS L'ORDRE ÉCONOMIQUE ET SOCIAL

13° Par toutes les réformes morales, intellectuelles, économiques, le Parti radical et radical-socialiste s'efforce de **donner au prolétariat la pleine conscience de ses droits et de ses devoirs**, *et, avec la responsabilité de son action, l'autorité nécessaire pour établir une* **constitution sociale plus rationnelle et plus équitable.**

14° Le Parti radical et radical-socialiste est résolument attaché au **principe de la propriété individuelle** *dont il ne veut ni commencer ni même préparer la suppression. Mais* **cet attachement** *n'est pas irréfléchi; il* **ne s'étend point aux abus** *qui détruiraient la légitimité et la raison d'être de la propriété individuelle.*

Il est prêt à proposer toutes les **mesures légales propres à garantir à chacun le produit de son travail** *et à prévenir les dangers que présente la constitution d'une* **féodalité capitaliste rançonnant travailleurs et consommateurs.**

15° Il propose la **formation de syndicats et d'associations coopératives** *et encourage* **toutes les institutions par lesquelles le prolétariat peut faire valoir ses droits,** *défendre ses intérêts, améliorer sa situation morale et matérielle, obtenir la propriété de son outil et la légitime rémunération de son labeur,* **arriver à**

la disparition du salariat *et accéder à la propriété individuelle, condition même de sa liberté et de sa dignité.*

16° Résolument hostile aux conceptions égoïstes de l'école du laisser-faire, notre Parti garde sa personnalité en affirmant le **droit pour l'Etat d'intervenir dans les rapports du capital et du travail pour établir les conditions nécessaires de la justice.**

17° L'Etat doit acquitter la **dette de la société envers les enfants, les malades, les infirmes et les vieillards** *et tous ceux qui ont besoin de la solidarité sociale.*

Il doit assurer aux travailleurs des villes, des usines et des campagnes, quand l'âge ou la maladie a brisé leur force, les **retraites** *solennellement promises à la démocratie.*

Il faut encore poursuivre l'œuvre législative **d'assistance sociale** *de la troisième République : améliorer encore le* **service des enfants assistés,** *celui de l'***assistance médicale** *et de l'assistance aux vieillards et infirmes, créer des hospices cantonaux, aider les* **œuvres antituberculeuses**, *lutter contre l'alcoolisme, etc.*

*18° Le Parti radical et radical-socialiste est partisan de l'***extension graduelle des droits de la femme,** *qui doit être protégée par la loi dans toutes les circonstances de sa vie.*

Des secours communaux, départementaux ou nationaux doivent être accordés aux femmes enceintes pauvres ; le **repos légal de six semaines avant et après l'accouchement** *s'impose pour les femmes employées à l'atelier, au magasin ou dans une administration.*

19° Sous les auspices du ministère du Travail, le **Code du travail et de la prévoyance sociale** *doit être rédigé et comprendre l'ensemble des lois ouvrières:*

Sur l'emploi des femmes et des enfants dans l'industrie ;

Sur le contrat de travail et le contrat d'apprentissage ;

Sur la réglementation des différends et conflits graves entre employés et employeurs par l'arbitrage amiable et obligatoire ;

Sur les accidents du travail, les risques et maladies professionnels et les responsabilités des employeurs ;

Sur la limitation des heures de travail et le repos hebdomadaire ;

Sur l'organisation de l'assurance par la Nation de tous les travailleurs de l'industrie, du commerce, de l'agriculture contre les risques des accidents, de la maladie et du chômage ;

Sur les institutions de mutualité et d'épargne qui peuvent améliorer le sort du travailleur déjà garanti de la misère ;

Sur les conditions d'hygiène et de salubrité des établissements industriels et commerciaux comme de tous les locaux où séjournent les employés et travailleurs.

20° Le Parti radical et radical-socialiste réclame la **reprise par l'Etat des monopoles de fait**, *là où un grand intérêt l'exige, notamment :*

Pour **rentrer en possession de grands services nationaux** *qui exercent une influence décisive sur la production, sur la richesse du pays et sur sa défense en cas de guerre ;*

Pour **empêcher certains accaparements industriels** *de taxer à leur bon plaisir les travailleurs et les consommateurs ;*

Pour trouver, dans les bénéfices que ces monopoles peuvent fournir, des **ressources**, *soit pour le soulagement des contribuables, soit* **pour la réalisation des réformes sociales.**

Il réclame particulièrement le **rachat des chemins de fer** *et le* **monopole des assurances.**

De toutes façons, il entend **protéger l'épargne publique** *contre les manœuvres de l'agiotage et de la spéculation.*

21° Avec les réformes fiscales déjà désignées à

propos de l'impôt, l'impôt foncier sur la propriété non bâtie et les droits de mutation, y compris la réforme hypothécaire, le Parti radical et radical-socialiste propose et soutient toutes les réformes dont la réalisation est déjà commencée pour la **défense de l'Agriculture** : *développement de* **l'enseignement technique agricole** ; *des œuvres coopératives ; du* **crédit agricole** ; *des* **assurances** *contre l'incendie, la grêle, la gelée, la mortalité du bétail ; des mesures prophylactiques contre les épizooties ; création du* **bien de famille** *incessible et insaisissable* : **répression des fraudes. représentation de la petite et de la moyenne cultures** *comme de la grande dans les chambres d'agriculture, etc.*

22° *Pour activer l'***accroissement de la richesse nationale**, *il se préoccupe de l'***outillage de nos ports**, *de la navigation intérieure, de notre* **système de canaux** *qu'il est urgent de compléter et de perfectionner, du développement des voies ferrées, du* **recrutement rationnel de nos agents** *à l'extérieur, de l'***extension continue de notre champ d'action commerciale**.

L'étendue même de cette section du programme atteste l'importance prépondérante qu'attache désormais le Parti à cet ordre de réformes.

Il serait impossible d'étudier ici dans tout leur détail les différents articles de cette longue énumération, qui d'ailleurs est encore incomplète. Nous nous bornerons à en relever sommairement les points principaux. Mais, avant de faire cette rapide revue, peut-être convient-il d'expliquer comment ils se relient tous entre eux et comment ils font logiquement partie du radicalisme théorique et pratique.

La doctrine sociale du radicalisme a son caractère propre, sa spécialité, son originalité. Elle est fondée sur une idée qui la rapproche à la fois et la distingue du socialisme : l'idée de *solidarité*.

*
* *

Un des volumes qui ont précédé le nôtre dans la présente collection a été consacré à l'exposé du *solidarisme* (1). Nous n'avons donc pas à le refaire ici.

Mais comme le *solidarisme*, cette « manière de philosophie officielle de la troisième République », fournit au radicalisme les données essentielles de sa politique sociale, il est indispensable que nous marquions en quelques traits comment se rattachent l'une à l'autre cette philosophie et cette politique. Le radicalisme ne saurait réclamer comme sienne la longue suite de réformes sociales transcrite en tête de ce chapitre, si elle n'était qu'un emprunt empirique au socialisme. Montrons donc qu'elles sortent logiquement et naturellement du fond même du radicalisme politique. C'est la doctrine de la solidarité qui les en fait jaillir.

On sait que c'est à M. Léon Bourgeois qu'appartient l'honneur d'avoir dégagé cette doctrine et de l'avoir fait passer du domaine de la spéculation philosophique dans celui de l'action politique et sociale. Ses quatre articles dans la *Nouvelle Revue* (2), réunis

1. *Le Solidarisme*, par C. Bouglé, vol. IV de la collection des *Doctrines politiques*.

2. *La doctrine de la Solidarité*, *Nouvelle Revue*, nos des 15 mars, 1er avril, 1er mai et 15 mai 1895.

dans le petit volume intitulé *Solidarité* (1) ont présenté au public, en un raccourci aussi clair que substantiel, une théorie en apparence ancienne et presque banale, qui se trouve en réalité ouvrir à la science sociale des horizons nouveaux.

La nouveauté consiste dans l'application d'une méthode qui est, bien entendu, la méthode positive, mais qui, par cela même qu'elle est positive, tient compte de la nature humaine tout entière, sans en excepter l'élément moral. « C'est par l'étroit accord de la *méthode scientifique* et de *l'idée morale* que le renouvellement des conceptions sociales se prépare et s'accomplira ». Cet accord s'affirme chaque jour plus nettement chez toutes les nations parvenues à un degré supérieur d'évolution.

« Ainsi se trouvent résumées les deux conditions du problème. La raison, guidée par la science, détermine les lois inévitables de l'action : la volonté, entraînée par le sentiment moral, entreprend cette action. »

La recherche scientifique des faits naturels nous fait découvrir deux lois, dont la seconde n'est pas moins réelle que la première : l'une, c'est la concurrence vitale, la lutte pour l'existence, le brutal *struggle for life;* l'autre, c'est l'union pour la vie, la solidarité indispensable aux membres de l'espèce pour que l'espèce dure. Cela est vrai des sociétés animales, cela est vrai des sociétés humaines. Cette sorte d'interdé-

1. *Solidarité*, par Léon Bourgeois, in-16, 158 p. Paris, 1896. A. Colin.

pendance entre les individus d'une famille, entre les familles d'une tribu, entre les tribus d'une peuplade peut revêtir les formes les plus grossières, les plus révoltantes; ce n'en est pas moins un mode de solidarité naturelle. Il y avait solidarité entre le maître et l'esclave vivant sous le même toit, mais quelle solidarité !

Il faut attendre que l'idée de justice, d'égalité, de droits réciproques, apparaisse et s'impose, pour que naisse la vraie solidarité humaine, celle qui substitue ou superpose à l'état de fait l'état de droit, à la bataille sauvage des instincts déchaînés la recherche d'une règle commune tutélaire et avantageuse pour tous (1).

Par cette double constatation, nous sortons de l'animalité sans prétendre faire de l'homme un être hors nature, « un être de nature spéciale, une abstraction dont le *moi*, un et identique, est *à priori* le sujet des droits abstraits eux-mêmes ». Nous laissons l'homme à sa place dans la nature, dans la société, dans la réalité physiologique. Nous ne perdons pas pied dans une métaphysique quelconque, nous restons en con-

1. Telle est cette « conception nouvelle d'une solidarité sociale qui tempère et limite l'ancien individualisme. Tout le monde reconnaît aujourd'hui la dépendance des droits individuels par rapport aux groupes sociaux, la dépendance des groupes sociaux entre eux et l'intervention nécessaire de l'Etat pour transporter dans le domaine du droit ces notions nouvelles de dépendance mutuelle, de solidarité ». (Antonin Dubost, discours au Sénat 8 avril 1905.)

tact avec l'expérience, nous n'envisageons que des êtres réels dans leur vie réelle.

Le résultat immédiat de l'application de cette méthode, c'est de faire évanouir l'entité Etat, considérée comme une chose en soi, comme une puissance distincte de l'association des hommes. Il n'existe que des hommes, et des hommes associés. L'Etat n'est que cette association même ou plus exactement encore son conseil d'administration. C'est la société vue dans son ensemble; c'est le total d'une addition, et il ne contient rien de plus que la réunion de toutes les unites qui composent le corps social.

Ce concept d'Etat ne confère aucune vertu magique et n'ajoute aucune force *sui generis*, aucune autorité spécifique à la collection d'individus dont il est l'assemblage et qu'il permet simplement de désigner d'un seul mot.

« L'Etat est une création des hommes : le droit supérieur de l'Etat sur les hommes ne peut donc exister. Il n'y a pas de droits là où il n'existe pas un *être* dans le sens naturel et plein de ce mot, pouvant devenir le sujet de ces droits. »

D'après cette vue, il n'y a plus dans la vie sociale que des rapports d'homme à homme, il n'y a plus une volonté extérieure à celle des associés qui prétende s'imposer à l'association. Le problème du droit et du devoir, la question sociale, suivant l'expression courante, ne se pose plus qu'entre les membres de l'association humaine, « seuls sujets passibles d'un droit ou d'un devoir ».

Ainsi défini, le problème se réduit à chercher « une estimation exacte des apports et des prélèvements de chacun », qui se résolve en une « balance » de compte. Répartition équitable : telle est la formule de cette législation. Etablir dans chaque cas ce qui revient à chacun, c'est tout l'objet des lois. Il ne reste plus qu'à donner une sanction à la répartition établie d'après le calcul du doit et de l'avoir de chacun. L'idée de *loi* tend donc à se confondre, à la limite, avec celle de *contrat*. Et l'Etat n'est rien autre que le garant de tous les contrats.

Si l'on admet ces principes, il reste à les appliquer à tout l'ensemble des phénomènes sociaux.

Il en résulte un genre de solidarité qui n'est plus abandonné aux hasards de la force, aux caprices de la fantaisie, aux surprises de la violence ou de la ruse. Elle se calcule, elle se règle avec justesse et justice. Tout homme est débiteur de la société ; n'entendez pas : de l'Etat, du Gouvernement, mais simplement de tous les autres hommes. Il peut être aussi créancier en une certaine mesure. Il donne et il reçoit. Généralement il reçoit beaucoup plus qu'il ne donne. Mais peu importe, c'est un compte à faire. Tous les hommes sont des associés solidaires qui doivent « reconnaître l'étendue de la dette que chacun contracte envers tous », puisqu'il est impossible à *un* de vivre sans *tous*. « Cette charge une fois reconnue et mesurée, l'homme est libre ; il reste réellement libre de tout son droit. » L'obéissance à la loi n'est pas une diminution de sa liberté, c'est la simple reconnaissance d'une dette qu'il ne peut pas nier: n'est-il pas évident « qu'il ne fera point un pas, un geste, il ne se procurera pas la satisfaction d'un besoin sans puiser dans l'immense réservoir des utilités accumulées par l'humanité ? »

N'insistons pas sur la valeur juridique de ce mot de « dette » employé ici dans un sens absolument général. Convenons qu'il faut l'entendre comme obligation de rendre à ceux qui nous suivent dans la vie ce que nous avons reçu de ceux qui nous ont précédés. Convenons encore que c'est non pas une loi écrite, mais une sorte de nécessité naturelle que, dans une société, chacun contribue à l'accroissement du bien social, du capital collectif dont les vivants d'aujourd'hui et ceux de demain auront à faire usage. Convenons enfin qu'il faut sous-entendre, parce que rien ne permet de s'y opposer, cette règle pré-établie que tous les participants à l'association participent à titre égal, que « dans la série des équations personnelles, les inégalités naturelles seront les seules causes d'une différence qui ne devra jamais être accrue par aucune inégalité de droits » : c'est la première ligne de la Déclaration des Droits de l'Homme.

Toutes ces conditions étant admises, le contrat social est un pacte de solidarité scellé selon l'équité et garanti par la loi, c'est-à-dire par la volonté générale des hommes.

Pour exprimer en langage juridique ces réciproques obligations de l'individu envers la société et de la société envers l'individu, M. Bourgeois propose une appplication, ou si l'on veut une extension des principes qui dans la législation civile règlent les obligations entre particuliers.

« Là où la nécessité des choses, dit-il, met les hommes en rapport sans que leur volonté préalable ait pu discuter les conditions de l'arrangement à intervenir, la loi qui fixera entre eux ces conditions ne devra être *qu'une interprétation ou une représentation de l'accord qui eût dû s'établir préalablement entre eux s'ils avaient pu être également et librement consultés*... Le *quasi-contrat* n'est autre chose que le contrat rétroactivement consenti. »

En d'autres termes, ce que Rousseau appelait le contrat social doit être pré-supposé non pas comme un fait historique, comme un pacte expressément voté un certain jour entre certains hommes, ce qui n'a jamais eu lieu, mais comme un quasi-contrat d'association. Un juge, un arbitre trouvant les hommes engagés dans cette association décide que, si ces hommes ont été laissés libres d'agir à leur gré et suivant leur intérêt à tous, ils ont dû s'associer sur la base de l'égalité et en vue « de l'équitable répartition des profits et des charges » ; il tranchera donc tous leurs différends comme si ce contrat avait été signé ; il les considérera comme implicitement liés d'après ces principes naturels, que ni les uns n'avaient le droit de violer à leur profit, ni les autres d'aliéner sous la pression d'autrui.

La première conséquence des principes que nous

venons de résumer est naturellement celle qui s'applique aux impôts.

L'impôt progressif sur le revenu découle rigoureusement de « la connaissance des lois naturelles de la solidarité. »

La « dette » de chaque associé humain en matière d'impôt doit être estimée proportionnellement aux « avantages » qu'il reçoit de l'association. Or, dans le régime social actuel, il ne se crée pas de richesse qui ne soit due aux « avantages » que procure la collaboration d'un nombre plus ou moins important d'associés à un seul d'entre eux. La « dette sociale » de ce dernier vis-à-vis de l'association s'augmente donc proportionnellement aux « avantages » qu'il reçoit : plus ces « avantages » se chiffrent par de hauts bénéfices, plus celui qui en profite est débiteur vis-à-vis des autres. L'impôt (sanction légale) doit donc croître dans la mesure même où croissent les bénéfices, matière de la dette sociale.

La « dette de l'homme envers les hommes » est en quelque sorte le loyer qu'il paie pour l'usage qu'il fait des moyens mis par la société à sa disposition.

Celui qui en fait un large usage en tire — absolument et relativement — beaucoup plus de bénéfices que celui qui n'emploie qu'une très faible partie de l'outillage social ; c'est en proportion de ces bénéfices que doit être calculé le loyer ou l'impôt. Un homme qui dispose à lui tout seul de cent mille francs peut évidemment entreprendre et mener à bien ce que ne pouvaient tenter ni isolément ni peut-être même collectivement cent individus disposant chacun de mille francs.

*
* *

Mais c'est surtout dans les lois sociales qu'il faut chercher la mise en œuvre de la solidarité.

Au lieu de reprendre en détail les différents articles de ce chapitre du Programme, qu'il nous soit permis d'essayer d'en dégager la pensée inspiratrice. C'est ici en effet qu'il importe de fixer la place que prétend occuper la doctrine radicale entre les doctrines modérées et les doctrines socialistes.

Et d'abord convenons, aussi bien au nom du *solidarisme* qu'au nom du *socialisme*, qu'il y a une « question sociale ».

Elle peut se résumer dans ce mot brutal de Tocqueville qui servirait d'épigraphe à tout ce chapitre : « Il est contradictoire que le peuple soit à la fois misérable et souverain. » C'est ce profond désaccord, de fait, entre le régime politique et le régime économique du même pays qui donne chez nous à la « question sociale » sa forme aiguë et son caractère poignant.

Ailleurs, là où la société continue d'être une superposition de classes distinctes, inégales en droits et diverses de fonction, le problème ne se pose pas. Il ne pourrait se poser que dans la forme révolutionnaire : il consisterait à mettre en question l'existence même de la société, à en réclamer le bouleversement. C'était l'état de la France avant 1789.

Depuis 1789, le problème pour nous est tout autre.

Des principes ont été admis dont il est impossible de ne pas tirer plus ou moins rapidement toutes les conséquences. Ce n'est plus au nom du sentiment ou par un élan de charité, ou par un appel vague à l'idée de justice ou en vertu d'une sorte d'Evangile naturel de l'humanité que se font entendre les réclamations de ceux qu'on appelle charitablement les petits et les humbles, les pauvres et les déshérités. Ils parlent ou l'on parle pour eux au nom d'un droit qui leur est formellement reconnu. Ils ont une créance sur la République et ils veulent la faire valoir. Ils ne sollicitent pas, ils revendiquent. Toute la question est pour eux de se faire accorder explicitement ce qui leur fut implicitement promis. D'un droit virtuel ils veulent faire un droit réel.

A prendre d'ensemble et sans détour le problème tel qu'il se présente, la démocratie est le régime qui garantit à tout homme le maximum des conditions favorables à son développement d'homme. « Tous les hommes naissent — et demeurent — libres et égaux en droits. » Formule précise, universelle et impérative. Il ne s'agit plus que de la mettre en pratique. C'est la raison d'être de la souveraineté nationale. Seule la nation souveraine est capable de réaliser cette formule. Elle seule, s'il y a des obstacles à briser, est assez forte pour le pouvoir, assez juste pour le vouloir. Il faut que le peuple soit souverain pour que tous les hommes soient libres, pour que tous les hommes soient égaux en droits.

Le sont-ils ?

Oui, au point de vue politique : le suffrage universel — sauf à en perfectionner le maniement — met fin à toutes les inégalités dans l'exercice des droits civils et civiques, spécialement dans l'exercice de la souveraineté électorale. Sous cette réserve, à faire ici en passant, que la moitié du genre humain reste à cet égard non seulement à l'état d'infériorité, mais hors la loi, les femmes n'étant pas citoyens, la démocratie a bien établi la liberté et l'égalité devant les lois civiles et politiques. Mais c'est tout.

Est-il libre, est-il, même politiquement, l'égal d'autrui, l'homme qui pour vivre et faire vivre les siens dépend du bon vouloir d'un ou plusieurs de ses semblables ? A-t-il autre chose qu'une liberté nominale et dérisoire, celui qui, ne possédant rien, n'a qu'une pensée, qu'un effort, qu'un souci : obtenir du travail pour obtenir le pain du jour ? Soutiendra-t-on qu'il traite d'égal à égal avec celui qui l'emploie ? Libre contrat, dit-on, entre deux hommes qui volontairement échangent des services qu'ils jugent équivalents, une valeur travail contre une valeur argent. Mais entre eux il y a cette différence que l'un peut attendre et l'autre non, que l'un a en main tous les moyens de production et l'autre aucun. Par la force des choses, entre le capital et le travail il n'y a pas parité. Par la force des choses, donc, si la nation se compose de possédants et de non possédants, d'hommes qui travaillent et d'hommes qui font travailler, de patrons et de salariés, il subsiste en fait deux classes dans la société. L'apparence d'égalité politique ne peut nous masquer la réelle, la profonde inégalité économique avec toutes ses répercussions sur toute la vie publique et privée.

Telle est donc la vérité qu'il faut avoir le courage de regarder en face. La Révolution a proclamé dans son ampleur et sa généralité philosophique un principe gros de conséquences. Elle n'en a fait l'application immédiate qu'à l'ordre politique. Aujourd'hui les masses populaires en demandent l'extension à l'ordre économique.

La démocratie ne comporte plus de « classes » en aucun sens, pas plus pour les conditions de la vie matérielle que pour celles de la vie politique : elle ne tolère pas plus le privilège en matière de contrats qu'en matière de votes. « La démocratie n'est pas seulement une forme de gouvernement. Elle est une forme d'organisation de la société tout entière. » (1). (Léon Bourgeois.)

Ne nous lassons pas de répéter, parce que c'est la raison du nouvel ordre de choses, qu'il réclame en effet ce que n'a réclamé aucune des sociétés antérieures. Il est très vrai que toutes reposaient sur la hiérarchie des classes ; que toutes, admettant ce régime comme normal, l'appliquaient naturellement à tout l'ensemble de la vie sociale, aussi bien au civil qu'au militaire, au spirituel qu'au temporel, à l'industrie

1. Discours d'installation de M. L. Bourgeois, président du groupe de la gauche démocratique au Sénat (8 février 1906.)

comme à la politique, à l'atelier comme au forum, aux rapports des choses comme aux rapports des personnes.

L'inégalité était partout, parce que partout il était entendu et admis qu'il y avait deux classes d'hommes, ceux qui commandent et ceux qui obéissent, les privilégiés et les autres.

Non moins naturellement, c'était en matière économique que le départ entre ces deux classes devait être et fut toujours le plus nettement marqué. Il le fut d'abord sous la forme la plus tranchante : il y eut des maîtres et des esclaves. « Homme libre », pendant des siècles, ce fut le nom du privilégié, de celui qui avait des droits dans la cité, à la différence des autres, qui n'en avaient pas. L' « homme libre » était libre justement parce que d'autres, qui ne l'étaient pas, travaillaient pour lui. La civilisation antique tout entière est inintelligible et inexplicable sans l'esclavage, première et longtemps seule solution de la question sociale. Toutes les richesses, toutes les beautés, toutes les splendeurs artistiques et morales du monde gréco-romain sont faites du noble loisir que donnait aux hommes libres le travail servile. Le rendement en était à leur discrétion : la première forme de la propriété individuelle organisée fut de posséder des esclaves, point initial et base de toutes les fortunes. L'existence de cette classe de « sous-hommes », comme les appelait Aristote, permettait aux hommes libres de vaquer aux occupations « libérales ».

Après de longs siècles, l'esclavage disparut ou plutôt il se transforma. Un peu sous la double influence de la philosophie et du christianisme, beaucoup plus encore par les suites de l'invasion des barbares et du nivellement des classes sous la misère commune, l'esclavage évolua en servage, le maître resta le maître, mais l'esclave devint homme. Le serf est un esclave qui a une âme à sauver comme les autres humains. Progrès immense sans doute, puisqu'il faut nous habituer à juger les distances sur la route de l'humanité non d'après le but à atteindre, mais par rapport au point de départ, qui se trouve toujours en pleine animalité.

Le servage à son tour, au cours du moyen âge, s'est graduellement adouci. De nos jours, il est arrivé à la forme incomparablement moins barbare qui s'appelle le salariat.

Est-ce la dernière ? L'humanité s'en tiendra-t-elle à ce progrès ?

Quelques-uns le pensent, il en est même qui le disent. La plupart, même sans être socialistes ni radicaux, se rangent à l'avis exprimé par M. Deschanel :

« Comme on a pu passer de l'esclavage au servage et de celui-ci au salariat, pourquoi ne passerait-on pas du travail salarié au travail associé ? »

Et c'est ici que se trace la ligne de démarcation des partis.

Il faut choisir.

Ou déclarer que le salariat doit durer, ou déclarer qu'il doit disparaître (1).

1. Il n'est pas besoin d'expliquer que par *salariat* nous

Si l'on estime qu'il doit durer sous peine de compromettre la propriété individuelle, on accepte par là même qu'il subsiste à jamais deux classes d'hommes économiquement inégales : l'une qui possède les moyens de production, et l'autre qui les met en œuvre par son travail : la première, ayant sur l'autre l'avantage considérable de détenir un capital, le fait fructifier par le travail d'autrui et tire sa richesse du fait même qu'elle retient à son bénéfice une partie du produit de ce travail.

Si l'on estime que le salariat doit disparaître, il faut chercher les moyens d'atteindre ce résultat avec le moindre préjudice possible pour les possédants en particulier, pour la société en général.

Ceux qui se rangent à la première solution sont des conservateurs conscients et conséquents, quelle que soit, du reste, l'étiquette politique qu'ils adoptent.

Ceux qui se rangent à la seconde sont des démocrates conscients et conséquents, à quelque fraction du parti républicain qu'ils se rattachent.

C'est évidemment dans le second de ces deux grou-

entendons la condition d'hommes n'ayant d'autre moyen d'existence qu'un salaire dont le taux est, en fait, réglé par d'autres qu'eux-mêmes. Ce n'est pas contre l'existence d'un salaire, c'est-à-dire d'une rétribution, que nous nous élevons : on a pu dire que c'est la seule source de richesse qui soit absolument légitime, la seule propriété à l'abri de toute critique. On est d'accord pour entendre par *salariat* le régime imposé à une classe d'hommes vivant exclusivement d'un salaire qui n'est ni assuré, ni garanti, ni librement débattu.

Salariat ici est synonyme de *prolétariat*.

pes que prend place le parti radical et radical-socialiste.

Il y occupe une sorte de situation centrale, qui se définit surtout par la manière dont elle se délimite et à droite et à gauche.

A droite, sont les républicains modérés, progressistes, libéraux, opportunistes ou de quelque autre nom qu'on les nomme, qui, préoccupés surtout des dangers du collectivisme, font de la propriété individuelle une sorte de dogme intangible. Ils ne méconnaissent pas, ils affirment au contraire la nécessité d'améliorer le sort des travailleurs, c'est à leurs yeux non pas seulement un devoir, mais une dette de la société. Ils feront donc tout ce qui sera possible pour adoucir les souffrances et diminuer les inégalités. Ils tenteront de rapprocher les deux classes, de leur imposer des règles d'équité dans leurs contrats, de protéger la plus faible contre certaines exigences, de faire cesser leur antagonisme en leur montrant en dernière analyse la solidarité de leurs intérêts.

Mais ils ne consentent ni à remettre en question aucune des formes de la propriété individuelle, ni à en arrêter l'extension, ni à en limiter la transmission héréditaire, ni à faire entrevoir comme le but final de la société démocratique la suppression du prolétariat. Tout au plus espèrent-ils rendre plus facile l'accès de tous à la propriété : leur idéal est de voir l'ouvrier posséder son outil comme le paysan possède son champ. Il n'y aura plus de prolétariat le jour où tous seront propriétaires, fût-ce du plus mince capital.

A gauche, au contraire, se trouvent les diverses écoles socialistes ou collectivistes réunies depuis peu dans le parti socialiste unifié.

Ce parti prend le contrepied du précédent. Comme lui, il croit qu'il faut choisir entre le salariat et la propriété individuelle, mais c'est celle-ci qu'il sacrifie. La disparition du salariat est à ce prix. La seule manière de faire cesser l'inégalité, c'est de socialiser *tous* les moyens de production, en d'autres termes de mettre en commun la propriété de tous les capitaux. Le capital sera à tous, à chacun le produit de son travail. Il n'y aura plus que des travailleurs associés, tous copropriétaires du capital social, tous coopérateurs et bénéficiaires du travail social.

D'après cette vue d'ensemble, aucune question de détail, aucune mesure intermédiaire, aucun soulagement partiel ne mérite de retenir l'attention. Il faut et il suffit que la propriété individuelle soit remplacée par la propriété collective.

Entre ces deux théories opposées, y a-t-il place pour une politique qui prétendrait ne s'inféoder ni à l'une ni à l'autre ?

A première vue on peut en douter. Car si l'on admet que le salariat est lié à la propriété individuelle comme une condition *sine qua non*, il faut se résoudre ou à voir disparaître l'une ou à ne pas voir disparaître l'autre.

Mais c'est justement la question. Est-il vrai que la propriété ne puisse se concevoir sans le salariat aujourd'hui, comme hier sans le servage ou l'esclavage ?

Qu'elle ait commencé de la sorte, qu'elle ait trouvé dans cette mainmise des forts sur les faibles le plus commode des moyens de s'affermir, de s'étendre et de se perpétuer, l'histoire le prouve. Mais c'est l'histoire aussi qui nous apprend qu'il a bien fallu, un certain jour, se passer de l'esclavage, réputé jusqu'alors indispensable, qu'il a bien fallu un autre jour se passer du servage, qu'il a fallu même se passer de toute l'antique armature des privilèges, tailles, corvées, droits seigneuriaux et dîmes d'Eglise, bases de la société depuis des siècles. Quand il faudrait en faire autant de cette dernière redevance que paie encore le travail au capital, quand il faudrait un jour, sous l'injonction de la conscience publique, renoncer à cette suprématie abusive de l'argent et ne plus autoriser d'autres entreprises industrielles ou commerciales que celles où le travailleur traiterait d'égal à égal avec le capitaliste, discuterait les conditions du contrat, aurait droit à sa part des bénéfices, il n'est pas dit que la société en mourrait. Ce changement pourrait être fort pénible aux bénéficiaires du système présent, ce qui ne prouve nullement que la collectivité ne pourrait pas s'accommoder de la réforme comme elle a fait de toutes les réformes antérieures.

Les constructeurs de systèmes se font la partie belle : ils commencent par déclarer intangible l'institution qui leur est chère. Elle de moins, tout croule.

Intangible, disent les uns, la propriété individuelle !

Intangible, disent les autres, la propriété collective !

C'est en contestant l'une et l'autre propositions que

le parti radical croit avoir le droit et le moyen de soutenir une thèse qui a sur les deux autres l'avantage de leur emprunter ce qu'elles ont de vrai, d'en rejeter l'excès.

Est-il donc nécessaire de proclamer que toute propriété sera individuelle, ou toute collective ?

Les formules sont simples, parce qu'elles sont verbales. Les choses sont moins simples que les mots.

Même dans les législations qui lui ont donné la plus grande portée, la propriété individuelle n'est ni intangible, ni illimitée ni inconditionnelle. L'intérêt public lui est supérieur, témoin l'expropriation.

Elle a varié avec le temps et avec les lois.

Il existe aussi des types de propriété à la fois individuelle et collective. Le propriétaire d'une action de chemin de fer ou de mine a un titre individuel de participation à une propriété collective.

Et inversement ceux, qui, opposant à ce dogme un antidogme, veulent nous faire souscrire d'avance à une formule pseudo-mathématique d'universalisation de la propriété collective, exigent de nous un acte de foi aveugle.

Ils veulent que tout capital soit socialisé. Il faut sous-entendre : tout capital susceptible d'être exploité collectivement.

Mais il restera toujours une part de propriété qu'on ne songera pas à mettre en commun. Chacun voudra toujours avoir à soi ses aliments, ses vêtements, ses livres, ses meubles, pourquoi pas sa maison ? pourquoi pas son jardin ? pourquoi pas le produit de son libre travail manuel, intellectuel, artistique ? pourquoi pas l'excédent de ce qu'il aura produit sur ce qu'il doit à la société ?

Où est la limite ? Les auteurs ne sont pas d'accord. Et le fussent-ils, ce ne serait que sur le papier.

A vouloir régler, à coups de logique dans le vide, les problèmes les plus complexes et les plus concrets qui se puissent poser, ceux qui naissent de la mouvante variété des choses et de l'incalculable multiplicité des intérêts en lutte, nous sommes en plein rêve. Nous perdons tout contact avec la réalité. Ce ne sont plus que raisonnements d'enfant.

Qu'y a-t-il, pratiquement, au fond de cette formule de la propriété collective ?

Il n'y a qu'une idée, celle que M. Jaurès exposait, il y a peu d'années, dans son discours de Limoges.

Des biens qui de leur nature appartiennent à tous sont devenus la propriété personnelle de quelques-uns. Il faut les restituer à la collectivité, dans l'intérêt de tous :

« Le peuple sera à demi serf, il sera l'exploité et l'assujetti tant qu'une classe de privilégiés détiendra dans ses mains les moyens de production et en fera matière à spéculation, à profit, à bénéfice, à rentes, à loyers par un prélèvement multiple sur le travail de la multitude prolétarienne : cette minorité, même quand elle travaille, prélève une rémunération infiniment supérieure à son effort propre. Ce que nous voulons, nous socialistes, c'est que tout cet immense outillage de production industrielle et agricole soit transféré à la communauté nationale, possédé par elle : elle ne l'exploitera pas autocratiquement, bureaucratiquement, elle l'exploitera au moyen des organisations ouvrières à la fois autonomes et fédérées. » (1).

Encore l'orateur ajoute-t-il que, suivant un mot de Marx, ce sera en procédant par voie d'indemnités que la révolution sociale coûtera le moins cher ; et il esquisse après Kautsky et Vandervelde les différentes formes possibles de ces indemnités qui faciliteraient la transition et ne permettraient même pas aux privilégiés d'aujourd'hui de crier à la spoliation, de « se plaindre d'une atteinte brutale et inhumaine ».

Sans insister sur ce point, recueillons du moins, en raison de son remarquable effort de précision, un autre bref exposé de la thèse socialiste en ce qui concerne cette question de la nationalisation des principaux moyens de production capitaliste. Nous l'empruntons à un écrivain du parti socialiste, M. Léon Blum :

« Tout d'abord l'Etat peut reprendre en mains l'exploitation de certains services qui, d'un accord unanime, sont reconnus constituer des services publics, dont la gestion implique même l'usage du domaine public, mais qui ont été soit gratuitement concédés, soit usurpés à l'aide de législations surannées. Dans cette catégorie rentrent les chemins de fer, les mines, la distribution des forces motrices hydrauliques.

« Il peut arriver encore que l'Etat, au cours d'une crise financière, ait, moyennant une somme une fois versée, abandonné à des particuliers la gestion et le bénéfice du service public. Tel est le cas par exemple des offices mi-

1. Discours de M. Jaurès à Limoges. *Humanité* du 11 octobre 1905.

nistériels. C'est évidemment un service public que d'assurer l'authenticité des actes ou l'exécution des jugements. Moyennant quelques millions une fois payés, ce service rémunérateur est passé aux mains de personnes privées... La revision de ce contrat remettrait à l'Etat l'exercice et le profit d'un monopole.

« En troisième lieu, on conçoit que telle industrie d'origine récente, laissée au début à l'industrie privée ait pu faire apparaitre dans la suite tous les caractères d'un véritable service public. Il en est ainsi pour les assurances, notamment pour les assurances sur la vie... Du jour où il est constaté qu'elles correspondent en réalité à une fonction sociale, il y a lieu d'en attribuer le monopole à l'Etat.

« Dans ces trois cas, le monopole n'est que la reprise par l'Etat d'un service public, et il s'impose pour des raisons presque juridiques.

« Au contraire, il se justifie par des motifs d'ordre pratique quand il porte sur une industrie normale par sa condition, anormale par ses procédés d'exploitation, je veux dire formant l'objet du monopole de fait. Le raffinage du sucre ou du pétrole n'est pas en lui-même un service public. Mais il se trouve que ces industries pour des raisons diverses sont concentrées entre les mains d'un très petit nombre de capitalistes lesquels sont parvenus à supprimer la concurrence, à règler la production et les prix... Or toutes les fois qu'une industrie est constituée en monopole de fait, elle doit, si l'Etat y trouve avantage, être érigée en service public... On ne peut pas arguer ici de la liberté de commerce, ni de la concurrence puisqu'elle est déjà supprimée par ce syndicat de capitalistes. Si une industrie ainsi concentrée passait aux mains de l'Etat, qu'y aurait-il de changé ? Rien, sinon que le bénéfice au lieu de profiter à quelques-uns profiterait à tous.

«... Il faut examiner un dernier cas où l'institution du monopole d'Etat est indiquée : c'est le cas où une denrée de consommation générale est déjà frappée de très lourds impôts indirects. D'où la fraude. Plus la production est divisée, plus la fraude est facile. Il en est ainsi pour l'alcool. L'alcool qu'un bouilleur de cru vend en fraude au cabaretier n'acquitte pas les droits, mais le cabaretier le revend au consommateur aussi cher que si les droits étaient payés... En outre « avec des droits très élevés, dit Leroy-Beaulieu lui-même, le monopole gouvernemental est le seul procédé pour avoir des produits convenables, « hygiéniques, non sophistiqués ». Exemple : le tabac. Celui que nous vend la régie est assurément meilleur que le tabac acheté à l'étranger, et le monopole rapporte net 350 millions. » (1).

On le voit par cette citation, le socialisme lui-même tend à justifier l'établissement de la propriété collective par des raisons tirées et de la nature même de la propriété et de l'intérêt des sociétés humaines. Si on le pressait un peu, on le forcerait sans doute à souscrire à cette formule caractéristique que donne un autre écrivain socialiste, M. Edgard Milhaud :

« Il faudra restreindre le domaine de la propriété individuelle, remplacer la propriété individuelle par la propriété collective chaque fois que la propriété individuelle est devenue capitaliste, c'est-à-dire *est devenue moyen d'exploitation* (2) ». Et cela, ajoute-t-il, c'est le socialisme.

C'est le socialisme des socialistes, mais c'est aussi celui des radicaux.

Ils diffèrent peut-être sur la limite, les uns accordant, les autres refusant le caractère capitaliste à certains biens. Nous n'en sommes pas à dresser ce catalogue. Et de telles divergences n'empêchent pas des affinités résultant de l'accord quant à la méthode ; c'est bien par la méthode que se rapprochent ou s'opposent les partis.

1. *Petite République*, 17 décembre 1902.
2. *Revue de l'Enseignement primaire et primaire supérieur*, 7 décembre 1905.

Jusqu'où s'élève donc la liste de ces expropriations pour cause d'utilité publique ?

C'est une question à débattre, elle ne se résoudra pas en un jour. Les socialistes eux-mêmes mettent des degrés et font des distinctions. Ils n'ont nulle envie de passer pour des « partageux. »

Ils ne veulent pas laisser confondre leurs théories d'aujourd'hui avec les formules enfantines ou rudimentaires par lesquelles on ridiculisait le communisme au siècle dernier.

Ils ont notamment sur la propriété rurale des conceptions intermédiaires qui donnent, à demi et plus qu'à demi, satisfaction à la tendresse jalouse du paysan pour son lopin de terre ou son carré de vigne (1).

Ils varient entre eux sur la délimitation des biens susceptibles d'être et de rester personnels, individuels, transmissibles du père au fils.

Ils varient également, quant à l'appréciation des mots « produit intégral du travail » et quant à la mesure de ce produit et quant aux réserves qu'il peut comporter.

Mais, encore une fois, toutes ces controverses incontestablement prématurées n'empêchent pas plus le radicalisme de participer dans la mesure qu'il croira convenable à l'idéal socialiste, qu'elles n'empêchent les diverses fractions du socialisme, unifié ou non, de se réclamer de ce commun idéal.

1. Voir le chapitre intéressant « *la Terre* » dans le *Socialisme à l'œuvre*, de Georges Renard, avec cette conclusion : « nous ne prendrons rien au paysan ».

De la part du parti radical, on ne peut le nier après tant et de si catégoriques déclarations de ses Congrès, de sa presse, de ses orateurs parlementaires, il n'y a ni objection absolue ni opposition irréductible à la théorie de la socialisation des moyens de production. Au contraire, le parti radical accepte, réclame expressément la socialisation de tout ce qui est socialisable. Il n'appréhende nullement le retour à la nation des biens qu'elle n'aurait pas dû aliéner, qu'elle ne peut pas laisser plus longtemps à des privilégiés comme source de profit à leur usage particulier et dont elle a besoin, suivant le paragraphe 20 du Programme « pour la réalisation des réformes sociales. »

Il peut donc dire à bon droit qu'il veut sincèrement et effectivement la disparition du salariat.

Il la veut graduelle. Pourquoi ? c'est qu'elle ne peut pas se faire autrement.

Il la veut pacifique et légale. Pourquoi ? c'est qu'un acte de justice sociale, motivé par les progrès mêmes de la conscience publique ne saurait sans contresens affecter les allures d'une revanche brutale : ce n'est pas une classe qui en supplante une autre, c'est une classe opprimée et frustrée qui rétablit non pour elle seule, mais pour tous, l'accès commun à la richesse de tous (1).

1. Qui voudra suivre par le menu l'évolution de la pensée radicale sur la question du salariat et de la nationalisation des moyens collectifs de production devra comparer les rédactions successives des *Déclarations du Parti* de 1901

*
* *

Cette position prise par le radicalisme sur le problème du salariat entraîne, comme conséquence, outre une série de résolutions politiques, une autre série constituant la tactique du Parti.

Ce serait une erreur de croire que le Parti a voulu, dans la solution qu'il adopte, trouver une formule de conciliation, lui facilitant l'entente avec les deux groupes limitrophes. Loin de leur apporter une doctrine mitoyenne susceptible d'être sollicitée par des interprétations complaisantes et diverses, le Parti refuse nettement à l'un et à l'autre groupes ce à quoi ils tiennent le plus, leur dogme spécifique, c'est-à-dire ce qui est à la fois pour les théoriciens le trait caractéristique de la doctrine et pour le gros des adeptes la formule populaire. Le parti radical ne s'enrôle ni sous la bannière de la propriété individuelle ni sous celle de la propriété collective, parce que l'une peut couvrir les pires abus dans le passé, l'autre les pires chimères dans l'avenir.

A des choses nouvelles, il faut des noms nouveaux. Des formes de propriété et des conditions de contrat ont surgi que nos pères n'ont pas connues, pas

(Pelletan), de 1902 (Ch. Bos), de 1904 (Maur. Sarraut), de 1905 et de 1906 (Pelletan). On les trouvera aux annexes (pièces nos 5 à 11), ainsi que le texte des résolutions de la Fédération radicale de la Seine (n° 13) et que l'ordre du jour motivé du petit Congrès ou Congrès du Comité exécutif du 6 décembre 1905 (pièce n° 14).

même soupçonnées, nous chercherions vainement à les exprimer en nous enfermant dans leur vocabulaire. Le débat vrai n'est pas plus entre la propriété individuelle et la propriété collective qu'entre la République de Platon et le phalanstère de Fourier. Il est entre ces deux conceptions de la démocratie : l'une osant garantir à tout être humain la liberté effective qui ne va pas sans un minimum de propriété, c'est-à-dire de sécurité, d'indépendance, de dignité humaine ; l'autre effrayée des sacrifices qu'un tel changement coûterait à la minorité privilégiée, se résignant à attenuer le mal pour le perpétuer, à consolider enfin la traditionnelle division des hommes en deux classes, de fait sinon de droit, l'une recevant de l'autre sous le nom de salaire sa précaire subsistance.

C'est là le dilemme devant lequel il faut que se place la société française du XXe siècle. Le mettre obstinément sous ses yeux, tel est le rôle du parti radical. Ce qu'il demande ou plutôt ce que les circonstances demandent à la société, ce n'est pas une définition juridique, c'est un acte de volonté, un parti pris et bien pris, tant en principe qu'en application. C'est la résolution en somme de donner le coup de barre ou à droite ou à gauche. Il faut choisir : ou la société veut, ou elle ne veut pas l'émancipation du prolétariat ; elle veut ou elle ne veut pas l'égalité des citoyens devant la vie comme devant la loi ; ou elle veut conserver à un groupe de deux ou trois cent mille familles les privilèges de naissance, d'éducation, de fortune, de pouvoir, d'influence qui font d'elles forcément la classe dirigeante, ou bien elle veut mettre tous ces biens à la portée des millions d'individus qui y ont un droit égal et qui seront admis à l'exercer.

Et c'est bien d'un acte décisif qu'il s'agit avec ses contre-coups inévitables sur la vie publique. Il y a en effet une chose qu'il ne faut pas oublier et qu'oublient trop souvent ceux qui se bornent à énoncer des principes politiques et philanthropiques, l'idée de justice par exemple : c'est qu'on n'établit pas des institutions justes dans une société sans abolir des institutions injustes (1).

C'est dans ces termes que se présente le problème pour la politique radicale.

Et il est nécessaire d'en faire la remarque : entre le parti radical et les deux autres partis — qui ne semblent d'abord s'en séparer qu'en ce qu'ils donnent à la même solution l'un plus, l'autre moins de portée — la différence en réalité est beaucoup plus profonde. La vraie différence est que les deux autres partis, libéral et socialiste, posent le problème sur la propriété, c'est-à-dire sur la *condition des choses*, le radicalisme sur la *condition des personnes*. Il tire toute sa politique, toute sa sociologie de la Déclaration des Droits de l'homme, qui pour lui est autre chose qu'une page de métaphysique : il la lit comme une page d'histoire, l'histoire de demain qui doit être écrite par les hommes d'aujourd'hui. A ses yeux c'est l'homme qui est le sujet et l'objet de la réforme sociale.

1. Laisant. *Anarchie bourgeoise*, p. 70.

Faire des hommes : c'est le but de la société, c'est le critérium de sa valeur et de la valeur de toutes ses institutions. Que du changement dans la vie de l'homme il résulte des transformations considérables dans le régime économique de la société, que la nécessité de traiter l'homme en homme ne permette plus de le subordonner à certaines conditions sans lesquelles l'industrie actuelle ne saurait prospérer ni même fonctionner, c'est possible, c'est certain.

Mais l'originalité du radicalisme est de ne pas mettre sur le même plan les deux ordres de considérations : il fait passer en tout premier rang le souci de l'humanité, de ses droits et de ses devoirs ; il accepte par avance les conséquences qui en découleront pour le régime économique, pour la production, la circulation et la consommation des richesses.

En raison même de cette résolution bien arrêtée, le radicalisme — ce qui semble sa faiblesse, et ce qui est sa force — n'a pas à s'engager d'avance dans la controverse entre les divers plans de rénovation économique qui divisent les libéraux et les socialistes. Le radicalisme prétend que ni les uns ni les autres n'ont une vue claire de l'avenir. Nos pères, à la veille de 1789, auraient-ils pu décrire de toutes pièces le régime qui suivrait l'abolition de la dîme, des droits seigneuriaux, des ordres privilégiés et des corporations ?

Comment pourrions-nous davantage prévoir ce que deviendra la France, l'Europe, le monde après un siècle, après une génération de démocratie intégrale ?

De bons esprits pour qui l'idéal n'est ni la caserne, ni la bureaucratie, ni le fonctionnarisme se représentent le pays qui aura supprimé le salariat comme une très grande coopérative, une fédération de fédérations où il y aura place pour toutes les libertés, sauf celle d'exploiter le travail d'autrui.

D'autres comptent sur le simple fait de la limitation graduelle de l'héritage pour introduire une foule d'idées et de pratiques nouvelles, même en matière de propriété, de travail et d'épargne. Un temps peut venir, suivant eux, où l'homme saura et voudra travailler, autrement peut-être, mais autant et mieux qu'aujourd'hui, sans avoir besoin d'y être incité par la pensée d'un pécule qu'il amasse pour ses enfants.

D'autres encore font d'autres hypothèses. Et le champ en est infini. Qu'avons-nous besoin de les énumérer ?

Une seule question nous serre de près. Celle-ci : Etes-vous prêts à faire tout ce qu'il faudra, pour que la société assure à tous les hommes, dès la naissance et dans le cours de leur vie, des chances égales et d'égales garanties de développement ? Cette fonction : « créer des hommes libres et égaux en droits », est-elle, oui ou non, pour vous, la raison d'être et la loi suprême de la société ?

Si nous hésitons à l'affirmer et à le vouloir, tout est dit, ne cherchons rien d'autre.

Gardons soigneusement, le plus longtemps qu'il se

pourra, le régime actuel en n'y opérant que les semblants de retouche nécessaires pour le faire durer. Soyons des conservateurs, et appelons-nous libéraux.

Si, au contraire, nous sommes décidés à faire un remaniement de la société assez radical pour produire ce résultat que tout homme ait le moyen de vivre pleinement la vie humaine sans qu'aucun de ses semblables y puisse mettre obstacle, même indirectement par la puissance de l'argent, entamons l'œuvre de réforme : qu'avons-nous à craindre ? Elle nous mènera où elle doit nous mener.

Saut dans l'inconnu, disent les modérés. Saut fatal en plein collectivisme, prétendent au contraire les socialistes. Laissons à chacun ses conjectures.

La méthode radicale est celle de l'évolution, de la marche progressive, du devenir et non du changement à vue instantané et violent comme un cataclysme. Elle s'oppose nettement à la méthode qu'on appelle volontiers révolutionnaire, oubliant que toutes les révolutions qui ont réussi n'étaient que le dernier terme d'une longue série d'efforts accumulés : une explosion finale faisait apparaître avec éclat aux yeux du monde ce que la conscience publique avait depuis longtemps préparé et mûri.

Mais peut-on même dire qu'il y ait encore aujourd'hui une méthode révolutionnaire ? Voit-on un parti qui soutienne que tout progrès doit se faire par le coup de force, par l'émeute, la barricade, la bombe ? Ceux-là mêmes qui se font gloire de s'appeler révolutionnaires sentent bien que ces appels à la force, ces ruées violentes, ces élans insurrectionnels sont l'accident, l'exception, le moyen extrême et momentané. Il faut un lendemain à l'insurrection, et il n'y a de lendemain que pour les partis qui savent ce qu'ils veulent, qui ont pris la peine de rédiger à l'avance leurs programmes et leurs plans de réforme, qui sont prêts à l'instant même à les appliquer.

Nul n'a mieux dit que les socialistes les plus ardents combien serait chimérique et puérile la conception d'un changement social sous la forme catastrophique.

N'est-ce pas M. Jaurès qui écrivait en 1904 :

« Croire qu'il suffit d'une grève, même généralisée, pour changer brusquement les conditions d'existence de trente-six millions d'hommes, pour abolir toute la propriété capitaliste, pour étendre l'organisation communiste sur la propriété industrielle et commerciale, rurale et urbaine, pour déraciner le dividende, le profit, la rente, le loyer, le fermage, c'est une chimère. Ce magnifique et nécessaire idéal se réalisera par des efforts innombrables, par des transactions et des adaptations multiples et non pas par un coup de main et par l'effort d'un jour...

Nous sommes convaincus que dans la démocratie républicain, c'est par la conquête légale du pouvoir légal que le prolétaire transformera la société.

N'est-ce pas M. Jaurès qui écrivait plus récemment (*Hum.*, 22 août 1905) : « Il n'y a plus qu'un devoir pour les hommes sages, c'est d'étudier par quels moyens, par quelles transactions et transitions tous les travailleurs — travailleurs des champs et des usines — seront appelés ensemble à la propriété. »

Le programme de Saint-Mandé n'annonçait-il pas comme devant être « progressive » la substitution de de la propriété sociale à la propriété capitaliste ? Et n'en donnait-il pas comme premier exemple « nombre de petites collectivités urbaines et rurales, mettant la main sur la distribution de l'eau, de la lumière, de la force motrice, sur l'organisation des transports, le service en commun des machines agricoles » ?

Il est vrai que, depuis le temps où s'écrivait le programme de Saint-Mandé, un grand fait nouveau est survenu : le syndicalisme non plus professionnel, mais interprofessionnel, non plus partiel, mais intégral, non plus réformiste, mais révolutionnaire.

Nous n'avons pas à étudier ici ce syndicalisme révolutionnaire. Ses théories et sa tactique intéressent bien moins directement le parti radical que les diverses fractions du parti socialiste.

Rappelons seulement l'idée essentielle qui en fait l'originalité, la séduction et le péril. Pour avoir un texte authentique, nous l'empruntons à la résolution du Congrès confédéral d'Amiens, octobre 1906 :

Résolution du Congrès d'Amiens (*oct. 1906*)

« Le Congrès confédéral d'Amiens confirme l'article des statuts de la Confédération disant :

« *La Confédération Générale du Travail gruope, en dehors de toute école politique, tous les travailleurs conscients de la lutte à mener pour la disparition du salariat et du patronat.* »

« Le Congrès considère que cette déclaration est une

reconnaissance de la lutte de classe qui oppose sur le terrain économique les travailleurs en révolte contre toutes les formes d'exploitation et d'oppression, tant matérielles que morales, mises en œuvre par la classe capitaliste contre la classe ouvrière.

« Le Congrès précise, par les points suivants, cette affirmation théorique :

« Dans l'œuvre revendicatrice quotidienne, le syndicalisme poursuit la coordination des efforts ouvriers, l'accroissement du mieux-être des travailleurs par la réalisation d'améliorations immédiates, telles que la diminution des heures de travail, l'augmentation des salaires, etc.

« Mais cette besogne n'est qu'un côté de l'œuvre du syndicalisme ; il prépare l'émancipation intégrale, qui ne peut se réaliser que par l'expropriation capitaliste ; il préconise comme moyen d'action la grève générale, et il considère que le syndicat, aujourd'hui groupement de résistance, sera, dans l'avenir, le groupement de production et de répartition, base de réorganisation sociale.

« Le congrès déclare que cette double besogne quotidienne et d'avenir découle de la situation de salariés qui pèse sur la classe ouvrière et qui fait à tous les travailleurs, quelles que soient leurs opinions ou leurs tendances politiques ou philosophiques, un devoir d'appartenir au groupement essentiel qu'est le syndicat... »

Ce texte met en pleine lumière la prétention du syndicat à être le germe d'une société nouvelle. Un des principaux, le principal promoteur de ce néosyndicalisme, Emile Pouget, commentait dès le lendemain dans la « tribune syndicale » de l'*Humanité* cette résolution. Il soutenait que le congrès « avait affirmé que le syndicalisme se suffit à lui-même, qu'il est apte à l'œuvre intégrale d'émancipation, et qu'il poursuit en une action autonome, sur le terrain économique, la transformation sociale et l'instauration d'une société communiste ».

Enfin dans sa brochure, *Le Parti du Travail*, (p. 16), le même Pouget achève de préciser en ces termes le rôle de ce nouveau parti ;

Le parti du Travail a pour expression organique la *Confédération générale du travail*, qui fut fondée à Limoges, au cours du Congrès des syndicats qui s'y tint en 1895. Mais si l'on veut rechercher sa gestation et sa filiation, il faut remonter plus haut : en ligne directe, le Parti du travail émane de l'*Association internationale des Travailleurs*, dont il est le prolongement historique.

«... De fait, dans ses considérants », l'*Internationale* formulait le programme du Parti du Travail ; elle proclamait :

« Que l'émancipation des travailleurs doit être l'œuvre des travailleurs eux-mêmes.

« Que l'assujettissement des travailleurs au capital, est la source de toute servitude politique, morale et matérielle;

« Que pour cette raison, l'émancipation économique est le grand but auquel doit être subordonné tout mouvement politique ;

« Que tous les efforts faits jusqu'ici ont échoué, faute de solidarité entre les ouvriers des diverses professions dans chaque pays, et d'une union fraternelle entre les travailleurs des diverses contrées. »

«... Mais bientôt, deux camps allaient se former au sein de *l'Internationale* : d'un côté les centralistes, les autoritaires, avec Karl Marx, qui, selon la formule donnée par son disciple, Eccarius, préconisaient « la conquête du pouvoir politique pour faire des lois au profit des ouvriers » ; et de l'autre, les fédéralistes, les autonomistes, qui, fidèles à l'esprit de l'*Internationale*, combattaient cette tendance « au nom de cette Révolution sociale que nous poursuivons et dont le programme est : *Emancipation des travailleurs par les travailleurs eux-mêmes*, en dehors de toute autorité directrice, cette autorité fût-elle élue et consentie par les travailleurs » (1).

1. Cette citation, ainsi que la suivante, est extraite de

« Et les autonomistes ajoutaient :

« La société future ne doit être rien autre chose que l'universalisation de l'organisation que l'*Internationale* se sera donnée. Nous devons donc avoir soin de rapprocher le plus possible cette organisation de notre idéal. Comment voudrait-on qu'une société égalitaire et libre sortit d'une organisation autoritaire ? C'est impossible. L'*Internationale*, embryon de la future société humaine, est tenue d'être, dès maintenant, l'image fidèle de nos principes de liberté et de fédération, et de rejeter de son sein tout principe tendant à l'autorité, à la dictature.

« Ces principes d'autonomie et de fédéralisme, le *Parti du Travail* les a faits siens. »

Le seul énoncé des thèses qui précèdent nous dispense d'entamer une discussion sans base possible. Tout en étant prêt, on l'a vu plus haut, à encourager le plus large développement des syndicats et du syndicalisme, le parti radical n'admet pas que le syndicalisme remplace et supplée à lui seul toutes les institutions politiques et économiques, nationales et sociales de la démocratie. Nous rejetons la part d'anarchisme qu'il a empruntée à Proudhon, à Bakounine, à d'autres encore.

A tort ou à raison, par définition il se tient en dehors de la politique, et nous entendons être un parti politique. Il est anti-parlementaire, nous sommes parlementaires. Il prétend être neutre, indiffé-

la *Circulaire* adressée par le Congrès de la Fédération jurassienne qui se tint à Sonvillier (Suisse) le 12 novembre 1871. Au nombre des signataire, Jules Guesde, qui depuis... *(Note de Pouget.)* — Voir sur ce point d'histoire, l'article de M. James Guillaume dans *L'Action directe*, n° 1 (15 janvier 1908).

rent et dédaigneux pour la République et la Patrie : nous tenons à l'une et à l'autre, celle-ci ne se séparant pas de celle-là.

Il n'y a donc pas à chercher un terrain d'entente entre les syndicalistes révolutionnaires et les radicaux même les plus socialisants. Que les radicaux se disent et se montrent socialistes et syndicalistes, rien de plus légitime. Mais c'est à la condition de rester radicaux, c'est-à-dire radicalement républicains, radicalement partisans de la politique parlementaire et légalitaire de la démocratie.

*
* *

Etant un parti réformiste, procédant par évolution, nous sommes tenus d'avoir un plan. Nous devons dire tout au moins quelles sont les premières étapes de la route où nous nous engageons.

Le but étant de donner effectivement à l'individu la plénitude des droits de l'homme et du citoyen, on peut classer par rapport à cet objet les diverses réformes qui doivent y concourir.

Enumérons-les simplement en suivant l'ordre des âges : l'enfant, l'adulte, le vieillard.

Si nous admettons le principe de l'égalité des hommes dans la démocratie, sa première application sera l'égalité des enfants devant l'instruction. Loi scolaire, dira-t-on. Non, loi sociale. Il s'agit de faire cesser, entre les enfants d'abord, la dualité de classes sociales L'école primaire élémentaire, tout au moins, doit être l'école de tous indistinctement. Dans tous les cas, l'Etat n'est nullement tenu d'annexer à ses lycées de petites classes primaires payantes dont la seule raison d'être est que les enfants de la bourgeoisie n'apprennent pas à lire et à écrire avec les enfants du peuple. De toutes petites démocraties et une très grande, les cantons suisses et les Etats-Unis, ont résolu le problème sans hésiter : il n'y a pour les enfants au-dessous de dix ans qu'une seule et même école, où fils de riches et fils de pauvres font au moins un premier apprentissage de l'égalité fraternelle dont il peut leur rester quelque chose pour le reste de leur vie. Il n'y a aucune raison avouable pour que la France recule devant ces mœurs républicaines, et il y en a d'excellentes pour qu'elle cesse de donner à ses enfants dès l'A B C cette première leçon d'inégalité et ce préjugé qu'ils ne sont pas faits pour s'asseoir sur les mêmes bancs (1).

A cette réforme initiale d'autres s'ajouteront : il n'est pas possible qu'une démocratie pose en règle générale que ceux-là seuls parmi ses enfants pourront prétendre à une instruction développée qui seront nés de parents riches. M. Massé, un des nôtres, a dit

1. « ... M. Jules Ferry a grande confiance dans les réformes qu'il prépare.... Quoi qu'on fasse, on fera trop peu : qu'on fasse donc le plus possible.

« Un temps viendra, où aucun ministre de l'Instruction publique ne parlera de l'enseignement secondaire comme de l'enseignement de la bourgeoisie. En ce temps-là l'enseignement secondaire s'adressera véritablement comme dit le ministre « à l'élite des travailleurs de toute classe », ce qui n'est pas vrai aujourd'hui. » Camille Pelletan, article sur la *réforme de l'enseignement* (*Justice*, 4 juin 1880),

avec force dans son rapport sur le budget de l'instruction publique et dans sa proposition de loi sur le lycée gratuit, combien il importe à la nation de ne rien perdre des forces que la nature lui offre : elle a rendu obligatoire un minimum d'instruction pour tous, elle rendra accessible à tous l'enseignement secondaire et supérieur en raison non de la fortune des parents, mais du mérite des enfants.

A ceux mêmes qui ne pourront ou ne voudront pas dépasser l'école primaire, elle doit un supplément de préparation à la vie ouvrière qui les attend. Elle leur doit un minimun d'instruction professionnelle qui leur est donnée en d'autres pays ; c'est bien le moins que la France fasse pour les apprentis de quatorze à dix-huit ans, autant que la Saxe ou le Wurtemberg, qu'elle tienne la main, comme en Suisse, à ce qu'ils ne rompent pas brusquement avec toutes les habitudes de l'école, avec toute lecture et toute étude, avec toute chance de continuer leur développement intellectuel et moral. C'est une extension de l'obligation scolaire que les républicains français devront voter au plus tôt, couverts par l'exemple de plus d'un pays monarchique.

De l'enfant passons à l'adulte.

Celui-ci doit se suffire, il n'est plus sous la tutelle de l'Etat. Soit, mais à la condition qu'il ne soit pas livré au bon plaisir d'un maître. Que peut l'Etat pour l'ouvrier ? Rien, disait-on naguère, qu'il respecte la liberté des contrats : il n'a pas à intervenir.

Aujourd'hui, chez nous comme en d'autres pays, l'intervention de l'Etat est reconnue nécessaire et légitime, au nom des droits de l'humanité.

« Il y a une responsabilité sociale », disait un jour à la tribune de la Chambre un député qui n'est pas radical, M. Raiberti. Et il faisait avec force le tableau cruellement véridique de la vie de certaines catégories trop nombreuses d'ouvriers sans spécialité technique, qui sont comme des soldats obligés de se battre sans armes et condamnés d'avance aux pires aventures. L'orateur ajoutait : « L'individu a droit, quand il vient au monde, aux facultés qui appartiennent à l'homme ; et, s'il vient à les perdre, il doit se retourner vers celle qui est responsable de la perte de sa capacité de travail, vers la société. »

C'est de cette idée, implicitement admise, d'une responsabilité sociale que dérive tout l'interventionnisme d'Etat, c'est-à-dire l'ensemble des lois par lesquelles l'Etat s'attribue le droit et le devoir de rendre obligatoire, c'est-à-dire d'imposer à tous par la loi certaines mesures d'intérêt public.

La liste de ces actes d'intervention de l'Etat dans le domaine économique était naguère encore très courte. Elle s'étend tous les jours. Elle comprend aujourd'hui des prescriptions jadis abandonnées à la sagesse ou à la générosité des particuliers.

Certains se lamentent à la pensée que par suite de ces lois la part de l'initiative privée va peut être diminuer sensiblement. Sans rien retrancher des éloges dus à l'initiative privée, souffrons que la société se place à un autre point de vue que celui du mérite moral de chaque personne, encore qu'elle ne dédaigne nullement cette considération.

La société ne prétend pas imposer la vertu à tous ses membres. Elle prend des précautions pour que leur égoïsme, leur ignorance ou leur laisser-aller ne se traduise pas en préjudices graves pour la collectivité. Elle ne leur impose d'autre obligation que celle de faire en sorte que les autres n'aient pas à pâtir de leur négligence ou de leurs caprices.

Libre à chacun de ne penser qu'à lui-même ; mais la société, qui a la vie plus longue que l'individu, pense au lendemain, et elle entend y pourvoir. Vous n'y serez plus, vous qui réclamez le droit de vivre à votre fantaisie. Mais la société, qui y sera, ne veut pas être prise au dépourvu, obligée de réparer vos fautes, exposée à toutes les mésaventures, à toutes les catastrophes que votre imprévoyance lui léguera.

C'est pourquoi elle prétend s'opposer à ce que la génération présente, par indifférence du lendemain, ne laisse derrière elle qu'une génération d'ignorants, de tuberculeux et de miséreux que la nation aurait à soigner à grands frais et dont il lui serait impossible de faire le peuple souverain tel que le veut la démocratie. La société de demain sera ce que la fera la société d'aujourd'hui. Toutes les obligations légales dont se charge volontairement la société présente sont le germe des libertés glorieuses de la société future.

Telle est la base du droit d'intervention que s'attribue la société en matière économique : par exemple pour interdire dans les contrats, les insertions de clauses inhumaines, pour mettre une limite à l'abus des forces de l'homme, pour préserver la santé et la moralité de la femme, de la jeune fille, de l'enfant, pour imposer un minimum de précautions, de mesures d'hygiène et de sécurité élémentaire, pour assurer l'ouvrier contre les risques professionnels d'accidents, pour assurer le respect du droit syndical, pour garantir à l'ouvrier et à l'employé une juridiction équitable, pour organiser entre le patron et lui des moyens d'entente, de conciliation, d'arbitrage, pour provoquer et pour aider à organiser par des subsides pris sur les deniers publics l'assurance contre le chômage, les secours en cas de maladie, la coopération, le crédit agicole, les caisses d'assurances mutuelles, etc.

Chacun de ces mots suppose toute une législation, dont une partie à peine est écrite à l'heure présente. Le Code du travail (1), déjà gros, n'est encore qu'une ébauche.

N'omettons pas ce qui, à côté des bienfaits économiques de toutes ces « lois ouvrières » en constitue le bienfait politique et social. Tout ce qui contribuera à faire participer l'ouvrier, dans quelque mesure que ce soit, à la gestion des entreprises industrielles — ne fût-ce que sous la forme d'une intervention dans l'administration des caisses de retraites, de maladie, de chômage, de placement, d'apprentissage, de coopération, de solidarité à un titre quelconque—contribuera

1. Voir sous ce titre la grande œuvre de codification élaborée par M. Charles Benoïst.

par là même à l'éducation ouvrière, c'est-à-dire à la formation d'un prolétariat plus instruit, plus éclairé, plus conscient de ses droits comme de ses devoirs, plus apte à former l'assise solide de la démocratie. En ce sens aussi l'émancipation des prolétaires sera l'œuvre des prolétaires eux-mêmes : en faisant leur éducation professionnelle, ils font l'éducation politique de la démocratie.

Enfin envisageons l'ouvrier à la fin de sa carrière. C'est là qu'apparaît la dureté de notre régime.

Jusqu'en 1905, il était vrai à la lettre de dire que le vieillard n'a droit à rien. Eût-il travaillé toute sa vie, élevé une famille, rempli tous ses devoirs envers la société ; n'importe, la société ne lui devait rien. L'asile ou le morceau de pain que parfois elle lui donnait, c'était un don de la charité publique ou privée.

Une loi qui est une grande loi sous son apparence modeste et restreinte, la loi de 1905 sur l'assistance obligatoire aux vieillards, est venue enfin reconnaître et en partie acquitter cette dette nationale.

Fallait-il s'en tenir là ? L'assistance à la vieillesse indigente suffit-elle pour répondre aux obligations qu'une démocratie doit s'imposer à elle-même ?

Personne ne l'a cru. C'est d'un assentiment unanime qu'a été repris et voté à la fin de la dernière législature le projet élaboré dans les précédentes : une caisse des retraites pour les ouvriers de l'industrie et de l'agriculture. Il ne s'agit plus là d'assistance, mais d'assurance organisée.

Ici se pose le grand problème. Que doit-être cette assurance ? Comment peut être instituée et dotée cette caisse générale des retraites ouvrières et paysannes ?

Le projet que la Chambre a voté (de juillet 1905 à mars 1906) repose sur trois principes :

1° Triple versement pour assurer la constitution d'un fonds de retraites : l'ouvrier versant une très petite partie de son salaire (1 à 2 0/0), le patron versant une somme égale, l'État complétant par un troisième versement la somme nécessaire pour garantir une retraite (que le projet de la Chambre fixe à 360 francs par an) ;

2° Caractère obligatoire de ces versements, pour l'Etat, le patron et l'ouvrier, la retraite à titre facultatif étant reconnue impuissante ou insuffisante pour assurer le paiement de la dette sociale envers les vieux travailleurs ;

3° Capitalisation des versements de manière que les intérêts au bout de trente ans produisent chaque année le chiffre à inscrire au budget pour assurer le fonctionnement normal de la caisse des retraites.

Ce sont ces trois conditions générales du système que le Gouvernement s'est engagé à défendre devant le Sénat. Et l'on peut considérer comme acquise l'adhésion de la majorité, pour ne pas dire de l'unanimité des sénateurs à ce vaste et généreux projet.

La difficulté commence, quand on aborde les voies et moyens d'exécution.

Le Gouvernement a le premier proposé une modification grave au plan ci-dessus indiqué. Pressé par la commission sénatoriale de donner des précisions qui permettent d'évaluer le coût de la loi, il a annoncé l'intention de borner la part contributive de l'Etat à un chiffre forfaitaire de cent millions, soit le tiers, le quart ou le cinquième de ce qui serait nécessaire pour faire appliquer la loi dans son plein.

Si la majorité accepte cette limitation de la part de l'Etat, il faut qu'elle limite, dans une proportion correspondante, les promesses de la loi, qu'elle réduise le taux de la retraite, ou diminue le nombre des personnes assurées, ou retarde l'âge d'admission à pension ou procède à d'autres moyens de réduction de la dépense.

Si elle refuse de se contenter d'un chiffre forfaitaire, il faut qu'elle trouve des ressources nouvelles et considérables qui permettent l'application de la loi.

C'est à ce point critique qu'en est la question devant le Parlement et devant l'opinion. On ne s'étonnera pas que nous ne prétendions pas la trancher.

Faisons seulement remarquer, incidemment, que de l'assistance à l'assurance, l'une et l'autre obligatoires, il n'y a pas une solution de continuité aussi profonde qu'il le semble d'abord.

D'abord, pour toute la période de transition, jusqu'au moment où les trente années de versements commenceraient à produire leur effet financier, les subventions accordées par l'Etat (non comme aumône, mais comme acte obligatoire de solidarité sociale en faveur des vieux travailleurs) peuvent être indifféremment considérées comme fonds d'assistance ou comme fonds d'assurance. Au début même de cette période transitoire, les fonds d'assistance aux vieillards, aux infirmes et aux incurables viendront en réduction des fonds d'assurance. Il y aurait donc tout intérêt dès à présent à renforcer le mécanisme de l'assistance obligatoire et à en augmenter le budget : on facilitera d'autant le jeu de la période transitoire.

Mais il ne faut pas qu'il y ait de malentendu. L'assistance n'est pas l'assurance. Ce sont deux idées que la démocratie ne peut ni ne veut confondre sous aucun prétexte. Faire rentrer indirectement la seconde dans la première ou la réduire au rôle facultatif, ce serait proclamer la faillite de la République.

Voilà, plus que sommairement énumérés, les projets de réforme que le parti radical inscrit à son programme, d'accord sur le plus grand nombre avec presque toutes les nuances du parti républicain (1).

1. On trouvera dans le *Bulletin du Travail* publié par l'Office du travail (février 1906) un *Etat au 1er janvier 1906 des projets et propositions de loi relatifs aux questions ouvrières et sociales soumis à l'examen du Parlement.* Ce relevé, qui ne contient que le titre de chaque projet et l'indication de la suite donnée, occupe 18 pages in-8 de texte serré. Il mentionne environ 70 projets en cours d'études.

CHAPITRE IX

LE RADICALISME ET LA DÉFENSE NATIONALE

POLITIQUE EXTÉRIEURE ET DÉFENSE NATIONALE

23° *Le Parti radical et radical-socialiste est* **ardemment patriote** *et* **résolument attaché à la paix.**

Son amour de la patrie est exempt de tout sentiment de haine contre les autres peuples ; il estime que c'est dégrader le patriotisme que d'en faire une arme pour nos querelles intérieures et il combat les partis qui prétendent en faire une exploitation intéressée.

24° *Sa politique extérieure se résume en ces mots :* **entente cordiale entre peuples** ; *extension de la pratique de* **l'arbitrage international** *en cas de différends graves ; maintien de la* **paix dans la dignité.**

25° *Adversaire de toute* **politique d'aventures,** *il est opposé aux* **expéditions militaires** *dont le but avoué ou déguisé serait la* **conquête de nouvelles colonies.**

Il demande la mise en valeur du vaste domaine colonial actuel de le France, avec l'instauration d'un **régime vraiment civilisateur** *conforme à notre esprit national, en dehors de toute domination militaire et de toute propagande confessionnelle.*

Il exige le **respect de tous les droits de l'humanité** *dans les relations avec les populations des régions que la France a conquises.*

26° *Il honore le* **devoir militaire**, *mais il condamne les abus et les préjugés de* **l'esprit militaire.**

De plus en plus, l'armée doit se confondre avec la nation. Pour permettre la réduction du temps de présence effective sous les drapeaux sans compromettre la sécurité nationale, il faut organiser des **œuvres préparant les jeunes Français au service militaire** *ou prolongeant l'action du régiment.*

27° *Parmi* **les réformes militaires** *les plus urgentes, il réclame :*

Celles qui assureront les conditions d'un **recrutement démocratique d'un corps d'officiers** *dévoués à la République :*

La **loi des cadres** *garantissant l'avancement des officiers ;*

La loi permettant de réaliser de **grandes économies** *par la réduction du nombre des officiers du service actif et une des* **meilleures utilisation des officiers de la réserve** *et de la territoriale ;*

La **suppression des Conseils de guerre** *en temps de paix et celle* **des compagnies de discipline** *;*

La **réduction des périodes d'instruction** *pour les réservistes et les territoriaux ;*

La **compression des budgets de la Guerre et de la Marine** *et la répression du gaspillage par un contrôle vigilant.*

Les cinq articles que l'on vient de lire suffisent à déterminer la doctrine radicale en ce qui concerne les devoirs de la défense nationale.

Le premier de ces articles affirme la possibilite de concilier l'ardent amour de la patrie avec l'attachement énergique à la paix. On n'est pas moins patriote que d'autres, on l'est plus et mieux, quand on s'interdit de faire parade de patriotisme au dedans ou au dehors. Que chaque peuple aime sa patrie et, pour pouvoir l'aimer absolument, qu'il la veuille noble, libre, juste, généreuse, respectueuse du droit des autres et de tous ses devoirs envers l'humanité, c'est l'universelle doctrine démocratique : elle s'oppose également aux deux déformations en sens contraire de l'idée de patrie, l'une qui la porte aux outrances tapageuses du nationalisme, l'autre qui la renie dans les violences froides de l'anti-patriotisme.

Les deux articles suivants (24 et 25) définissent la politique extérieure du radicalisme et en particulier sa politique coloniale.

Un grand fait nouveau caractérise la situation internationale d'aujourd'hui, et régira peut-être celle de demain : c'est le progrès constant, en théorie et en pratique, de l'arbitrage international. Nous n'avons pas besoin de faire ressortir ici le rôle prépondérant qu'a joué en cette matière le parti radical français qui, par un de ses chefs les plus éminents et les plus aimés en France et hors de France, a si puissamment contribué aux succès des deux premières conférences de La Haye. Le nom de M. Léon Bourgeois est trop étroitement associé à cette grande œuvre pour que nous ayons besoin de la signaler comme une de celles dont le Parti revendique hautement la paternité.

Aussi ferme et aussi constante est son attitude en matière de politique coloniale. C'est un autre grand chef du Parti qui a consacré une partie de sa vie à combattre, sous quelque forme qu'elle s'affichât ou s'insinuât, la politique d'aventures et de conquêtes. Le nom de M. Clemenceau suffit à évoquer le souvenir de l'opposition la plus violente à toute expédition coloniale.

L'ironie des choses a voulu que le même homme fût au pouvoir à l'heure où s'est posé, dans des conditions graves, un des problèmes les plus complexes de cet ordre. Sans en aborder ici l'étude, retenons seulement les déclarations invariables du gouvernement de M. Clemenceau : Pas de conquête du Maroc Pas d'expédition tendant à nous assujettir ce pays. Pas de retour, direct ou indirect, total ou partiel, à la prétendue politique d'extension de notre empire colonial.

Les raisons de cette attitude sont si fortes, le sentiment public si unanime à condamner des entreprises dangereuses en elles-mêmes, plus dangereuses encore par leur contre-coup possible sur la diplomatie européenne, qu'aucune hésitation n'est possible. N'ayant ici qu'à commenter le Programme, nous sortirions de notre sujet en examinant une question de fait, en recherchant si tel ou tel incident de l'affaire marocaine a conduit le ministère plus loin que lui-même ne l'avait voulu et prévu. Il nous suffit de constater l'unanimité du Parti à persister dans les déclarations ci-dessus relatées.

Notons de plus l'injonction d'appliquer à notre administration coloniale les règles de justice et d'humanité qui constituent le seul régime civilisateur digne de la France et de la République (art. 25, § 3).

Le Parti s'est fait honneur de participer à toutes les protestations et à toutes les mesures de répression contre les survivances de pratiques abusives, brutales ou barbares, qui ont pu être dénoncées dans les rapports de nos agents avec les indigènes dans une partie quelconque de notre domaine colonial.

Sur l'esprit même qui doit animer l'armée, le parti se prononce sans détour (art. 26). Il veut que l'armée se confonde « de plus en plus » avec la nation. Il veut donc que de moins en moins on cultive le *militarisme*, en d'autres termes le fanatisme et le particularisme de l'armée prise comme but. Il y a pour tous un « devoir militaire » : faut-il qu'il y ait un « esprit militaire » ? Oui, dans la mesure où l'exige l'accomplissement du devoir. Mais non s'il doit aller jusqu'à consacrer les vieux préjugés, perpétuer l'esprit de caste, faire renaître ou durer les abus de l'autorité ou les prétentions à l'autonomie du pouvoir militaire.

Oui, si l'on prend soin de définir l'esprit militaire comme le fait M. Charles Humbert ; « c'est en réalité l'esprit de défense du bon droit, le patriotisme agissant et résolu » (1). Mais non, s'il s'agit de l'esprit militariste, de celui qui engendre cette mégalomanie appelée chez les individus chauvinisme, chez les peuples impérialisme.

« L'idéal pour un pays comme le nôtre, » disait naguère un des orateurs du Parti, le rédacteur du dernier manifeste, M. Herriot maire de Lyon, « l'idéal serait d'avoir une armée toujours forte au service d'un gouvernement toujours juste. Certes, les temps ne sont pas encore venus où, suivant le mot de l'Ecriture, chacun pourra se reposer sous sa vigne et à l'ombre de son figuier : la guerre est toujours à craindre : songeons-y toujours, et, si possible, ne la faisons jamais ! » (2).

Il suffira d'ailleurs de lire l'ordre du jour Charles Dumont, que nous avons reproduit plus haut (3), pour avoir la formule exacte à la fois du pacifisme et du patriotisme de notre parti.

Plaignons ceux que scandalise l'antithèse de ces deux mots, le conflit de ces deux devoirs.

C'est le propre du parti radical de ne consentir à sacrifier ni l'un ni l'autre, de ne vouloir ni bêler la paix ni hurler la patrie.

Il se sent en présence d'une situation qui est nouvelle pour l'humanité, d'un état des choses et des esprits qui ne permet plus de voir, ce qui serait si

1. *Grande Revue*, 10 février 1908.
2. Le *Temps*, 26 février 1908.
3. Voir ci-dessus, p. 119.

commode et si séduisant, un seul des deux aspects de la vérité. Il faut les envisager tour à tour et tout ensemble. Il faut pouvoir être citoyen et soldat, homme et français, patriote et humanitaire, prêt à l'œuvre de demain, et non moins prêt à l'œuvre d'aujourd'hui, apte à défendre le pays à main armée aujourd'hui s'il le faut, apte à le faire entrer, demain peut-être, dans un mode nouveau de civilisation, dans une confédération d'Etats unis qui auront remplacé la guerre par l'arbitrage, tout au moins entre peuples civilisés.

Enfin le dernier article (27) énumère, sans les épuiser, les réformes militaires qui sont pour ainsi dire inscrites en permanence à l'ordre du jour de la République :

Recrutement démocratique et loi des cadres pour les officiers ;

Grandes économies par la réduction du nombre des officiers de l'armée active, et par l'emploi mieux entendu des officiers de la réserve ;

Application générale d'un système de contrôle permettant la répression sévère des abus ou des négligences de tout ordre dans le maniement de nos énormes budgets militaires.

Suivent deux points d'une actualité pressante : l'un qui se trouve heureusement résolu après de longues et délicates tractations entre la Chambre et le Sénat : la réduction des périodes d'instruction des réservistes et des territoriaux ; l'autre qui malheureusement a déjà une longue, très longue histoire. Touche-t-elle à son terme ? Nous voulons l'espérer.

C'est la suppression des conseils de guerre en temps de paix et celle des compagnies de discipline.

C'est sur ce dernier vœu du Programme que nous clorons cette étude, avec le souhait qu'avant la fin de la législature, ce progrès si longtemps et si vivement réclamé soit déjà passé à l'état de fait accompli. Puisse cette réforme avec beaucoup d'autres, être bientôt au nombre de celles déjà nombreuses dont les générations nouvelles savent à peine gré à la République, tant elles leur semblent appartenir à l'histoire ancienne !

P.-S. — Il nous est agréable de pouvoir, à la dernière heure, compléter la série des documents destinés à fixer les doctrines du radicalisme par celui qui vient de paraître (14 avril 1908). Nous le reproduisons (pièce n° 20) comme la confirmation la plus éclatante de la thèse soutenue dans ces pages. A la veille des élections municipales, en dépit de tant de causes de malentendus, d'hésitations et de défiance, une fois de plus notre parti reprend son attitude traditionnelle. Il persiste à proclamer sa politique invariable, celle que lui ont toujours recommandée ses chefs les plus illustres : la politique d'union avec tous les éléments de la démocratie. Entre eux il ne s'érige point en juge ; il ne fait pas grief à l'un de sa modération, à l'autre de son intransigeance ; il ne veut voir que de bonnes volontés, et il leur offre la collaboration de la sienne.

N'excluant que ceux qui s'excluent, il tend la main, au nom du peuple, à tous ceux qui veulent servir le peuple. Et au moment même où l'on dénonce bruyamment la dissolution définitive du parti républicain, cet appel, signé en majorité par des radicaux socialistes, répond simplement : « Le Bloc est mort ? Vive le Bloc ! »

DOCUMENTS

ET

PIÈCES JUSTIFICATIVES

I

Documents antérieurs aux Congrès annuels

Pièce n° 1

PROGRAMME DE BELLEVILLE

(Voir le texte donné dans le volume pages 27 et suiv.)

Pièce n° 2

LE PROGRAMME RADICAL
ET LE PROGRAMME RADICAL-SOCIALISTE EN 1885 (1)

« ... Pour que le lecteur puisse juger du caractère réel de la divergence existant entre le *parti radical proprement dit* et le *nouveau groupement radical-socialiste*, nous donnerons la partie essentielle du *manifeste radical*, qui est précédée d'importantes considérations politiques, trop longues pour être reproduites :

Nous n'avons pas la prétention de dresser les cahiers de 1885. Ce sera l'œuvre des comités et des électeurs. Il nous suffit ici de déterminer le minimum des points communs nécessaire pour faire de l'accord entre des hommes de nuances différentes autre chose qu'une apparence passagère ; cinq ou six idées dirigeantes, assez nettes pour caractériser une politique,

1. Les documents qui suivent sont empruntés à la *Revue Socialiste* (juillet 1885, p. 647-651). — Sur les divisions entre radicaux à cette époque, voir Edgar Zévort, *Histoire de la troisième République*, III, p. 360.

et assez larges pour grouper le plus grand nombre de bonnes volontés diverses. Nous entendons en faire, non l'ornement d'un drapeau électoral, ou l'objet d'un vain acte de foi, mais un programme d'action destiné à être réalisé sans ajournement, sans faux-fuyants et sans défaillances.

La politique ne comporte pas les opinions platoniques. Se prononcer sérieusement pour une réforme, ce n'est pas dire qu'on la juge bonne pour les siècles futurs : c'est dire qu'on veut l'appliquer. Rien n'est si funeste que les professions de foi qu'on se réserve de représenter, le lendemain de l'élection, comme des actes de respect à l'égard d'opinions impraticables. Elles détruisent dans le pays le bon renom de ses mandataires, l'autorité des Chambres et la confiance dans un bulletin de vote. Il est temps d'aboutir. Le travail qu'un spectacle si décourageant opère à la longue dans les esprits serait plus dangereux pour nos institutions de liberté que les attaques violentes de nos adversaires. Il appartient aux électeurs de chercher les hommes qui, par leur passé, donneront des garanties de cette fidélité au mandat, qui est la première des vertus républicaines. Quant à nous, nous déclarons qu'il est urgent de se mettre à l'œuvre pour opérer les réformes suivantes :

1° Condamnation de la politique d'aventures et de conquêtes ;

2° Réforme constitutionnelle. Souveraineté absolue du suffrage universel ;

3° Réforme financière. Equilibre du budget : impôts

sur le revenu ; réduction des dépenses ; revision des conventions et des tarifs de transport ;

4° Séparation des Eglises et de l'Etat ;

5° Réduction du service militaire ; suppression de l'exemption des séminaristes et du volontariat d'un an ;

6° Lois de protection et d'émancipation du travail.

Achard, Barodet, Beauquier, Bellot, Bizarelli, Bondeville, Bourneville, Boysset, Brelay, Brialou, Brousse, Contagrel, Carret (Savoie), Chavanne (Loire), Clemenceau, Courmeaux, Daumas, Delattre, Desmons, Douville, Maillefeu, Duchasseint, Dubois (Cote-d'Or), Duportal, Farcy, Forest, Anatole de la Forge, Franconie, Frébault, Gagneur, Gaillard, Galtier, Giard, Girodet, Granet, De Hérédia, Hérisson (Nièvre), Clovis Hugues, Lacôte, De Lacretelle, Sigismond Lacroix, Lafont, Laguerre, Laisant, de Lanessan, Laporte, (Nièvre), De la Porte, Labaysse, Leconte (Indre), Lefebvre (Fontainebleau), Ernest Lefèvre, Lepère, Leporché, Lesguillier, Leydet, Lockroy, Loranchet, Madier de Montjau, Henry Maret, Mathieu, Maurel (Var), Monteilhet, Nadaud (Martin), Papinaud, Cam. Pelletan, Périn (Georges), Peytral, Pochon, Préveraud, Raspail, Remoiville, Tony Révillon, Rivière, Roque (de Fillol), Salis, Simonet, Saint-Martin (Vaucluse), Turigny, Vernhes, Vernières, Villeneuve.

Voici maintenant le programme des *radicaux-socialistes* :

DÉCLARATION

L'heure est venue de formuler, d'une façon large et précise, les revendications de la Démocratie, trahie par ceux qui avaient charge de les défendre.

Aux tentatives de division, perfides ou inconscientes, nous répondons par le groupement de toutes les forces loyalement démocratiques, par l'union socialiste. Cette union a pour corollaire l'accession au Parlement des prolétaires, notamment des travailleurs manuels.

Ce que nous voulons, c'est la réforme égalitaire et radicale de l'impôt ; c'est la suppression des monopoles et des privilèges ; c'est l'émancipation économique des travailleurs. — Les questions économiques et sociales doivent primer celles d'un ordre purement politique.

Nous protestons énergiquement contre toute guerre de conquête.

Il faut enfin qu'une politique véritablement nationale soit substituée à la politique personnelle de cabinet, par la transformation des fonctions ministérielles, et par la restitution au peuple de l'exercice normal et direct de ses droits.

C'est sur ce terrain, dont nous indiquons les grandes lignes, que se constituera le grand parti socialiste, le parti des principes et des réformes, dans lequel viendront se fondre, par la logique des choses et par la puissance des idées, les différents groupes et écoles qui ont pour base la souveraineté du peuple et le suffrage universel.

Partie politique

Article premier. — Revision intégrale de la Constitution par une Assemblée exclusivement élue à cet effet par le suffrage universel.

Suppression du Sénat et de la Présidence de la République.

Suppression des ministres ; leur remplacement par des fonctionnaires nommés par l'Assemblée et toujours révocables par elle.

Art. 2. — Assemblée unique et permanente, nommée pour trois ans et renouvelable annuellement par tiers sur l'ensemble des départements.

Art. 3. — Question de la paix et de la guerre soumise au vote de la nation, ainsi que les questions de revision constitutionnelle.

Arbitrage international.

Art. 4. — Liberté individuelle ; liberté absolue de parole, de presse, de réunion et d'association, garanties comme droits imperceptibles, par la Constitution.

Abrogation de la loi sur l'Internationale des travailleurs.

Art. 5. — Décentralisation gouvernementale et administrative : à l'Assemblée, les intérêts nationaux ; aux conseils généraux, les intérêts départementaux ; aux conseils municipaux, les intérêts communaux.

Autonomie communale, c'est-à-dire la commune maîtresse de son administration, de ses finances et de sa police, dans les limites compatibles avec l'unité de la France.

Retour du département de la Seine au droit commun, pour l'organisation et les attributions du Conseil général.

Art. 6. — Responsabilité personnelle et pécuniaire des fonctionnaires nommés ou élus des mandataires.

Réduction des gros traitements et du personnel administratifs.

Art. 7. — Séparation des Eglises et de l'Etat.

Suppression du budget des cultes.

Le clergé soumis au droit commun.

Retour à la nation et aux communes des biens des congrégations religieuses.

Art. 8. — Magistrature élective et temporaire.

Justice gratuite.

Réforme de la loi sur le jury.

Extension du jury à toutes les juridictions.

Suppression de l'instruction secrète.

Interdiction des tribunaux d'exception.

Réparation morale et pécuniaire aux victimes des erreurs judiciaires ou de police.

Les étrangers soustraits à l'arbitraire administratif et soumis au droit commun.

Art. 9. — Revision égalitaire des Codes.

Reconnaissance des droits civils de la femme ; égalité civile de l'enfant, légitime, naturel ou reconnu.

Recherche de la paternité.

Suppression des charges, privilèges et monopoles judiciaires (avoués, avocats, etc.).

Suppression des titres nobiliaires.

Abolition de la peine de mort.

Art. 10. — Service militaire obligatoire et égal pour tous.

Réduction immédiate du service à trois années.

Suppression progressive des armées permanentes.

L'armée exclusivement employée à la défense du territoire de la République.

Art. 11. — Egalité de l'enfant devant l'instruction.

Instruction intégrale, laïque et gratuite à tous les degrés, professionnelle ou autre, en raison des aptitudes constatées.

Entretien et nourriture de l'enfant à la charge de la nation, pendant toute la période d'instruction.

Art. 12. — Interdiction du cumul des fonctions publiques et électives.

Réduction de la durée actuelle des mandats électifs.

Rétribution de toutes les fonctions électives.

Art. 13. — Souveraineté absolue du suffrage universel, dans la révocation comme dans le choix de ses mandataires.

Assimilation du mandat électif au mandat civil.

Interdiction du vote secret et du vote par procuration dans les assemblées délibérantes.

Interdiction aux élus de se servir de leur titre pour patronner des sociétés financières ou industrielles.

ART. 14. — La constitution placée sous la sauvegarde de la nation armée.

ART. 15. — Amnistie pour tous les crimes et délits politiques et faits s'y rattachant.

Partie économique

ARTICLE PREMIER. — Revision de l'impôt et de son mode de perception.

Suppression des octrois et des taxes de consommation.

Substitution immédiate de l'impôt progressif à l'impôt proportionnel.

Impôt progressif sur le capital et sur le revenu.

Impôt progressif spécial sur les successions.

ART. 2. — Suppression de l'hérédité en ligne collatérale.

ART. 3. — Suppression graduelle de la dette publique et interdiction de nouveaux emprunts.

Suppression du budget extraordinaire.

ART. 4. — Inaliénabilité de la propriété publique.

Revision de tous les contrats ayant aliéné la propriété publique (mines, canaux, chemins de fer, etc.).

Extension du principe de la loi sur les délégués

mineurs à toutes les entreprises dirigées ou concédées par l'Etat.

Art. 5. — Revision intégrale, dans le sens démocratique de la loi de 1867 sur les sociétés.

Droit pour les travailleurs d'être représentés dans les assemblées générales d'actionnaires.

Art. 6. — Réduction légale de la durée maximum de la journée de travail.

Interdiction du travail des enfants au-dessous de quatorze ans dans les ateliers, usines et manufactures.

Art. 7. — Développement de l'enseignement professionnel.

Création d'écoles professionnelles placées sous la surveillance des chambres syndicales et sous la direction de professeurs ouvriers nommés au concours.

Art. 8. — Interdiction absolue du livret d'ouvrier.

Interdiction, pour les patrons et pour toute administration, de frapper les salaires de retenues ou d'amendes.

Art. 9. — Organisation du crédit aux travailleurs. — Réorganisation de la Banque de France.

Art. 10. — Modifications aux conditions d'admission des groupes d'ouvriers aux adjudications des travaux publics.

Art. 11. — Revision de la législation sur les conseils des prud'hommes et les syndicats professionnels.

Création d'un conseil de prud'hommes pour les employés.

ART. 12. — Caisse nationale réservée aux victimes du travail, sans préjudice de recours contre les patrons.

Administration exclusive des caisses ouvrières par les intéressés.

ART. 13. — Réforme du système pénitentiaire.

Développement des pénitenciers agricoles.

Le travail fait dans les établissements religieux et les prisons tarifé et surveillé par les conseils de prud'hommes et les chambres syndicales.

ART. 14. — Obligation pour la commune, le département et l'Etat, d'assurer l'existence des citoyens incapables de travailler.

LISTE DES GROUPES

Dont les délégués, dûment mandatés, ont discuté, article par article, et voté la déclaration et le programme.

Fédérations. — Ligue départementale de la Seine pour la revision de la Constitution. Fédération des groupes radicaux-socialistes anti-opportunistes. Alliance socialiste, conseil fédéral. Union socialiste-révolutionnaire.

Groupes. — Premier arrondissement : Comité radical-socialiste. — Deuxième arrondissement : Comité radical permanent élu. — Troisième arrondissement : Comité démocratique-socialiste ; Comité républicain radical-démocratique. — Quatrième arrondissement : Comité central républicain radical-socialiste. — Cinquième arrondissement : Alliance républicaine radicale-socialiste ; Comité républicain radical-socialiste, deuxième circonscription ;

Comité du Jardin-des-Plantes ; Comité radical-socialiste du Val-de-Grâce. — Sixième arrondissement : Groupe républicain démocratique-radical du sixième arrondissement ; Comité républicain radical du quartier de la Monnaie. — Septième arrondissement : Comité républicain démocratique-radical ; Comité républicain radical-socialiste. — Neuvième arrondissement : Alliance républicaine socialiste. — Dixième arrondissement : Comité républicain radical-socialiste ; Alliance socialiste républicaine ; Comité républicain radical-démocratique du quartier de la Porte-Saint-Denis ; Groupe républicain radical-démocratique. — Onzième arrondissement : Comité central radical-socialiste progressiste ; Alliance socialiste-républicaine. — Douzième arrondissement : Groupe républicain radical-socialiste-anti-opportuniste ; Groupe républicain-socialiste ; Alliance des travailleurs républicains ; Union socialiste du douzième arrondissement ; Comité républicain radical-socialiste des Quinze-Vingts ; Comité du quartier de Bercy ; Comité radical-socialiste du quartier de Picpus ; Comité électoral élu du quartier de Bel-Air. — Treizième arrondissement : Alliance socialiste-républicaine ; Comité républicain radical-socialiste de la Maison-Blanche ; Comité républicain radical-socialiste, et Cercle d'études municipales du quartier de la Gare. — Quatorzième arrondissement : Comité républicain socialiste. — Quinzième arrondissement : Comité radical-socialiste. — Seizième arrondissement : Cercle républicain radical-libéral. — Dix-septième arrondissement : Groupe républicain radical-libéral des Batignolles ; Syndicat des Epinettes. — Dix-huitième arrondissement : Comité républicain radical-socialiste (1re et 2e circonscriptions) ; Alliance socialiste–républicaine. — Dix-neuvième arrondissement : Comité républicain radical permanent de la Villette ; Comité républicain radical-socialiste, quartier d'Amérique. — Vingtième arrondissement : Comité radical-socialiste-anti-opportuniste (1re circonscription) ; Comité républicain radical-socialiste.

« Ce programme, publié en première page de l'*Intransigeant*, a été accepté sous réserve par Henri Rochefort. »

Pièce n° 3

PROGRAMME DE

L'ALLIANCE SOCIALISTE RÉPUBLICAINE (1).

(*Revue Socialiste*, 1887, 1re sem., janvier, p. 113.)

« En présence de l'état de division qui réduit actuellement à l'impuissance le parti socialiste tout entier, ... les soussignés ont résolu d'appeler à eux tous les hommes de bonne volonté — à quelque école qu'ils appartiennent—qui jugeraient comme eux que, sans chercher une entente complète sur des questions de

1. « Les amnistiés de 1880 ne trouvèrent pas à Paris l'accueil enthousiaste des premiers amnistiés de 1879... Le nouveau parti ouvrier les traitait volontiers de vieilles barbes. Et le parti radical en fonctions sous Clemenceau, ne les appelait que comme contingent nouveau d'une organisation existante. C'est pourtant de ce côté qu'alla le plus grand nombre des revenants de la Commune avec Alphonse Humbert, Amouroux, Jaclard, Arthur Arnould, Rogeard, Lucipia, Longuet, Jourde, Massen, Theisz, Avrial, Urbain, etc. Mais ils ne se contentèrent pas d'une adhésion pure et simple, et avec le concours d'Henry Maret, Sigismond Lacroix, Victor Gelez, Louis Friaux, Hovelacque et autres notabilités radicales-socialistes, ils fondèrent l'*Alliance socialiste*, dont les revendications étaient assez semblables à celles du Parti ouvrier. La grande différence était dans les considérants, ceux de l'*Alliance* n'affirmant ni le collectivisme ni la guerre des classes. » (Ben. Malon, *Revue socialiste*, 1887, p. 56.)

doctrine pure, il est utile, nécessaire, urgent de s'unir sur le terrain de l'action politique et des réformes pratiques immédiatement réalisables.

Ils prennent donc l'initiative de former un groupe, ouvert à tous les socialistes sans distinction d'école, ouvert à tous ceux qui, sans attaches officielles acceptent comme minimum l'exposé des propositions suivantes :

Considérant que le but à atteindre est le triomphe de la justice sociale par la liberté :

Considérant que ce but ne peut être atteint notamment que par la transformation du salariat — expression moderne de l'antique sujétion de tous les travailleurs aux détenteurs exclusifs du capital — et par la participation de plus en plus directe de tous à l'action gouvernementale au moyen du développement de l'autonomie départementale et communale et du gouvernement corporatif;

Considérant que tout homme, en naissant, apporte avec soi le droit de vivre et le devoir de travailler ;

Comprenant d'ailleurs que la révolution sociale veut s'accomplir par une succession d'évolutions graduelles et d'étapes progressives ;

Que, si elle a la justice pour but et la liberté pour moyen, elle doit avoir la science pour base, et la raison pour guide ;

Les socialistes républicains dont les noms suivent se sont mis d'accord sur un programme qui, sans contenir toutes leurs aspirations individuelles, leur paraît être le minimum actuel des réformes immédiatement réalisables, immédiatement exigibles, tant sur le terrain politique que sur le terrain économique.

Ce programme se renferme donc dans les limites du possible, de ce qui pourrait être appliqué dès l'année prochaine avec une Chambre nouvelle. Une fois réalisé, il ferait place à un programme plus accentué, plus complet, marquant une nouvelle étape vers l'idéal poursuivi par le parti socialiste.

Il est temps de sortir de l'anarchie et de l'impuissance où nous nous débattons tous, et de la période purement critique. Suivant le mot de Danton : « On ne détruit que ce qu'on remplace. »

Il s'agit de 1887 et non de l'an 2000.

Il n'est question pour aucun des adhérents à ce programme d'abdiquer aucune de ses conceptions particulières sur les transformations ultérieures de la société.

Les socialistes républicains sont conviés simplement à se grouper pour une action immédiate, afin de démontrer que le parti socialiste uni par l'identité du but et des principes généraux, veut et peut aussi s'unir pour jeter les bases d'un grand parti politique et prendre sa part des influences et des directions dans le monde de l'évolution nationale.

Partie politique

1° Liberté absolue de réunion et des associations.

2° Liberté de la presse, suppression du cautionnement.

3° Séparation des Eglises et de l'Etat (suppression du budget des Cultes. Retour du clergé au droit commun. Retour à la nation des biens dits de mainmorte).

4° Magistrature élective. Revision égalitaire des codes. Justice gratuite.

5° Durée provisoire du service militaire actif réduit à trois années. Substitution progressive des milices nationales aux armées permanentes.

6° Egalité de l'enfant devant l'instruction. Reconnaissance de son droit à l'instruction intégrale scientifique, agricole, industrielle (laïque et gratuite).

7° Revision de l'impôt dans son mode de perception, ses sources et son emploi. Suppression des octrois.

8° Décentralisation gouvernementale.

9° Décentralisation départementale par l'extension des attributions des conseils généraux. Extension des franchises municipales.

10° Suppression du Sénat.

11° Suppression de la présidence de la République.

12° Revision de la constitution dans le sens le plus démocratique, sanctionnée par le peuple.

13° Division du pouvoir gouvernemental : à la Chambre des députés, les intérêts nationaux; aux conseils généraux, les intérêts régionaux; aux conseils municipaux, les intérêts communaux.

14° Souveraineté absolue du suffrage universel dans le choix de ses mandataires. Rétribution de toutes les fonctions électives.

Partie économique

1° Reconnaissance de la personnalité aux Chambres syndicales ;

2° Réduction légale de la durée maxima de la journée de travail ;

3° Admission des groupes syndiqués à déposer dans les enquêtes officielles et législatives ;

4° Suppression du livret d'ouvrier ;

5° Suppression de l'intervention des patrons dans l'administration des caisses ouvrières ;

6° Revision de la loi sur les prud'hommes ;

7° Revision des contrats ayant aliéné la propriété publique : mines, canaux, chemins de fer, etc. ;

8° Admission des groupes ouvriers aux adjudications de travaux publics ;

9° Réorganisation de la Banque de France, crédit au travail ;

10° Création d'écoles d'apprentissage ;

11° Interdiction du travail aux enfants au-dessous de quatorze ans dans les ateliers, usines et manufactures ;

12° Création de caisses de retraites pour les vieillards et les invalides du travail.

Pièce n° 4

Manifeste du Comité d'Action pour les Réformes Républicaines

(62, rue Tiquetonne, Paris.)

Elections de mai 1898

Citoyens,

La République est menacée : on veut en exclure tous ceux qui sont restés fidèles au vieil esprit républicain et aux principes de la Révolution française ; on veut l'empêcher de poursuivre son évolution pacifique et progressive ; on veut la livrer à ses éternels adversaires, au Cléricalisme, à la Réaction.

En dépit de toutes les intimidations, de toutes les pressions, de toutes les violences, le suffrage universel ne le permettra pas.

Tandis qu'au dehors les intérêts français sont trop souvent sacrifiés aux besoins de la spéculation internationale et que notre pays est loin d'avoir vu s'accroître son prestige, au dedans, la Chambre a subi la loi de la minorité réactionnaire, le Sénat a arrêté au passage certaines réformes urgentes, le ministère a sacrifié à son égoïste désir de vivre les principes essentiels de la Démocratie.

Vous saurez conserver intact le patrimoine qui nous

a été légué par ceux qui fondèrent la République, Résolus à opposer aux empiétements du cléricalisme une inébranlable résistance, vous maintiendrez énergiquement l'égalité consacrée par la loi militaire, la laïcité consacrée par la loi scolaire.

Respectueux de la liberté de conscience pour tous, vous réclamerez l'inscription de la *liberté d'association* dans notre droit public, pour préparer le règlement définitif des rapports entre les Eglises et l'Etat.

La Religion et la Politique ont chacune leur domaine distinct. Vous exigerez qu'elles n'en sortent pas et que la Politique demeure séparée de la Religion.

Par le vote de la *loi sur les incompatibilités parlementaires*, par la *répression des abus de la spéculation et du cosmopolitisme financier*, vous voudrez assurer, aussi nettement, la séparation de l'argent et de la politique.

C'est ainsi que vous assurerez le triomphe d'une politique à la fois démocratique et nationale.

Notre agriculture devra être fermement soutenue ; il faut organiser plus largement le *crédit* auquel elle a droit, lui accorder une *représentation professionnelle* sur des bases démocratiques, établir enfin l'*assurance* contre les risques qui la menacent.

Notre Commerce et notre Industrie devront aussi être vigoureusement encouragés. Il faut que la France reprenne sa place économique dans le monde et retrouve sa puissance d'expansion.

Nous voulons la paix sociale ; elle n'existera que par l'union féconde du travail et du capital.

Il faut assurer la protection des faibles et des laborieux par des *lois ouvrières*, réglant l'organisation du travail, développant les *libertés syndicales*, instituant définitivement l'*arbitrage* et la *conciliation ;* par des lois de *prévoyance* et d'*assurance* permettant à tous les travailleurs d'être garantis, non plus seulement *contre l'accident*, mais aussi *contre le chômage, la maladie, la vieillesse.*

Il faut enfin, pour établir l'équilibre entre les diver ses forces sociales, résoudre le problème de la *réforme générale de l'impôt.* Nos adversaires, en donnant l'exemple du désordre financier, impuissants à faire voter le budget à sa date normale,ont abandonné successivement tous les projets qu'ils avaient conçus ; nous voulons, nous, demander plus au superflu et moins au nécessaire, si lourdement frappé par les impôts indirects, progressifs à rebours.

Pour cela, nous réclamons l'*impôt progressif sur le revenu*, « le plus juste, le plus équitable, le plus moral de tous». Il permet de supprimer ,tout d'abord, la contribution personnelle-mobilière et l'impôt des portes et fenêtres. Il dégrèvera, en tenant compte des charges de famille, le monde du travail, le petit propriétaire, le petit commerçant, le petit contribuable.

Cette réforme, conçue dans un esprit à la fois libéral et équitable, promise depuis 1871 par tout le parti républicain, saura triompher des défaillances des uns et des résistances des autres.

Défenseurs de la *propriété individuelle*, nous désirons rendre accessible à tous la *petite propriété* et, en premier lieu, diminuer les *droits de transmission* et les *frais de justice*.

La *loi sur les successions* adoptée, il y a plus de trente mois, à la Chambre, par une majorité considérable, attend encore le bon plaisir du Sénat, encouragé par la regrettable indifférence du Gouvernement : nous en réclamons le vote définitif.

Mais pour que les réformes démocratiques puissent aboutir, il faut au moins préciser et modifier les attributions respectives de la Chambre et du Sénat.

La volonté du suffrage universel ne doit pas être tenue en échec par une égale volonté du suffrage restreint.

Au suffrage universel doit appartenir le dernier mot ; à lui seul aussi le droit de diriger la politique générale.

La *revision de la constitution* est nécessaire.

C'est dans cet esprit que nous vous présentons le programme suivant :

1° Défense de la République dans ses lois et dans son esprit contre la coalition réactionnaire et cléricale ;

2° Revision de la Constitution, pour assurer la prépondérance du suffrage universel et la réalisation des réformes démocratiques ;

3° Réforme de l'impôt, établissant la justice fiscale, notamment par l'impôt progressif sur le revenu ;

4° Lois de prévoyance et de solidarité sociales : retraites pour les travailleurs des villes et des campagnes ;

5° Défense de l'épargne nationale contre les abus de la spéculation. Loi sur les incompatibilités parlementaires.

Ce programme est un programme minimum, limité aux nécessités de l'heure présente. Il peut suffire à l'activité d'une législature, et la prochaine Chambre s'honorera de l'avoir réalisé.

Il réunira tous les citoyens qui mettent les intérêts généraux au-dessus des intérêts particuliers et qui, considérant les principes et non les personnes, savent observer la forte discipline qui fait les grands partis.

Déjà de tous les points du pays, les candidats de la République démocratique sont d'accord pour le défendre.

Le 8 mai, le suffrage universel saura le faire triompher.

Vive les réformes démocratiques !
Vive la République !

LE COMITÉ D'ACTION

II

Déclarations du Parti

1901-1907

Pièce n° 5

PREMIER CONGRÈS. — PARIS, 1901

DÉCLARATION DU PARTI RÉPUBLICAIN, RADICAL ET RADICAL-SOCIALISTE, LUE A LA CLOTURE DU Ier CONGRÈS RADICAL (23 JUIN 1901) PAR M. CAMILLE PELLETAN, DÉPUTÉ, RAPPORTEUR GÉNÉRAL DE LA COMMISSION D'ORGANISATION.

La première pensée d'un Congrès républicain devait être une pensée d'union contre l'ennemi commun. C'est elle qui s'est imposée à toute la démocratie contre les complots à ciel ouvert et les menées de coups d'Etat.

C'est elle qui nous a réunis dans cette enceinte dont elle dépasse largement les murs, car elle groupe tous les fils de la Révolution, quelles que soient leurs divergences, en face de tous les hommes de contre-révolution, grossis des complices qu'ils ont trouvés dans les rangs de nos anciens amis.

Contre cet accord, qu'on ne rompra pas, les uns ont osé se faire un prétexte de leur sollicitude pour la Patrie et l'armée, comme si pour de nobles causes les héritiers des émigrés de 92 avaient des leçons à donner aux descendants des soldats de Valmy et de Quiberon. Les autres, pour excuser leur défection, dénoncent un mélange d'éléments inconciliables dans l'effort qui réunit les républicains les plus modérés aux socialistes les plus ardents, comme si une pareille alliance ne s'était pas renouée à toutes les heures du péril dans les grandes journées de 1830 et de février 1848, comme devant l'Ordre moral, le Seize Mai et le Boulangisme.

On n'égarera pas le bon sens public. Dans l'armée démocratique, chaque bataillon conserve son action et son programme distinct, tous marchent serrés les uns contre les autres pour la défense de la République. Mais une politique de défense passive peut-elle suffire? La France veut une œuvre plus hardie et plus vaste.

La meilleure façon de défendre la République, c'est de la rendre républicaine.

La plupart des réformes promises attendent encore. Leur heure devrait avoir sonné depuis longtemps, on ne peut plus la retarder. Ce sont d'abord celles qui visent le cléricalisme. La loi contre les congrégations est déjà faite. Le pays compte qu'elle sera appliquée sans faiblesse. Il l'exigerait si c'était nécessaire. La lutte est ouverte, il faudra aller jusqu'au bout. La loi

Falloux a été forgée pour livrer la France aux Jésuites, il faut achever de l'abroger. Nul ne peut considérer comme une institution républicaine le pacte d'alliance conclu contre la liberté entre le pontificat romain et la dictature napoléonienne renaissante. Nous ne pouvons avoir entre nous de divergences que sur le moment où il sera déchiré : le suffrage universel décidera.

Un autre péril grandit de jour en jour dans tous les pays. C'est le pouvoir que prennent dans les mains de la haute spéculation la concentration et le maniement des grands capitaux. Il faut préserver de leur domination croissante les intérêts généraux du pays, la liberté et la fortune de tous, tant par une législation enfin appliquée contre les manœuvres d'agiotage que par les mesures législatives faisant rentrer dans le domaine de l'Etat certains monopoles et services publics au fur et à mesure que l'exigeront les intérêts de la défense nationale et de la production agricole et industrielle.

Les réformes sociales s'imposent entre toutes aux préoccupations des sociétés modernes. Ce qui nous sépare à cet égard des socialistes-collectivistes, c'est notre attachement passionné au principe de la propriété individuelle, dont nous ne voulons ni commencer ni même préparer la suppression.

Mais précisément parce que ce principe repose tout entier sur le droit inviolable de la personne humaine au produit de son travail, nous n'entendons le céder à personne quand il s'agira, non-seulement d'assurer dans des conditions pratiques les retraites de la vieillesse, mais encore d'empêcher que la grande exploitation industrielle ne prenne le caractère d'une féodalité nouvelle et de hâter l'évolution pacifique par laquelle enfin le travailleur aura la propriété de son outil, la légitime rémunération de son travail.

Les réformes fiscales ne sont pas moins urgentes. Notre système d'impôts reste léger aux riches, lourd aux pauvres, pesant surtout sur la masse des cultivateurs qui forment la majorité et la force du pays. Nous voulons, avant tout, l'établissement de cet impôt progressif sur le revenu qui décharge tous les travailleurs et qui sera particulièrement le grand dégrèvement des villages. Nous voulons, d'une façon générale, la refonte de ce système vieilli, notamment la réforme de la contribution foncière et des taxes qui immobilisent la propriété rurale.

Ajoutez une véritable égalité devant le service militaire réduit à deux ans.

Voilà les grandes lignes du programme.

Pour sa réalisation nous attendons tout du suffrage universel mis en pleine possession de lui-même et de son autorité légitime à la fois par les mesures nécessaires, soit pour affranchir de toutes les pressions la liberté des votants les plus humbles, soit pour mettre un terme à la honte des élections d'argent, et par les remaniements constitutionnels qui assureront la plénitude de sa souveraineté.

Mais il faut autre chose à la démocratie pour qu'elle sente tout à fait à sa tête un gouvernement vraiment républicain. C'est du train quotidien des choses, du choix des fonctionnaires, du poids des influences locales, des mille questions de détail qu'un gouvernement traverse tous les jours que se dégage l'impression décisive pour la grande majorité du pays.

Comment ne découragerait-on pas les masses profondes de la démocratie, les millions d'inconnus dont le dévouement n'a jamais manqué à notre cause, dont le courage a résisté à toutes les persécutions et qui sont, plus encore que les politiques les plus illustres, les véritables fondateurs de la République, s'ils voyaient indéfiniment les intérêts réactionnaires aussi puissants sur les ministres qu'ils ont portés au pouvoir que sur ceux qui les traquaient la veille ?

La France républicaine n'est plus disposée à tolérer qu'un gouvernement, si bien intentionné qu'il soit, se laisse envelopper par les influences qu'il avait mission de détruire et commence par se faire trahir par ses bureaux pour finir par se faire dominer par eux.

Ces revendications sont celles que la démocratie n'a cessé de faire entendre. Il y a longtemps qu'on tient un pareil langage, sans que jusqu'ici les résultats aient répondu à l'attente du pays. Un sentiment très énergique se dégage de la foule de bons citoyens venus ici de tous les points de la France. C'est qu'il est indispensable d'en finir avec les atermoiements.

Nous ne cherchons pas ici quelles ont été les causes

qui les ont motivés. Notre tâche est non de récriminer sur le passé, mais de regarder l'avenir. Il faut que l'ère des ajournements soit close. L'ère des résolutions doit s'ouvrir.

C'est ce que le suffrage universel exigera, et alors l'union des républicains de toutes nuances contre le cléricalisme, contre les entreprises césariennes, contre les pouvoirs d'argent, pour la cause de la justice sociale, cette union dont ce Congrès a été une si éclatante affirmation, sera féconde pour la République et pour la Patrie.

Pièce n° 6

DEUXIÈME CONGRÈS. — LYON, 1902

DÉCLARATION DU PARTI, LUE PAR M. CHARLES BOS (12 octobre 1902)

Le Ier Congrès du parti républicain radical et radical-socialiste avait surtout pour but de faire, à la veille des élections, l'union de tous les républicains contre l'ennemi commun. L'union a été faite. Rien n'a pu la rompre, ni les injures, ni les calomnies, ni les outrages abominables dont les meilleurs d'entre nous ont été les victimes.

Un éclatant succès a couronné nos efforts. Aujourd'hui, notre parti est la majorité dans le pays et au Parlement. Il est aussi au pouvoir. Il doit en envisager toutes les responsabilités et savoir les assumer. La lutte n'est pas finie ; il faut dire, au contraire, qu'elle commence.

Ce combat, toujours le même contre la même réaction, ne peut être victorieusement soutenu qu'à une condition essentielle : qu'au groupement d'instinct des républicains se substitue une organisation logique et méthodique, seul moyen de garantir l'observation d'une discipline obligatoire.

Telle est la raison de notre second congrès.

Tous, venus de partout, nous obéissons à une pensée commune : fils de la Révolution, nous voulons la continuer. Nous ne connaissons donc pas d'ennemis à gauche.

Et nous donnons cet exemple, après un triomphe électoral que nul ne nous conteste, de réunir une Convention des représentants les plus qualifiés de la démocratie française pour consolider notre victoire et la rendre définitive.

Comment ? En cessant de nous défendre pour attaquer nos adversaires, avec l'intention bien résolue de dire ce que nous sommes décidés à faire : la République laïque et républicaine.

On nous traite de sectaires et de Jacobins. Ce ne sont là que des mots. Nous n'ignorons pas, les uns et les autres, que la Déclaration des Droits de l'homme et du citoyen a proclamé les libertés nécessaires et qu'il faut une action énergique pour édifier le corps social que nos pères ont voulu.

Ils ont détruit ce qui existait avant eux. Ils ont créé une nouvelle société ; ils ont tout fait, en réalité. Mais la dictature est venue, qui a emporté une grande part de leur œuvre. Cette part, nous la devons reprendre. D'autres besoins sont nés, d'ailleurs, auxquels il faut donner satisfaction. Le pays l'exigerait, si nous étions tentés de l'oublier.

C'est pourquoi, si, avec le bon sens et les données positives de la science moderne, nous restons attachés à la propriété individuelle « dont nous ne voulons, comme le disait notre premier Congrès, ni même préparer la suppression, parce que son principe repose tout entier sur le droit inviolable de la personne humaine au produit de son travail », nous pensons que nous devons prendre des mesures contre cette féodalité nouvelle, financière et industrielle qui est une menace perpétuelle pour le monde du travail aussi bien que pour l'État.

Nous entendons que l'ouvrier ait la propriété de son outil, comme le paysan a le sien, depuis la Révolution ; que l'État devienne le maître des chemins de fer ; que le domaine public s'augmente de certains monopoles rendus nécessaires par les manœuvres de spéculation et d'agiotage. Trop de richesses nationales ont été concédées à des particuliers qui abusent de leur inexplicable privilège au point d'oser invoquer la protection gouvernementale contre les travailleurs et de faire craindre, sinon de provoquer de cette manière les plus épouvantables catastrophes. Ces richesses doivent revenir au pays. On ne prescrit pas contre la nation.

Est-il utile, au surplus, d'indiquer même d'une façon succincte, l'ensemble du programme de notre parti ? Caisse de retraites pour les travailleurs ; arbitrage obligatoire ; prévoyance, assistance et assurance sociales ; suprématie du pouvoir civil ; démocratisation de l'armée ; justice gratuite, égale et commune pour tous ; enseignement national à tous les degrés ; réforme complète de notre système d'impôts ; séparation des Eglises et de l'Etat ; tout cela a été depuis trente ans développé longuement dans toutes les professions de foi des républicains les plus éminents, dans la déclaration du parti, l'an dernier, dans les beaux discours de Delpech, de Dubief, de Maujan, de Buisson, qui ont présidé les séances de ce Congrès.

C'est là notre horizon politique et social ; mais de ce programme, qu'en faut-il détacher, quelles sont les réformes qu'il faut réaliser immédiatement ?

La République souscrirait à sa perte si elle se laissait effrayer par la colère de Rome. La Convention avait supprimé les congrégations, supprimons-les à notre tour ; elle avait décidé que la République française ne paierait plus les frais ni les salaires d'aucun culte. Imitons son exemple. Préparons, dès aujourd'hui, la séparation des Eglises et de l'Etat.

A propos de l'enseignement, on ne cesse de nous parler des droits du père de famille. Il n'a pas ici d'autre droit que celui d'exercer ses devoirs. L'enfant seul a des droits, et c'est à l'Etat qu'il appartient de les faire valoir, car l'Etat seul a qualité pour se substituer aux personnes humaines incapables de se défendre.

Donc, abrogation de la loi Falloux, qui a livré l'enfance aux Jésuites, et puis service public de l'enseignement.

Notre système fiscal, plus vieux qu'on ne le dit, car il a été emprunté presque entièrement à la vieille monarchie, constitue un sûr abri pour toutes les iniquités sociales. Nous répétons une fois de plus que nous voulons tout de suite établir cet impôt progressif sur le capital et sur le revenu qui instituera la vraie proportionnalité, car chaque citoyen sera grevé suivant ses facultés, qui déchargera les ouvriers des villes et des campagnes et qui nous donnera les ressources dont nous avons besoin pour faire la caisse des retraites, depuis si longtemps promise aux vieux travailleurs de ce pays.

La moyenne et la petite cultures ont droit à toute notre sollicitude. Des dégrèvements s'imposent à son égard. Du reste, nous ne faisons aucune différence entre le travailleur des villes et celui des campagnes.

La réduction du service militaire à deux ans est une réforme virtuellement acquise. Sans doute, vos élus auront encore à livrer, au sein du Parlement, un dur combat contre la réaction, qui ne peut se résoudre à renoncer aux dispenses dont elle jouit. Mais le service de deux ans sera voté ; en même temps, nous saurons imposer aux généraux de coups d'Etat, comme aux officiers enrégimentés par l'Eglise, le respect des institutions républicaines. La discipline ne peut exister dans l'armée nationale qu'à condition d'être la même pour tous.

En disant que l'armée doit se préparer dans le silence à remplir tout son devoir au cas où l'intérêt supérieur l'exigerait, nous sommes assurément plus patriotes que ceux qui veulent la faire servir à favoriser des pronunciamentos ou bien encore à intervenir dans les conflits si douloureux qui se produisent entre le capital et le travail.

D'ailleurs, un gouvernement ne vaut quelque chose que s'il est bien servi par ses fonctionnaires. Que ceux-ci appartiennent à l'armée ou aux administrations civiles, peu importe. Payés par la République, ils ont l'impérieux devoir de l'aimer et de la défendre. Contre ceux qui se sont risqués à l'oublier, la suppression de l'inamovibilité de la magistrature et des révocations impitoyables donneront au pays l'impression que le parti républicain entend enfin gouverner.

Est-ce tout ? Pas encore. A côté d'une justice civile plus qu'imparfaite, il en existe une autre, dont tant de décisions font injure au bon sens public.

Dès maintenant, nous pouvons dire que les conseils de guerre, que les conseils de corps, que les pénitentiers militaires et que les compagnies de discipline ont vécu. Le pays n'en veut plus. Le Parlement saisi par nous, les supprimera.

Le suffrage universel s'est prononcé ; il nous a dicté ses volontés. Et, bien qu'une corruption effrénée, contre laquelle nous saurons sévir en rétablissant le scrutin de liste, ait tenté d'en fausser le sens, le suffrage universel a parlé d'une façon aussi nette que possible.

Oui, le pays est las de tant d'engagements qui ont été pris et n'ont pas été tenus. Il veut des réalisations.

Notre union nous donne la force d'agir et d'aboutir. C'est d'ailleurs dans la politique de réformes que la République trouvera sa puissance et la patrie sa grandeur.

Pièce n° 7

TROISIÈME CONGRÈS. — MARSEILLE, 1903

DÉCLARATION DU PARTI, PRÉPARÉE PAR MM. CHARLES DEBIERRE ET HECTOR DEPASSE, LUE LE 11 OCTOBRE 1903 PAR M. HECTOR DEPASSE

Citoyens,

Le Congrès républicain de Marseille, troisième congrès du parti républicain, radical et radical-socialiste, achève ses travaux ; son histoire est accomplie ; elle a été heureuse et glorieuse. Notre union a gardé dans le champ toujours plus large et plus fécond de nos initiatives, sa fermeté et sa verdeur des premiers jours. Surmontant sans les briser les variétés de caractère et d'opinion naturelles dans un si grand parti, elle s'est montrée capable de concentrer pendant longtemps encore toutes nos forces contre l'ennemi commun — oui, demain et après-demain et toujours — aussi longtemps que cet ennemi commun prétendra faire obstacle à notre marche en avant vers une forme de société meilleure, vers la cité future de la justice, de la paix et de la pleine liberté de l'esprit humain.

Héritiers de la Révolution française, nous voulons la continuer, nous en reprenons les principes souverains trop souvent méconnus, altérés par un faux enseignement. Et, comme c'est notre devoir et notre fonction, pour la grandeur de la France et pour l'avenir de la République démocratique, nous voulons conduire ces principes, en leur obéissant, en nous y montrant fidèles, jusqu'à leur épanouissement total.

Nous ne traçons point de limite arbitraire dans notre esprit et dans nos vues à ce développement de la Révolution française, et, si nous ne disons pas que nous voulons la mener jusqu'au bout, c'est qu'en effet il n'y a pas de bout ni d'extrémité à nos espérances et à nos ambitions pour le bonheur des peuples et pour l'affranchissement de l'humanité.

Depuis le premier de nos Congrès, la marche en avant s'est manifestée de la manière la plus probante : la méthode est donc bonne, il faut la garder, il faut la développer. Nos idées sont dans tout le feu de l'action, notre politique est au pouvoir, dans l'activité de sa réalisation féconde. On dit que nous sommes le gouvernement : nous acceptons le mot, bien qu'il soit loin encore d'être exact ; nos responsabilités sont grandes, nous savons les devoirs qu'elles nous imposent. Nous en sentons le poids, nous nous sentons l'énergie, la volonté et la conscience nécessaires pour le porter dignement, et, quoi qu'il arrive désormais, au milieu des résistances et des manœuvres, ou évidentes ou occultes, qui nous environnent, ce que nous pouvons dire, c'est que nous ne faillirons pas à nos devoirs devant la nation.

Nous avons affirmé hautement le double devoir de l'Etat républicain dans l'enseignement de la démocratie à tous les degrés, dans la formation entière et complète d'un régime d'instruction nationale civique, laïque, rationnel, et aussi dans la réalisation de ces pensées de solidarité humaine, qui nous passionnent.

Dans ces deux sphères de notre activité — instruction de tous les enfants de la Nation, prévoyance, assurance sociale, retraites et aides nationales aux plus faibles, aux déshérités, aux invalides du travail — nous entendons que la République soit capable, par elle-même, de remplir toutes ses fonctions, tous ses devoirs, sans attendre la collaboration incertaine et souvent perfide de sociétés particulières, de corps étrangers, dont nous n'avons pas besoin. Nous voulons la suppression de toutes les congrégations, comme l'avaient voulu et ordonné les hommes de la Révolution française, l'abrogation immédiate de la loi Falloux et de la loi de 1875 sur la liberté de l'enseignement prétendu supérieur, la suppression du budget des Cultes, la séparation des Eglises et de l'Etat. séparation absolue, radicale de la législation et du dogme, de la politique et de la religion, pour l'affranchissement de la conscience nationale, pour la libre allure de l'esprit humain et pour la véracité et la haute loyauté morale de la République Française devant le monde moderne.

Pour remplir toute sa fonction politique et sociale dans ces deux sphères, la République devra modifier le régime de ses impôts — non seulement parce qu'elle aura besoin de ressources égales à l'étendue de ces grands devoirs — mais encore parce que ce régime de nos impôts ne répond plus à nos conceptions ni économiques ni sociales.

Les capitaux et les revenus devront combler le vide produit dans les caisses de l'Etat par la diminution des impôts de consommation, des taxes qui pèsent sur le commerce et sur l'agriculture ; d'autre part, les héritages qui sont une prime toujours grandissante aux mains de ceux qui n'ont pas travaillé à les constituer, doivent procurer à l'Etat républicain le surplus nécessaire pour l'accomplissement des devoirs qu'il assume et que la nation lui impose.

Les questions qui se rapportent aux destinées de l'agriculture dans notre pays, au sort des cultivateurs, des fermiers et du prolétariat agricole — vraie et première force de la terre française, espérance de la nation — ainsi que les problèmes concernant l'outillage de nos ports, notre navigation intérieure, le régime de nos voies ferrées, tout cet ensemble si vaste de considérations a occupé la plus large place dans le Congrès de Marseille.

Le Congrès estime que le Parlement ne saurait attacher trop d'importance à la réforme électorale, qu'il est nécessaire de la réaliser dans le plus bref délai possible, pour garantir la liberté et la sécurité du vote et assurer la dignité du suffrage universel.

Trop de défaillances parmi les fonctionnaires, et notamment parmi les magistrats, ont ému l'opinion républicaine. La République a le droit d'exiger de ceux qui la servent et qu'elle paie la plus entière loyauté et une fidélité à toute épreuve. Nous nous étonnons à ce point de vue du maintien en fonctions d'un grand nombre de préfets de la République qui sont mieux disposés peut-être pour la réaction que pour le service du pays.

Dans l'armée, la discipline est absolument nécessaire. Mais si les simples soldats sont tenus à cette discipline, le sentiment de la justice et de l'égalité ainsi que l'intérêt supérieur du pays commande que les chefs, officiers supérieurs et généraux qui leur doivent l'exemple, soient les premiers soumis impérieusement à cette même discipline.

Nous sommes à peine au commencement de notre œuvre politique et sociale, nous voulons la République républicaine. Nous nous en fions au suffrage universel, éclairé par les expériences du passé ; nous nous en fions au développement continu de la souveraineté du peuple. La République a été faite pour la justice, pour la paix et pour le bonheur non pas seulement de quelques privilégiés, mais de tous les hommes, de toutes les familles et de l'universalité de la nation.

Nous nous glorifions à bon droit d'avoir fondé la République trentenaire, désormais inébranlable, victorieuse de tous les assauts de ses ennemis, et d'avoir ainsi réalisé un événement historique, sans exemple et sans précédent, fruit original du génie de la France ; — et cependant, lorsque ces réformes seront accomplies, lorsque la séparation des Eglises et de l'Etat sera faite, lorsque les conditions essentielles de la justice, de la liberté et de la paix auront été garanties, c'est alors que nous croirons seulement avoir fondé la République en fait et en vérité.

Pièce n° 8

QUATRIÈME CONGRÈS. — TOULOUSE, 1904

DÉCLARATION DU PARTI, LUE PAR M. MAURICE SARRAUT (9 octobre 1904)

Citoyens,

Le Congrès de Toulouse apporte, pour la quatrième fois, l'affirmation solennelle et puissante de l'union de tous les fils de la Révolution pour la défense du régime républicain, le triomphe de l'esprit laïque et la réalisation de la *réforme sociale*, qui est le but même de la République.

Aucune tentative n'a pu dissocier le bloc des démocrates réunis et organisés pour servir cette noble et grande cause. Les assauts incessants de la contre-révolution n'ont fait que mieux affirmer, en la disciplinant davantage, l'armée républicaine. Pas un jour, depuis bientôt sept ans, le parti d'avant-garde n'a perdu la nette et claire vision de ses hauts devoirs ni le sentiment précis de sa lourde responsabilité : sourd à toutes les invites fallacieuses, écartant d'un geste de dédain les suggestions trompeuses des ambitieux de droite et de gauche qui le voulaient duper, il a poursuivi, d'un pas assuré, sa marche vers l'avenir. Au chemin qu'il a parcouru, nous pouvons aujourd'hui mesurer l'étendue de ses conquêtes.

LA SÉPARATION ET L'ENSEIGNEMENT

La plus féconde de toutes, c'est celle de la liberté morale du pays. Le cléricalisme était installé partout, en maître arrogant et superbe ; il disposait de la puissance énorme que lui donnait la possession d'immenses domaines et de caisses remplies d'or, la force incomparable que lui procurait depuis l'odieuse loi Falloux, sa mainmise sur l'enseignement. Le parti républicain a senti que se posait pour lui-même une question de vie ou de mort ; et, faisant face au danger, il s'est attaqué résolument à la toute-puissance cléricale. Encore qu'il ait été mal servi par des armes imparfaites, comme la loi des associations, encore qu'il ait été entravé dans son action de légitime défense par la timidité d'âmes pusillanimes, il a pu cependant porter à la congrégation, autorisée ou non, un coup décisif qui se changera pour l'Eglise, en une atteinte mortelle, le jour très prochain où la séparation des Eglises et de l'Etat, telle que la désire et la veut la démocratie — c'est-à-dire aussi débarrassée de toute pensée sectaire que de toute concession dangereuse — entrera dans le domaine des faits accomplis, le jour où, par la loi républicaine, l'enseignement sera redevenu à tous les degrés, ce qu'il n'aurait jamais dû cesser d'être, un service public exclusivement laïc, puisant son unique inspiration aux sources vivifiantes de la science et de la raison.

LES SENTIMENTS DU PAYS. — LES RÉFORMES ÉLECTORALES

Encore un effort, et l'étape est franchie, et le but est atteint, et l'émancipation intellectuelle et morale de la nation, préface et préparation nécessaire de son émancipation économique et sociale, est accomplie. Qui donc, parmi les républicains dignes de ce nom, oserait assumer l'effrayante responsabilité d'une faillite sans nom, par laquelle notre pays retomberait, cette fois définitivement, sous le joug détesté de Rome ? Qui donc, en cette heure décisive, en ce combat suprême où se joue l'avenir de la France moderne, commettrait l'avilissante lâcheté de tourner le dos à l'éternel ennemi dénoncé par Gambetta, combattu par Ferry, Paul Bert, Waldeck-Rousseau ? Et où serait l'excuse d'une aussi coupable défaillance ? Dans la crainte du sentiment public, dans la désaffection possible des populations ? La volonté clairement manifestée du pays a ruiné par avance ces misérables prétextes. Le suffrage universel, consulté en pleine bataille contre les congrégations, en pleine agitation cléricale, a répondu, malgré le scrutin d'arrondissement — dont il faut se débarrasser au plus tôt, car le scrutin de liste seul est l'expression réelle et élevée de la souveraineté populaire — malgré la pression scandaleuse exercée sur les travailleurs les plus humbles, malgré la corruption cyniquement pratiquée — un peu par la faute de nos législateurs, qui ne se hâtent pas de faire aboutir les projets sur le secret du vote et la limitation des dépenses électorales, — malgré les trahisons de fonctionnaires nommés par le cabinet Méline et trop indulgemment conservés par des cabinets radicaux.

Le suffrage universel a marqué avec rudesse son aversion définitive pour la congrégation, le cléricalisme, le pouvoir de l'Eglise.

Ce serait le bafouer que tenter d'arrêter l'élan de la démocratie vers sa libération morale, vers les actes définitifs qui marqueront le terme de ce que Buisson, dans son éloquent discours sur la séparation, appelait avec tant de justesse, hier : « la laïcisation de la démocratie française ».

Ayons confiance ! De telles désertions ne se produiront pas, et le bloc demeurera un bloc de pur granit, sans brèches ni fissures. Le parti républicain, par toutes les réformes politiques déjà votées ou en cours d'études, n'ignore pas que l'on peut tout attendre de l'union des bonnes volontés démocratiques. Il ne laissera pas se rompre, au moment où l'ennemi, acculé, rejeté hors de ce grand Paris dont il comptait faire sa forteresse, ne se trouve même plus un asile dans ses antiques repaires de Vendée et Bretagne, où commence enfin à resplendir la pure flamme républicaine.

RÉFORMES INDUSTRIELLES ET AGRICOLES

Mais il est une constatation qui s'impose tout d'abord à notre esprit. Si les réformes politiques profondes, auxquelles en ces dernières années, le bloc républicain a consacré son effort persévérant, ont pu s'accomplir dans une paix que de vaines agitations n'ont pas réussi à troubler, c'est parce que le pays, qui reconnaissait leur nécessité, constatait en même temps que leur réalisation ne faisait pas négliger au parti républicain le souci essentiel de sa prospérité industrielle, commerciale et agricole. Notre parti, dans ce Congrès comme dans les précédents, a consacré une large part de ses travaux à l'étude de toutes les questions qui intéressent l'essor de notre industrie nationale, l'expansion de notre commerce, la protection de notre agriculture. L'outillage de nos ports, le régime de nos voies ferrées, le réseau de la navigation intérieure, le développement extérieur de notre domaine économique ont inspiré l'utile débat des discussions les plus approfondies. L'amélioration de la petite et de la moyenne cultures, le désir de prémunir la production agricole et viticole contre les méfaits de la fraude, l'effet désastreux des crises ont fait l'objet de résolutions et de vœux dont nos représentants au Parlement auront le devoir d'être les interprètes d'autant plus énergiques, qu'ils savent avec quel admirable courage, avec quelle inébranlable fidélité, surtout dans notre Midi, la démocratie rurale, industrielle et commerciale a défendu la République contre les assauts de la réaction et soutenu le gouvernement républicain dans son œuvre d'action laïque et réformatrice.

LA POLITIQUE SOCIALE DU PARTI

Le programme social de notre parti s'est affirmé une fois de plus avec force et précision. La réforme sociale profonde que l'évolution des faits économiques montre de jour en jour plus certaine, ne s'accomplira pas durablement sans le préalable labeur d'une réforme intellectuelle et morale, qui donnera au prolétariat organisé la pleine conscience de ses droits et de ses devoirs, et, avec la responsabilité complète de son action, l'autorité nécessaire pour établir une constitution sociale plus rationnelle et plus équitable.

Mais si nous n'imaginons pas — avec certaines écoles absolues qui font leur pensée prisonnière d'un dogmatisme intransigeant — que la transformation sociale puisse être l'œuvre soudaine et brusque d'une révolution, nous n'entendons pas davantage ajourner au moment où le prolétariat aura atteint la complète émancipation intellectuelle que notre effort de chaque jour lui prépare, les réformes capables d'ores et déjà d'améliorer sa condition, de développer son bien-être et d'ajouter à la force par laquelle il pourra faire valoir les revendications légitimes de ses droits trop souvent méconnus.

Notre effort de solidarité s'attache à donner à chaque jour sa conquête de justice sociale. Nous voulons, par une action persévérante, arracher à la résistance intéressée du haut capitalisme, obtenir à chaque législature du concours des représentants de la nation, des réalisations qui élargissent, améliorent et perfectionnent l'ensemble des œuvres de prévoyance et d'assistance susceptibles de prévenir tous les risques sociaux et dont nous entendons, comme d'une solide armure, protéger la faiblesse et l'isolement des classes laborieuses.

Nous entendons constituer, pour le mieux-être du prolétariat, une sauvegarde sociale qui s'étende sur le travailleur depuis son entrée dans l'existence jusqu'à l'heure où, ayant payé à la société sa dette de travail et d'action, il aura conquis l'indiscutable droit de réclamer qu'elle assure à son tour la paix et la sécurité de ses vieux jours.

LA DETTE SOCIALE DE LA RÉPUBLIQUE

C'est d'abord de cette dette sociale, qui doit leur être acquittée au déclin de leur destin et de leurs forces, que nous réclamons pour l'ouvrier, l'employé, le cultivateur, le paiement légitime et intégral.

La République s'est préoccupée déjà d'alléger partiellement leur souffrance et leur misère par l'assistance médicale gratuite et le vote de la loi d'assurance pour les invalides du travail.

C'est un début. L'institution des caisses de retraites, assurant désormais la subsistance aux travailleurs qui, dans l'industrie, le commerce et l'agriculture ont créé des richesses dont il ne leur est rien demeuré dans les mains, ne sera que la reconnaissance et l'application nécessaires d'un droit.

Nous comptons sur la fermeté de nos représentants au Parlement et sur la parole loyale du gouvernement républicain pour que cet acte de justice soit bientôt accompli.

Les contributions de diverses natures que chaque citoyen doit à l'association nationale pèsent trop lourdement sur la classe laborieuse. L'heure est proche où, par la réduction du service militaire, la République lui allégera la charge de l'impôt du sang. Nous espérons de même immédiatement prochaine l'heure où l'établissement de l'impôt progressif et global sur le revenu, ayant pour base la déclaration obligatoire, corrigera pour la masse des non possédants les effets d'une injuste fiscalité en fournissant en même temps à l'Etat un des moyens de remplir ses devoirs d'assistance sociale.

LES CONDITIONS DU TRAVAIL. LES SYNDICATS

Cela ne vous suffit pas encore; et le moment est venu de rénover notre vieux programme économique, puisqu'après trente-cinq années d'efforts, la plupart de ses revendications sont en voie de réalisation. C'est désormais à l'amélioration des conditions du travail que notre parti entend consacrer sans cesse l'action émancipatrice d'une volonté chaque jour instruite par les enseignements du phénomène économique. Résolument hostile aux conceptions égoïstes de l'école du laisser-faire, partisan déterminé de la propriété individuelle, il garde sa personnalité en affirmant le droit de l'Etat d'intervenir dans les rapports du capital et du travail pour établir les conditions nécessaires de la justice.

Il aspire à créer, par le jeu pacifique d'institutions transformées, des circonstances économiques telles que le prolétariat y puisse, librement et efficacement : faire valoir ses droits et défendre ses intérêts, améliorer sa situation morale et matérielle, obtenir la propriété de son outil et la légitime rémunération de son labeur, arriver à la disparition du salariat et accéder à la propriété individuelle, condition même de sa liberté, de son bien-être et de sa dignité.

LES INDUSTRIES MONOPOLISÉES

La constitution d'une industrie de plus en plus centralisée, l'accumulation de plus en plus puissante entre les mains d'une infime minorité, de capitaux dominateurs, ont aggravé pour l'ouvrier le péril de son isolement.

La réaction a tout livré à quelques milliers de privilégiés : mines, chemins de fer, crédit.

En affirmant à nouveau son intention expresse et formelle de faire rentrer dans le domaine de l'Etat la plupart de ces industries monopolisées, au fur et à mesure que l'intérêt général du pays, le souci de la défense nationale, les besoins de la production industrielle et agricole l'exigeront, notre parti n'hésite pas à proclamer en même temps sa volonté de prendre législativement les mesures susceptibles de protéger la faiblesse des travailleurs devant la toute-puissance des capitaux. Et par là même, il a conscience de faire œuvre de pacification sociale et d'utilité nationale en prévenant le plus possible les dangers des conflits soudains et des révoltes désordonnées.

L'ORGANISATION SYNDICALE

C'est dans l'association professionnelle puissante, consciente et organisée que la classe ouvrière doit trouver les moyens d'obtenir pacifiquement l'amélioration du contrat et des conditions du travail. L'organisation syndicale, instrument légal de son émancipation économique, n'a point encore la force et l'action qu'elle devrait avoir, parce qu'une législation trop restrictive a limité son essor. Nous demandons à nos représentants de hâter au Parlement la discussion des propositions de loi, adoptées par la Commission du travail, qui améliorent la loi de 1884 en élargissant la capacité juridique, les facultés possessives des syndicats et en réprimant à la fois les tentatives faites pour mettre obstacle à leur fonctionnement et celles qui porteraient atteinte à la liberté du travail.

Le sentiment de leur responsabilité, déjà accru pour les syndicats en même temps que leur autorité morale et leur capacité matérielle, leur permettra d'accélérer pacifiquement l'évolution des rapports du capital et du travail vers les formes souhaitables du contrat collectif, qui apparaît de plus en plus comme la formule économique des temps prochains. Cette organisation syndicale, en facilitant l'établissement des procédures de l'arbitrage, permettra d'apaiser des conflits toujours douloureux.

L'UNION DES RADICAUX ET DES SOCIALISTES

Elle aidera également, et dans une mesure sensible, à résoudre les problèmes complexes du chômage, de la réduction des heures de travail, de la participation aux bénéfices et à atténuer les risques sociaux que l'effort de la République doit s'attacher sans cesse à prévenir ou à réparer.

Le parti radical-socialiste — et c'est son honneur — n'envisage pas, ne saurait envisager avec hésitation, avec effroi, l'accession du prolétariat vers des destinées plus hautes.

Il a tendu fraternellement la main au parti socialiste, sans distinction d'écoles, pour la conquête des droits ouvriers. Il la lui tendra demain pour obtenir les réformes sociales que souhaite la démocratie, car ceux qui le composent ont eux aussi travaillé, peiné, souffert, subi la misère — et ils ont trop vivant en leur mémoire le souvenir des heures douloureuses jadis traversées, et qui peuvent recommencer demain, pour s'enfermer jamais dans un égoïsme de classe qui sonnerait l'heure de la banqueroute républicaine.

Ainsi, fidèle à sa vieille maxime, ne connaissant pas, ne voulant pas connaître d'ennemis à gauche, le radical-socialisme, par un effort toujours résolu vers son idéal généreux de justice sociale, s'affirme de plus en plus digne de la confiance que notre admirable démocratie française a mise en lui.

Notre parti ne sera pas le parti de la duperie ni de la faillite.

Il est un parti de volonté — de volonté consciente, agissante, fermement déterminée à aller, à travers toutes les résistances, par delà tous les obstacles, vers le but de liberté, d'égalité et de justice que lui trace l'impérissable tradition de la Révolution française.

Il n'est point un parti de violence politique ni de haine sociale. Ayant pour lui la raison, le droit et l'équité, il ne demande qu'à leur puissance souveraine la force nécessaire à la République pour accomplir ses destins. Il fait appel pour une tâche noble et haute entre toutes, celle de la justice sociale et de la grandeur nationale, à la solidarité fraternelle de toutes les énergies sincèrement démocratiques.

Et par leur union, que rien ne pourra briser, il garde, affirme et proclame l'immuable espérance de faire la France plus forte par la République meilleure!

Pièce n° 9

CINQUIÈME CONGRÈS. — PARIS, 1905

Déclaration du Parti, lue par M. Camille Pelletan, au nom du Comité Exécutif (9 juillet 1905)

Le suffrage universel aura la parole dans quelques mois. Bien que les Chambres actuelles n'aient pas encore terminé leurs travaux, on peut déjà juger leur œuvre.

Longtemps, à la fin de chaque législature, les radicaux se sont plaints à bon droit de voir les réformes, sans lesquelles la République n'est qu'une étiquette trompeuse, indéfiniment traînées d'atermoiements en atermoiements. Il y a quatre ans, à la veille des dernières élections, dans le manifeste de notre premier Congrès, nous disions : « Il faut que l'ère des ajournements soit close ; l'ère des réalisations doit s'ouvrir. » Citoyens, elle s'est ouverte.

Assurément nous désirions pour la Chambre qui va disparaître une œuvre plus complète encore. Elle l'aurait sans doute accomplie, sans les manœuvres des éternels ennemis de la démocratie. Mais qui donc oserait qualifier de stériles ces quatre années où, après avoir définitivement inscrit dans nos lois le service de deux ans ; après avoir réalisé la mesure de solidarité sociale qu'on a appelée l'assistance obligatoire ; après avoir réglé jusqu'au bout toutes les questions des congrégations religieuses et après avoir supprimé l'enseignement congréganiste, nous avons pu donner à ce pays une réforme qui marque une date dans l'histoire de la nation : la séparation des Eglises et de l'Etat ?

Le travail de la dernière législature a été principalement dirigé contre la puissance cléricale. La loi sur les associations était déjà entrée dans nos codes ; il restait à la faire passer dans la réalité. On ne pouvait admettre ni que, retournée contre son objet, elle servît à assurer des titres réguliers à certains ordres religieux auxquels les monarchies les plus dévotes n'avaient point osé en accorder, ni qu'appliquée à doses infinitésimales, elle restât pendant une longue suite d'années à l'état de texte impuissant à côté d'innombrables couvents, qui auraient continué à la braver derrière leurs portes épaisses et bien closes.

Une exécution rigoureuse et ferme en a fait ce qu'elle devait être, la suppression à peu près complète de ces institutions monastiques, que nos pères de 89 avaient abolies sans admettre d'exception.

LE PROGRAMME ÉCONOMIQUE ET SOCIAL

En déchirant le Concordat, la République a couronné son œuvre de laïcisation. Les partis de réaction, tous alliés à l'Eglise, essaient de faire croire que nous menaçons et poursuivons la foi religieuse, comme si des libres-penseurs pouvaient sans absurdité vouloir interdire à d'autres, sur des problèmes redoutables qu'ils ne prétendent pas trancher, des croyances qu'ils ne partagent pas. Cette calomnie était confondue d'avance. Ce pays qui, jusqu'au fond des campagnes, a horreur du gouvernement des curés, sait que si, dès le début, l'esprit moderne et l'Eglise sont entrés en conflit, c'est parce qu'elle n'a jamais cessé de prétendre à la domination politique. L'Etat républicain qu'elle combat et qu'elle déteste, lui donnait, contre lui-même, une part de ses ressources et de son autorité : il ne lui donnera plus que la liberté.

Ce que la dernière législature a fait contre la puissance cléricale, la législature prochaine le fera pour la solution des problèmes économiques. Séparés de nos amis purement socialistes sur le principe de la propriété individuelle, nous ne sommes ni moins résolus, ni moins passionnés qu'eux pour assurer et hâter l'évolution qui doit graduellement réaliser le relèvement des déshérités.

En tête de son programme, la Chambre prochaine devra placer les retraites pour les travailleurs des villes et des campagnes, que la législature actuelle n'aura probablement pas le temps de mener à bonne fin.

Peut-être rencontrerons-nous plus de difficultés que quelques-uns ne semblent le croire. Nous aurons l'énergie nécessaire pour les résoudre.

Tout le monde est d'accord pour donner au travailleur vieilli des ressources qui lui assurent le pain de chaque jour. L'accord sera peut-être moins touchant quand il faudra prendre ces ressources quelque part. On encourage beaucoup ceux qui n'ont pas tous les jours de quoi vivre à prélever sur leur superflu des épargnes suffisantes pour préparer des rentes à leur vieillesse. Si l'on bornait la réforme à les y encourager seulement, au lieu de les y obliger, elle serait peut-être insuffisante.

Les retraites pour la vieillesse doivent résulter d'une sorte de vaste assurance nationale contre le dénûment. Il faudra fournir une partie importante de sa dotation. On a trouvé des ressources pour les plus coûteuses conquêtes lointaines ; on en trouvera bien pour cette œuvre de justice sociale.

L'impôt progressif sur le revenu avait été inscrit par le gouvernement dans le programme de cette législature. Le mauvais vouloir de ceux des riches, qui préfèrent ne pas fournir leur juste part des charges publiques, ne pourra pas interdire éternellement à la République française une réforme démocratique réalisée depuis longtemps dans l'Empire d'Allemagne. La question est assez étudiée pour qu'il ne soit ni long, ni difficile de la résoudre.

L'impôt sur le revenu, avec une progression raisonnable, mais sérieuse, soulagera tous les humbles : il sera surtout le grand dégrèvement des campagnes. On recule, en l'ajournant, devant une infime minorité de gros intérêts censitaires ; cela dure depuis trop longtemps ; on ne peut plus reculer.

Notre système fiscal porte encore, dans beaucoup d'autres parties, la marque d'une société disparue et d'institutions condamnées. Je citerai notamment les droits de timbre et d'enregistrement.

Nos frais judiciaires sont un scandale ; ils font de l'exercice d'un des droits les plus sacrés — celui de ne point se laisser dépouiller sans trouver un secours dans la justice nationale — un luxe au-dessus des ressources du pauvre.

D'autre part, en surchargeant les ventes de toutes sortes ils arrêtent les mouvements nécessaires des biens ; ils écrasent la petite propriété : ils dévorent les petits héritages ; dans les faillites ils achèvent la ruine du négociant malheureux tout en spoliant ses créanciers. Il serait aisé de demander aux grosses successions, surtout en ligne indirecte, ou aux fortunes qui tombent, à l'improviste, sur certains favoris du hasard, en dehors de tout lien de famille, les sommes nécessaires au rachat des abus criants : le suffrage universel n'hésitera pas à exiger cette réforme.

LA CONCENTRATION DES CAPITAUX ET LES TRUSTS

Notre attachement à la propriété individuelle n'est pas assez irréfléchi pour s'étendre aux abus qui en détruiraient la légitimité et la raison d'être.

Elle nous apparaît comme une des conditions de la liberté, en prolongeant la personnalité humaine sur les objets matériels que son travail a conquis. C'est dire que nous repoussons tout ce qui pourrait la dénaturer et l'asservir, en faisant de certaines grosses concentrations de capitaux un instrument d'écrasante domination.

Deux sortes d'exploitations peuvent légitimement revenir à l'Etat : celles d'abord qui constituent de véritables fonctions nationales, et qui, réglant les conditions décisives de l'existence commune de tout un peuple, ne peuvent être laissées à des intérêts particuliers, sans leur assurer un véritable pouvoir féodal, et sans démembrer à leur profit ce domaine public que nos lois font imprescriptible et inviolable ; et en second lieu, celles qui, concentrées par leur nature même en un très petit nombre de mains, donneraient, si l'on n'avisait, à leurs propriétaires, le pouvoir de taxer, de rançonner à leur merci, le groupe restreint des travailleurs qu'ils emploient d'un côté, la masse immense des consommateurs de l'autre.

Entre toutes ces exploitations, il en est une qui touche à des intérêts si vitaux qu'il était dans la tradition constante du Parti républicain de la réclamer pour l'Etat, dès le règne de Louis-Philippe, et que vous l'avez réclamée de même, dans tous vos Congrès. La propriété des chemins de fer est la propriété des routes. Elle ne peut pas subir les convenances et les exigences d'intérêts privés. De tous côtés, au dehors, les nations gardent ou reprennent la possession de leur réseau de voies ferrées ; depuis l'Allemagne impériale qui doit à cette réforme une bonne partie de sa prospérité, jusqu'à l'Australie, presque républicaine, dont la sagesse pratique, et le miraculeux développement méritent l'attention de notre vieille Europe. Les chemins de fer sont des armes de défense nationale ; c'est à ce titre que M. de Moltke a amené le Reichstag à les livrer à l'Etat ; ils décident des conditions de production de toutes les cultures et de toutes les industries. Autrefois, Gambetta en demandait le rachat ; la Chambre qui a précédé celle-ci en a voté le principe : il faudra se décider à le réaliser.

Je me borne à citer cet exemple, qui est décisif. D'autres monopoles d'Etat seront certainement examinés par la Chambre prochaine, notamment celui des assurances, auquel on a songé à demander, au moins pour partie, les ressources nécessaires aux retraites des travailleurs.

LE PARTI RADICAL-SOCIALISTE ET LA DÉMOCRATIE RURALE

Les masses rurales forment l'immense majorité de la nation ; elles en sont la réserve ; elles ont gardé la sève puissante du sol français dans toute sa vigueur. Le temps est loin où La Bruyère montrait Jacques Bonhomme courbé sur la glèbe, presque déchu de la dignité humaine, comme un frère du bœuf de labour. Le temps est loin où la réaction aristocratique comptait dominer et duper éternellement l'homme des champs, complice de sa propre servitude. Le paysan s'est redressé ; il commence à sentir dans la main sa part de souveraineté ; il est encore peut-être le plus écrasé de tous les travailleurs ; il ne le sera pas indéfiniment, puisqu'il a enfin conscience de ses droits et de sa force.

Que voulons-nous lui donner ? D'abord, les dégrèvements auxquels il a droit, par l'impôt sur le revenu ; ensuite, des conditions plus justes de vente de ses produits, qui lui assurent sa légitime part sur les richesses sociales qu'il crée. Mais ce n'est pas assez ; il faudra le défendre contre le retour offensif de la grande propriété ; il faudra lui assurer le crédit à 3 0/0 au plus, par une meilleure constitution du crédit agricole ; il faudra créer une représentation des travailleurs des campagnes, qui ne soit pas sous la domination des gros domaines.

Aux travailleurs des villes, cette autre moitié de l'armée démocratique, nous devons d'autres conditions d'émancipation. Le Parlement a déjà reconnu que la réglementation de la journée de travail était indispensable ; ce n'est pas seulement la suppression du surmenage ; c'est, pour l'ouvrier, le droit à la vie de famille. Reste à savoir si l'on a fait assez, et si les « trois-huit », avec les tempéraments nécessaires à des conditions économiques exceptionnelles, ne doivent pas devenir, par une législation internationale, la loi commune des pays libres. Une sage réglementation des contrats de travail n'est pas moins légitime. Loin de porter atteinte à la véritable liberté, elle empêche le plus fort de dicter des conditions abusives au plus faible. Nous voulons hâter, nous aussi, l'heure où chacun aura droit au produit intégral de son travail ;

— cette heure que préparent, d'un côté, les coopérations, (auxquelles l'Etat doit, dans la mesure du possible, assurer tous les moyens de l'existence et notamment le crédit que nous avons réclamé lors du renouvellement du privilège de la Banque) ; et, de l'autre côté, cette participation aux bénéfices, qui est dans l'intérêt du patron comme dans celui de l'ouvrier.

LA PETITE BOURGEOISIE ET LE PETIT COMMERCE

La petite bourgeoisie, le petit commerçant commettraient une erreur bien lourde et bien contraire à leurs intérêts s'ils oubliaient la solidarité qui les unit à la démocratie, puisqu'ils sont victimes des mêmes dominations et des mêmes exploitations économiques. Nous leur devons en première ligne la revision de la loi encore injuste des patentes, inséparable de la revision générale des impôts directs : nous leur devons aussi une organisation plus rationnelle et plus conforme aux besoins du commerce.

Nous n'oublions ni cette foule d'humbles employés, dont les intérêts se confondent avec ceux des autres travailleurs, ni les modestes collaborateurs de l'Etat, pour lesquels la République a beaucoup fait, pour lesquels elle n'a pas fait encore assez. MM. les économistes de droite nous parlent parfois de l'augmentation effrayante du nombre des fonctionnaires. De qui parlent-ils ? S'il s'agit des fonctionnaires proprement dits, ceux qui forment le personnel des bureaux, la République a plutôt réduit leur nombre, en augmentant à peine leurs salaires, qui ne sont plus en proportion avec l'enchérissement de la vie : et ces fonctionnaires dont on dénonce la foule toujours grandissante, ce sont les agents nécessaires à l'entretien des routes, dont heureusement pour le pays la République a accru le réseau ; ce sont les agents des postes, dont le progrès de la civilisation amène à doter tous les ans un plus grand nombre de villages ; c'est enfin le corps des instituteurs, investi de la plus noble mission que puisse confier une démocratie ! l'armée qui soutient si vaillamment le grand et noble combat de la lumière contre l'ignorance !

La République, aux heures de lutte, a pris des engagements, qui ne sont pas encore tenus, envers les employés de chemins de fer, qui ont été, dans les coins les plus reculés de la France, les pionniers de la démocratie ; le projet Berteaux est au nombre des réformes qui s'imposeront aux premiers jours de la législature prochaine, si, contrairement à notre attente, il n'est pas voté plus tôt.

LA RÉALISATION DU PROGRAMME

Pour réaliser ces réformes démocratiques, il faut préserver la France des sanglants hasards de la guerre. Nous voyons dans le développement de l'arbitrage international un des moyens de les écarter.

On devra aussi prendre les précautions nécessaires pour que le pays ne soit plus jeté malgré lui dans de nouvelles aventures d'expansion coloniale.

Tel est notre programme : c'est celui que nous arborions aux heures d'épreuves, celui dont le pays républicain attend depuis si longtemps la réalisation ; il ne l'attendra plus indéfiniment. En vain on essayerait de jeter à nouveau la politique gouvernementale dans les équivoques, les compromissions et les avortements. Le suffrage universel ne se laissera pas tromper. Il connaît les siens et sait où il veut aller. On ne l'empêchera pas d'assurer l'accomplissement des réformes démocratiques et sociales dont l'idée est inséparable de la solidité de nos institutions populaires et de la grandeur de la patrie française.

Pièce n° 10

SIXIÈME CONGRÈS. — LILLE, 1906

DÉCLARATION DU PARTI RÉPUBLICAIN RADICAL ET RADICAL SOCIALISTE, LUE PAR M. C. PELLETAN (21 OCTOBRE 1906.)

Citoyens,

Nous allons clore le premier Congrès qui nous ait réunis depuis la récente manifestation des volontés du suffrage universel. Vous savez si elle a été éclatante. Nos adversaires, confondus une fois de plus, ont dû reconnaître eux-mêmes que la nation avait donné sa sanction souveraine à votre politique, celle du Bloc républicain, et que dans le Bloc il avait accordé la part la plus importante au Parti radical et radical-socialiste. Jamais, depuis que le peuple français a en main le bulletin de vote, les idées auxquelles nous avons voué notre existence n'avaient remporté une victoire si complète.

Cette victoire assure à notre Parti une force considérable ; elle fait peser sur lui des responsabilités égales, car elle nous charge d'une dette impérieuse de réformes envers la démocratie. Autant nous pouvons envisager l'avenir avec confiance si nous restons fidèles au suffrage universel et à nous-mêmes, autant son magnifique succès deviendrait désastreux pour notre parti si, acceptant le nom et la responsabilité du pouvoir sans en avoir la réalité, ou pris de funestes défaillances dans l'accomplissement de ses engagements, il trompait l'attente du pays et abandonnait à d'autres le prestige des idées qui sont notre foi et notre force. Trop longtemps les gouvernants de notre République ont semblé avoir peur du programme républicain : c'est en abordant enfin ce programme, sans faiblesse et sans crainte, qu'on a préparé notre récent triomphe ; ce n'est qu'en poursuivant sa réalisation sans crainte et sans faiblesse, que nous préparerons de nouvelles victoires.

La République avait couronné son œuvre de laïcisation par la Séparation des Eglises et de l'Etat. Vous savez dans quel esprit, généreux jusqu'à l'excès, avait été réglée la situation matérielle de l'Eglise catholique. La réponse du Vatican a été une tentative évangélique de doter notre pays d'une guerre de religion. Devant cette agression inqualifiable, la règle de conduite de la République doit se résumer en deux mots : ni faiblesse, ni représailles.

Les représentants élus de la Nation ont inscrit dans notre législation les conditions qu'ils ont jugées équitables aux besoins religieux du pays. Il serait également indigne de la France de les modifier, par soumission aux exigences d'un prêtre italien ou par irritation du défi qu'il a porté à la société moderne.

Dans la grande masse des populations encore attachées aux pratiques du culte catholique, on n'a pu se tromper, on ne se trompe pas sur la signification de la lutte que la Cour de Rome essaie d'engager.

Mieux que jamais, le pays voit apparaître derrière es manifestations de l'Eglise française, livrée sans réserve à l'autorité absolue d'un pouvoir personnel, le caractère anti-national d'ingérences et d'inimitiés étrangères.

Il n'y aura ni guerre religieuse, ni persécution ; il faut que la loi soit exécutée sans défaillance comme sans colère. L'Eglise perdra la plus grande partie des avantages matériels que nous lui avions spontanément concédés : elle l'aura voulu, et personne ne l'en plaindra.

La rupture du Concordat ne suffit pas : sans parler des mesures de détail nécessaires pour achever, notamment dans les hôpitaux, notre œuvre de laïcisation, la séparation des Eglises et de l'Etat a pour complément nécessaire la séparation des influences cléricales et de nos services publics.

La faiblesse des gouvernements républicains a laissé retranchés dans leurs traditions, dans leurs habitudes, dans leur esprit de corps et de coterie comme de solides forteresses, les états majors de nos vieilles organisations officielles, longtemps attachés aux régimes déchus, et restés inféodés aux inspirations de l'Eglise. Depuis longtemps, le robuste bon sens de nos populations avait essayé en vain de comprendre le spectacle absurde d'un régime combattu ou trahi par un grand nombre de ses subordonnés. Le suffrage universel n'a jamais cessé de demander qu'on y mît un terme. Ce spectacle devient tout à fait intolérable à l'heure où l'Eglise, sur les ordres de la Cour de Rome, semble entrer dans une période de révolte ouverte.

L'opinion publique ne se résigne à voir, ni une bonne partie de notre diplomatie étonner les peuples etrangers par l'hostilité impertinente qu'elle affiche pour le régime qu'elle représente ; ni trop de magistrats, ennemis déclarés des lois républicaines dont ils sont chargés d'assurer le respect, faire de la Justice une arme de combat contre la démocratie.

Dans le personnel militaire, n'a-t-on pas pu croire trop souvent que c'était pour un officier un titre à la disgrâce que d'être loyalement attaché à nos institutions et à l'esprit moderne, comme si le mouvement de réaction qui avait repris toute sa force à la suite d'une campagne fameuse, avait survécu à la condamnation dont le suffrage universel l'a frappé ?

De récents exemples d'indiscipline ont montré combien il est indispensable de faire comprendre au militarisme bigot que l'armée française est l'armée de la République et non l'armée du Gésu.

Mais les questions de cet ordre, qui ont rempli la dernière législature, ne forment point la partie la plus importante de la tâche assignée à la Chambre nouvelle.

Ce sont les réformes économiques et sociales que le pays attend principalement.

Quelques-uns ont paru craindre que la résurrection de la question cléricale n'eût pour effet de détourner les esprits de leur élaboration et d'en retarder l'accomplissement.

Elle les rend au contraire plus nécessaires et plus urgentes encore.

Ce serait la faute la plus lourde que de tromper la légitime attente des déshérités et de leur laisser oublier que leur cause est celle de nos idées, au moment où l'Eglise espère conduire contre la République les populations qu'elle croit plus ignorantes et moins clairvoyantes qu'elles ne sont.

Nous n'avons pas à reproduire ici notre programme économique et social. On a dit qu'on ne le connaissait pas : c'est qu'on ne voulait pas le connaître, car nous l'avons exposé dans chacun de nos Congrès. Nous l'avons répété maintes fois : égaliser les charges fiscales si injustement réparties aujourd'hui ; substituer la solidarité humaine à la charité chrétienne, qui humilie celui qu'elle secourt ; assurer à chacun, après une vie de labeur, le pain de ses vieux jours ; empêcher la constitution de pouvoirs d'argent qui écraseraient les libertés publiques sous le poids d'une féodalité plus oppressive que l'ancienne ; reprendre pour l'Etat les productions qui donnent aujourd'hui à des intérêts privés la puissance de véritables gouvernements industriels ou commerciaux ; réglementer le contrat de travail, de telle sorte qu'il ne puisse pas conduire à l'exploitation du plus pauvre par le plus riche ; permettre à l'ouvrier, par l'organisation démocratique du crédit, de devenir propriétaire de son outil, et préparer ainsi l'abolition du salariat : voilà, dans ses données les plus importantes, le programme que nous poursuivons, sans sacrifier le principe de la propriété individuelle, mais en restant aussi ardemment convaincus que nos amis collectivistes, que l'idéal de justice que nous a légué la Révolution serait dérisoirement incomplet et inutile s'il ne s'appliquait pas à l'ordre des faits économiques comme à l'ordre des faits politiques. Et nous voulons aussi, par un système d'instruction renouvelé dans le sens démocratique, substituer l'égalité sociale au privilège de classe, dans le domaine de l'intelligence comme dans le domaine des intérêts matériels.

Ce n'est pas là l'œuvre d'un jour, et il serait aventureux de prétendre préciser la mesure dans laquelle nous pourrons, jusqu'en 1910, avancer la réalisation de ce programme. Mais trois des réformes qu'il contient s'imposent à cette législature, et ce serait une véritable faillite politique pour les élus du mois de mai, que de revenir devant leurs électeurs sans les avoir accomplies : je parle de l'impôt sur le revenu, des retraites pour la vieillesse et du commencement de la reprise des grands monopoles par le rachat de deux réseaux de chemins de fer.

Le pays a manifesté sa volonté avec assez de netteté pour qu'il n'y ait pas à redouter d'opposition ouverte assez forte pour faire échouer aucune de ces revendications. Mais les timidités qu'elles inquiétaient ne se sont pas rassurées ; et les intérêts qu'elles lèsent n'ont pas désarmé : les uns et les autres sont seulement réduits à essayer discrètement de faire avorter ou de restreindre une œuvre qu'ils ne peuvent plus heurter de front. Nous aurons à combattre des solutions bâtardes ou des demi-mesures dérisoires. Si on essayait de démarquer l'état de choses existant pour en maintenir le plus possible sous un nom nouveau et couvrir de l'étiquette des réformes les abus qu'elles doivent supprimer, le Parti radical ne se laisserait pas tromper par ces expédients.

Quand nous demandons, par exemple, l'impôt sur le revenu, nous le voulons progressif, parce qu'en bonne équité, plus le contribuable a de superflu, plus est grande la part de ces ressources qu'il peut donner aux besoins de l'Etat ; nous le voulons global, parce qu'il n'y a pas de progression possible, sans une taxation d'ensemble du revenu tout entier ; et comme il faut connaître la fortune de chacun pour lui imposer une charge équitable, l'impôt que nous avons à établir implique, chez nous comme dans tous les pays où il est pratiqué — cette recherche de toutes les sortes de revenus — qualifiée ridiculement d'inquisition : comme si c'était violer le sanctuaire de la vie intime que d'empêcher le plus riche de faire retomber sur d'autres sa juste part de contribution. Enfin, l'impôt que nous réclamons devra remplacer les quatre contributions directes. On ne pourrait laisser à côté de lui subsister l'impôt foncier qu'en ôtant à la mesure son caractère essentiel de grand dégrèvement des campagnes ; on ne pourrait maintenir les patentes qu'en rejetant le petite commerce, si intéressant, en dehors du régime d'équité fiscale que nous devons inaugurer, et en faisant pour lui, de l'impôt nouveau, un surcroît de charges au lieu d'une réforme.

Les retraites ouvrières exigeront un gros chiffre de millions. Nous n'accomplirons pas l'œuvre que nous avons promis d'accomplir sans ajouter à notre budget déjà si lourd un important budget de solidarité sociale. C'est dire, que si l'on veut tenir ses promesses, il ne faut pas laisser dévorer par des embarras passagers, par des augmentations excessives des dépenses ordinaires, les ressources sans lesquelles on ne pourra rien faire de sérieux. Le pays a eu la surprise, à laquelle on ne l'avait nullement préparé, de sentir soudain tomber sur ses épaules un budget de 4 milliards, où sur 400 millions d'accroissement de dépenses, il n'y avait rien pour l'amélioration du sort des déshérités.

Ce n'est point avec une situation financière compromise à la fois par des dépenses croissantes, des emprunts, des impôts nouveaux, qu'on pourrait faire face aux charges prochaines d'une politique démocratique. Ce sont surtout les budgets de guerre qui menacent d'accaparer les ressources dont on aura besoin pour pourvoir à ces charges. Assurément, nous ne voulons pas qu'on refuse rien de ce qui est nécessaire à la préservation de l'honneur de la France et à l'intégrité de son territoire. Mais nous nous rappelons qu'on a souvent abusé du nom de la défense nationale pour couvrir des exigences budgétaires exagérées ; qu'en dehors des alarmes exceptionnelles il n'est pas de pays bien administré qui ne proportionne les dépenses de ses armées à ses ressources normales ; que dans toute la durée de la dernière législature les bons Français qui avaient accepté la responsabilité de nos organisations militaires n'ont jamais laissé entendre qu'il leur parût nécessaire de réclamer ce surcroît de sacrifice ; et si nous voulons mener à bien la grande œuvre que la démocratie attend, nous saurons sauvegarder le trésor des réformes sociales.

Pour que le Parti radical remplisse sa tâche, il faut qu'il reste fidèle à cette politique du Bloc de gauche, à laquelle nous devons les réformes de la dernière législature et notre victoire aux élections récentes. Comment accepterions-nous que le Bloc fût brisé ? C'est l'accord de tous les bons républicains radicaux et socialistes qui a envoyé à la Chambre les élus du mois de mai. Aucun d'eux ne pourrait le rompre sans trahir une partie de ses électeurs.

Est-ce que ce peut être une politique passagère ou restreinte à des circonstances exceptionnelles que celle qui nous a fait obtenir de si grands résultats ? Le nom est nouveau, la chose a existé à toutes les époques de luttes fécondes contre la réaction. L'union de tous les partis de progrès, quelle que soit leur doctrine, c'est la condition même de la conquête des libertés. Les doctrines passent souvent au bout d'un siècle, avec les progrès de la science et la transformation des idées ; elles n'ont plus de sens pour les générations nouvelles. Ce qui reste, ce sont les services rendus en commun à la cause de l'humanité. Quand nos pères de 89 marchaient à l'assaut de la vieille forteresse de l'ancien régime, est-ce qu'ils cherchaient à savoir s'ils professaient les mêmes théories? C'est le Bloc qui a pris la Bastille ; et quand il s'est rompu, il a préparé le triomphe de la réaction. C'est le Bloc qui a fait les journées de Juillet et les journées de Février : c'est le Bloc qui a réduit à l'impuissance les attentats de l'Ordre moral, du Seize Mai et du Boulangisme. Vouloir le briser, c'est condamner la démocratie à des querelles stériles et à des défaites prochaines.

Conservons-le donc précieusement : si par malheur il devait être rompu, laissons à d'autres la lourde responsabilité de la rupture ; montrons au pays que le Parti radical ne néglige rien pour maintenir l'union que le suffrage universel a sanctionnée. Et s'il arrive que nos alliés collectivistes dirigent contre nous, comme cela se produit, des attaques que nous trouvons injustes, défendons nos idées et nos doctrines ; nous ne les défendrons jamais mieux que par des actes. Il ne peut pas y avoir de réponse plus décisive à leurs reproches que les réformes que nous nous devons d'accomplir.

Pas de compromissions à droite, pas de divisions à gauche ; c'est à cette double condition que le Parti radical et radical-socialiste remplira sa tâche après la victoire, comme il l'a remplie dans la bataille.

Pièce n° 11

SEPTIÈME CONGRÈS. — NANCY 1907
DÉCLARATION DU PARTI,
LUE PAR M. HERRIOT, MAIRE DE LYON, 13 octobre 1907

Citoyens,

C'est une tradition de notre Parti, à la suite de chaque réunion annuelle, de dégager les pensées essentielles qui ont dominé les débats et qui les résument : cette déclaration paraît spécialement nécessaire au lendemain d'un Congrès qui a eu à répondre aux questions les plus précises et les plus graves.

A l'heure où le Parti radical et radical-socialiste doit savoir prendre devant le pays des décisions et des responsabilités, l'importance des problèmes posés a donné à nos délibérations un caractère de grandeur émouvante.

Tout d'abord, il fallait nous prononcer avec fermeté, sans équivoque, sur la campagne dirigée par quelques égarés contre la patrie ; notre réponse ne pouvait être douteuse ; notre Parti continue à proclamer son horreur de la guerre, ses volontés pacifiques, son attachement au principe de l'arbitrage obligatoire. Nous reconnaissons que pour avoir le droit d'affirmer notre nationalité, nous devons respecter celle des autres peuples.

Nous n'admettrions pas que, sous prétexte de civilisation, notre République favorisât l'esprit de conquête. Mais également hostile au nationalisme et à l'antipatriotisme, notre Parti se déclare ardemment et résolument patriote : la France est pour nous plus qu'une expression géographique, elle est une expression morale. Pour nous, comme pour les hommes de la Révolution, elle est une terre de progrès et de liberté.

Nous plaçons le devoir militaire au-dessus de toute contestation ; certaines théories qui se réclament du progrès sont en réalité des doctrines de décadence. La France ne veut pas mourir de la mort de la Grèce. Mais, citoyens, ces résolutions, conformes à la tradition invariable de notre Parti, doivent-elles nous conduire à une politique nouvelle qui serait en opposition avec nos principes ?

On a tenté de rompre le Bloc de gauche. Nous nous y sommes formellement opposés. C'est dans un élan d'enthousiasme unanime que le Congrès déclare sa volonté de ne pas abandonner une politique consacrée par les élections dernières, sanctionnée par des résultats ; une politique sincèrement réformatrice et populaire, à laquelle nous devons la Séparation, la loi de deux ans et l'assistance aux vieillards. Nous ne pouvons pas répudier l'esprit socialiste, non que nous admettions la négation de la propriété individuelle.

Dociles aux leçons de l'expérience et de l'histoire, soumis à ce que nous croyons être le véritable esprit scientifique, fait à la fois de raisonnement et d'observation, nous voulons reviser le régime de la propriété individuelle, le rendre accessible à tous, le modifier, mais non le supprimer.

Nous n'acceptons pas non plus la théorie de la lutte des classes. Hostile à la guerre étrangère, notre Parti n'a pas moins horreur de la guerre civile.

Mais, comme les socialistes, ne devons-nous pas travailler à la libération du prolétariat, à la transformation de la condition ouvrière?

Ne sommes-nous pas avec eux dans la lutte contre les puissances d'argent et contre la féodalité financière, la plus redoutable et la plus oppressive de toutes les féodalités? N'avons-nous pas comme eux la ferme espérance que l'avenir réserve à l'humanité des temps meilleurs pour la justice et l'égalité sociales? Collaborer à cette tâche, n'est-ce pas pour toute conscience un peu haute le plus noble des devoirs? Ainsi nous demeurerons fidèles au Bloc de gauche. Plus sages que d'autres, nous ne prononcerons ni excommunication, ni expulsion contre aucune fraction des partis socialistes.

Il nous paraît plus digne de nos convictions républicaines, en dépit des sommations et des injures, de nous refuser à tout anathème. Nous sommes convaincus qu'ayant réfléchi, aucun parti digne de ce nom ne voudra donner à l'étranger l'impression qu'il pourra trouver des collaborateurs ou des complices parmi nous. Ceux qui penseraient autrement s'excluraient d'eux-mêmes de toute alliance possible avec les fils de la Révolution.

Pour nous, citoyens, il nous suffit d'être fidèles à notre programme et de vouloir l'appliquer. Ce programme, on ne pourra plus dire sans mauvaise foi qu'on l'ignore. Vous l'avez à nouveau formulé, et tous ceux qui voudront se réclamer de lui auront à l'accepter. Les militants de notre Parti veulent désormais plus que des paroles, ils veulent des actes et des résultats.

Le peuple, dans un élan d'enthousiasme, a envoyé à la Chambre, en 1906, une imposante majorité de députés élus sur un programme de réformes.

Il ne faut pas qu'à cet enthousiasme succède une déception qui serait fatale moins à tel ou tel parti qu'à la République elle-même. Sans doute au début de cette législature, une période d'élaboration est nécessaire, mais cette réserve ne saurait excuser certains retards et dispenser nos élus de l'obligation stricte de faire aboutir des réformes dont quelques-unes sont urgentes et doivent être votées à bref délai.

La démocratie radicale et radicale-socialiste veut l'impôt sur le revenu, c'est-à-dire le dégrèvement des petits contribuables, la grande libération fiscale des paysans. La majorité républicaine ne saurait se laisser égarer par des campagnes intéressées et généralement de mauvaise foi.

Nous demandons les retraites ouvrières, dont le principe a déjà été voté par la Chambre des députés ; et, pour procurer les ressources nécessaires à cette difficile institution, la substitution du monopole de l'Etat aux grands monopoles privés.

Vous avez à nouveau réclamé le rachat des chemins de fer et les mesures législatives destinées à satisfaire les intérêts de l'importante fraction de la démocratie actuellement au service des compagnies.

Vous vous êtes, une fois de plus, prononcés : pour la réforme des conseils de guerre, qui doivent garantir contre tout arbitraire possible et contre les abus d'une justice d'exception, les fils de toutes les familles françaises, confondus dans les rangs de notre armée : pour l'extension des juridictions populaires comme la prud'homie ; pour l'élaboration d'une série de mesures qui garantissent le personnel des fonctionnaires contre l'arbitraire et la faveur.

Dans l'intérêt de ces réformes, le Parti radical et radical-socialiste adresse un appel chaleureux au patriotisme vigilant du Sénat. Cette haute Assemblée aura à cœur de rester digne des grands services qu'elle a rendus à la démocratie et de ne pas justifier les objections de principe que peut soulever sur ce point la Constitution imposée à la France par la réaction de 1875. Le Sénat républicain ne voudra pas entrer en conflit avec le mouvement démocratique.

De toute façon, nous considérons que l'heure présente est décisive.

Il faut que cette législature donne au pays l'œuvre démocratique promise et attendue. Le peuple ne saurait plus accorder de délai.

Le Congrès de 1907, qui a manifesté tant d'ardeur républicaine, compte sur l'énergie et la fidélité de ses représentants pour écarter ou briser tous les obstacles qui s'opposeraient à la transformation pacifique et légale que réclame impérieusement le génie de notre siècle et de notre pays.

Pièce n° 12

PROGRAMME DU PARTI

(Congrès de Nancy. — 11 octobre 1907).

RAPPORT DE LA COMMISSION DU PROGRAMME DU PARTI, PAR M. CH. DEBIERRE, *rapporteur*

Citoyens,

Nous avons entendu, à maintes reprises, dans ces derniers temps, faire le reproche au Parti radical de n'avoir point de doctrine et point de programme. Vous savez si jamais reproche fut moins justifié.

Il ne nous a point émus. Néanmoins, vos délégués, dans nos précédents Congrès, ont pensé qu'il était bon, pour répondre victorieusement à nos détracteurs et favoriser notre propagande dans le pays, que le Parti radical et radical-socialiste fût pourvu d'un programme écrit, détaillé et codifié.

Vous avez chargé le Bureau de votre Comité exécutif de préparer le projet de ce programme. Il fut soumis au Comité exécutif et adopté par lui dans sa séance plénière du 11 mai dernier, tenue à Paris, salle du Trocadéro, et renvoyé à vos délibérations d'aujourd'hui pour y être adopté.

Vous devez considérer ce programme comme le programme *minimum* du Parti. Il permettra à ceux qui demandent leur admission parmi nous de connaître le terrain sur lequel ils auront à marcher. En entrant dans le Parti, ils sauront qu'ils s'engagent à en accepter et défendre loyalement les parties essentielles, soit dans le pays, soit au Parlement, à l'exception de ce qui a trait à quelques questions d'ordre plutôt philosophique sur lesquelles chacun de nous a le droit de conserver des opinions différentes sans cesser d'être un bon radical ou un excellent radical-socialiste.

Que dit-il, qu'affirme-t-il, ce programme ?

ORDRE POLITIQUE

Dans l'*Ordre politique*. il affirme la Souveraineté du Suffrage universel. Mais il en veut faire l'éducation et le moraliser, en le mettant à l'abri du verbe trompeur des flagorneurs et de la corruption des puissances d'argent. Il sait que, tant que la réforme électorale ne sera pas accomplie, la réforme administrative et la décentralisation resteront impossibles. Il veut qu'on sorte du système actuel dans lequel le député est passé au rang de « chargé d'affaires des intérêts particuliers », au lieu d'être le représentant des intérêts généraux du pays. et dont l'action trop souvent néfaste auprès du Gouvernement est en partie responsable de l'anarchie administrative de ce temps.

Il veut que les électeurs aient à se déterminer sur des programmes plutôt que sur des personnalités ; et, à propos du Sénat, jusqu'alors si timide dans la voie de la réformation économique et sociale, il proposerait volontiers son élection par un collège à deux degrés, dont les électeurs du deuxième degré seront élus par le Suffrage universel.

ORDRE ADMINISTRATIF

Dans l'*Ordre administratif*, le Parti est partisan d'une réforme profonde et étendue qui, sans entamer l'unité nationale, accroisse cependant les libertés communales, simplifie les rouages administratifs, supprime les emplois inutiles et détermine une meilleure utilisation des autres. Il réclame de tous les fonctionnaires la loyauté envers le gouvernement de la République, mais il désire que la loi leur garantisse, dans un statut, leurs libertés civiles, la justice dans l'avancement, et le droit d'association par corporation de métiers, qui les mettra à même de résister au népotisme et aux influences politiques qui, trop souvent, se sont exercées en faveur des « fils d'archevêques ».

Il veut aussi qu'on en finisse avec ce système déplorable du choix et recrutement des serviteurs du pays, qui a peuplé l'Université, la Magistrature, l'Armée, les grandes Administrations publiques de réactionnaires et de rétrogrades.

DOMAINE DE LA LIBERTÉ DE CONSCIENCE

Dans le *Domaine de la liberté de conscience*, notre programme constate que la Séparation des Eglises et de l'Etat a supprimé le budget des Cultes et inauguré la neutralité de l'Etat en matière religieuse. Notre Parti aurait bien des réserves à faire, au nom de la République laïque et rationaliste, à la loi de Séparation qui, à la suite de concessions inadmissibles, a consacré de nouveaux privilèges à l'Eglise romaine. Mais nous laissons au temps et au progrès le soin d'achever leur œuvre. Ce que nous conseillons seulement à la Démocratie républicaine, c'est de faire la Séparation dans le sein des familles. Quand la Séparation sera faite au foyer, la loi écrite aura passé dans les mœurs ; la Séparation sera réelle, et le prêtre n'aura plus d'influence parce que son ministère sera devenu sans objet et sans clientèle. C'est donc au bon sens et à la raison de la Nation qu'il faut nous adresser pour éteindre définitivement les lumières du Ciel et détruire lentement, mais sûrement la puissance politique des Eglises.

DANS L'ENSEIGNEMENT PUBLIC

S'il est un domaine où le Socialisme doive s'exercer, c'est assurément celui de l'*Enseignement public*. L'enseignement est une des plus nobles prérogatives de l'Etat. Représentant des intérêts généraux du pays, l'Etat ne saurait abandonner l'enseignement à personne. L'école doit être une et nationale. Il faut en finir avec le sophisme de la prétendue liberté de l'enseignement.

Ah ! j'entends. On nous oppose la liberté du père de

famille ? Les parents ont-ils davantage le droit d'exercer des sévices moraux sur leurs enfants que des sévices corporels ? Poser la question, c'est la résoudre. Veut-on consentir aux pères de famille la liberté de l'ignorance pour leurs enfants ? La question ne se discute pas. Je comprends que dans une Monarchie où le monarque pense et agit pour tout le monde, on autorise les écoles confessionnelles, mais dans un pays de suffrage universel, cela ne se conçoit plus. L'école confessionnelle, c'est l'oppression de la liberté de la raison. Permettre qu'on enseigne le dogme et le miraculeux à des enfants, qui sont moralement et juridiquement des mineurs et des incapables, c'est les acheminer vers l'ignorance, créatrice de misère et de servitude ; c'est leur permettre de nuire plus tard, inconsciemment, à leurs propres intérêts, c'est, ce qui est autrement redoutable, leur permettre, lorsqu'ils exerceront leurs droits de citoyens, de nuire aux autres et de compromettre peut-être l'avenir et l'existence de la République.

Dans l'ordre primaire, comme dans l'ordre secondaire et supérieur, il ne saurait y avoir qu'une école : celle de la Nation. Elle seule est une personne morale suffisamment élevée pour distribuer à tous, sans tromperie ni duperie, la nourriture intellectuelle, faite exclusivement de science et de raison, au sein même d'une impartialité scrupuleusement décidée.

DOMAINE JUDICIAIRE

Dans le *Domaine judiciaire*, le Parti n'a rien abandonné de ses vieilles idées.

Quand on ne perdait pas son temps, en France, à bâtir des Salentes imaginaires, on tenait, parmi les républicains, la réforme judiciaire comme une impérieuse nécessité, et celle des Codes comme une œuvre laborieuse, mais d'une urgence incontestable... On souhaitait le juge unique, comme en Angleterre, le juge qui ne pourrait plus abriter la responsabilité de ses sentences derrière l'opinion de ses collègues ; la justice plus prompte et plus conforme aux idées modernes, une procédure moins longue, moins tracassière et moins onéreuse, la suppression des offices vénaux. Le Parti reste fidèle à ces idées. Il inscrit en tête de ses revendications la réforme intégrale des Codes impériaux dans le sens du droit moderne et démocratique.

A ce propos, s'il nous était permis de nous adresser à M. le président du Conseil — très respectueusement et très amicalement d'ailleurs — nous lui rappellerions qu'il a déposé au Sénat, il y a quelques années, comme sénateur, un projet de suppression des offices ministériels et leur remplacement par un service public.

ORDRE FISCAL

Dans l'*Ordre fiscal*, que déclare le Parti ? Que, pour établir la justice dans l'impôt, celui-ci a besoin d'être prélevé selon les ressources de chacun. De là découle l'impôt global et progressif sur le revenu, de là, la nécessité d'un impôt frappant d'une charge égale la fortune mobilière et le bien foncier rural, qui, jusqu'ici, et contre toute équité, a supporté des charges doubles ou triples de celles qu'on imposait aux biens mobiliers.

Il veut aussi la revision de nos impôts indirects — impôts progressifs à rebours — de façon à ce que l'ouvrier, l'employé, le paysan, aient le pain, la viande, les objets de première nécessité à bon marché, et que cette catégorie d'impôts ne supporte pas, à elle seule, les deux tiers des charges fiscales.

La propriété individuelle, fondée sur le travail personnel, est le véritable prolongement de la personnalité humaine. C'est la condition nécessaire de la dignité, de la liberté et de l'indépendance de l'homme ; il ne s'agit donc pas de la briser pour la remplacer par nous ne savons quel système de propriété collective dont les prophètes du collectivisme eux-mêmes ne nous ont donné jusqu'ici qu'une formule simpliste. « L'usine collectiviste » ne serait peut-être pas plus douce aux ouvriers, d'ailleurs, que l' « usine capitaliste », et à la caserne pourrait bien venir s'ajouter l'égalité dans la misère, sinon dans la servitude. Il serait malaisé, actuellement, du reste, de convaincre les propriétaires de se laisser faire et les paysans de se laisser déposséder de leur lopin de terre.

Mais le régime actuel de la propriété n'est pas un dogme auquel on ne saurait toucher. Il est incontestable que la propriété capitaliste est redevable vis-à-vis de la société tout entière, qui lui a permis de se constituer et de se multiplier. Le droit successoral en taxe progressive est donc parfaitement légitime. Il est nécessaire pour rétablir l'équilibre et l'harmonie.

C'est en surtaxant quelque peu les cinq à six milliards de francs qui passent, tous les ans, par succession, d'une tête sur l'autre dans ce pays, et en limitant l'héritage en ligne collatérale, que l'on trouvera le moyen de constituer le budget social de la République. Nous attachons d'autant plus de prix à la réforme fiscale que, si elle n'est pas faite au préalable, le Parlement restera impuissant à faire les retraites ouvrières et paysannes.

DOMAINE ÉCONOMIQUE ET SOCIAL

Dans le *Domaine économique et social*, le programme demande la substitution des monopoles d'Etat aux monopoles privés, qui permettent à une poignée de millionnaires par les trusts ou tout autre procédé financier, d'accaparer une industrie et de rançonner à la fois l'ouvrier producteur et le consommateur. Monopole pour monopole, il vaut mieux celui de la Nation, exploité au profit de tous, que celui d'une féodalité financière qui, comme une bande de corsaires, se taille des millions aux dépens de la masse du public.

Dès qu'une industrie est suffisamment centralisée pour devenir un danger public, il appartient à la Nation, nous le croyons, d'en assurer elle-même l'entreprise, soit en régie directe, soit en régie intéressée. Il n'est pas douteux que les voies ferrées, les mines, les assurances, la banque.

peuvent devenir des services publics au même titre que l'enseignement, les routes, les canaux, les postes et télégraphes.

Il est regrettable, dans cet ordre d'idées, que le Conseil d'Etat continue à se montrer si réfractaire au socialisme communal. Nos grandes villes françaises sont restées, à ce sujet, bien loin derrière les grandes villes anglaises.

Enfin, pour en terminer avec la question des monopoles, le programme demande la suppression du monopole des agents de change en le remplaçant — c'est un moyen qu'on pourrait proposer — par la liberté réglementée sous la surveillance et le contrôle de l'Etat.

LE SALARIAT

Le *Salariat* n'est pas immuable. Ce n'est pas un dogme plus intangible que la forme actuelle de la propriété. Notre programme en prévoit la progressive transformation dans le « contrat collectif de travail », le syndicat ouvrier élevé au rang de « société commerciale de travail », la « coopération » sous toutes ses formes, c'est-à-dire l'association, non pas par contrainte, mais l'association contractuelle et librement consentie.

Soumis à la loi brutale de l'offre et de la demande, l'ouvrier ne peut traiter en toute indépendance avec le patron ou la société anonyme parce qu'il n'a pas d'avances et que son estomac ne saurait attendre. Au contraire, le jour où le syndicat ouvrier sera devenu une « société commerciale de travail », l'ouvrier se trouvera vis-à-vis du capitaliste, acheteur de main-d'œuvre, dans la même situation que l'acheteur et le vendeur dans l'industrie ou le commerce. Après son travail, il se partagera, avec ses coassociés, le prix convenu payé par l'acheteur de main-d'œuvre. Ce n'est plus le patron qui lui paiera un salaire, c'est l'ouvrier lui-même qui, par son travail, se fera son propre salaire, qn'il recevra du Conseil de direction de sa propre Société de travail... Avec un pareil système, qui ne voit que l'ouvrier conservera toute sa liberté et sera le propre artisan de son bien-être ?

Pourquoi enfin, dans cet ordre d'idées, un « Crédit industriel ouvrier », analogue au « Crédit agricole » créé par la loi, ne viendrait-il pas en aide aux associations ouvrières commerciales pour favoriser leurs premiers pas ou leur permettre l'entreprise directe ?

Prévoyance et Assurance sociales

Dans l'*Ordre de la Prévoyance et des Assurances sociales*, notre programme considère que ce que l'on a fait jusqu'ici n'est qu'un commencement à une œuvre plus vaste que l'avenir devra généraliser pour achever l'émancipation populaire inaugurée par la Révolution française.

Les risques, comme les avantages, doivent être mis en commun dans la vie en société. C'est la justice même qui l'exige. Ceux qui ont bénéficié par le hasard ou toute circonstance heureuse des avantages de la vie sociale ont contracté une dette vis-à-vis de ceux qui, moins favorisés de la fortune, sont restés des déshérités.

De là découle la légitimité de l'*assurance obligatoire* contre la maladie, l'invalidité, les accidents du travail et les maladies professionnelles, la vieillesse et le chômage involontaire et forcé, avec participation ou dotation de l'Etat.

Politique extérieure et Défense nationale

Dans la *Politique extérieure et la défense nationale*, notre programme vous déclare aussi ardemment patriotes que républicains. S'il condamne les abus et les préjugés et l'esprit militariste, il honore le devoir militaire, qui a toujours contribué à faire les nations viriles, grandes et prospères.

L'amour du Parti pour la patrie est exempt de tout sentiment de haine contre les autres peuples. Il estime que c'est dégrader le patriotisme que de l'employer comme arme de combat dans nos querelles intérieures, et blâme énergiquement ceux qui prétendent en faire une exploitation intéressée. Il ne dénonce pas moins au pays l'abominable doctrine d'Hervé et de ses complices qui, par un paradoxe aussi criminel qu'insensé, ne déclarent pas la guerre à la guerre, mais la guerre à la France, au pays de la Révolution et de toutes les libertés, qu'ils jetteraient demain sous la botte de l'étranger si leur odieuse doctrine trouvait un écho dans les masses profondes de la nation.

J'ai terminé ma tâche. J'espère qu'on ne dira plus que le Parti radical et radical-socialiste n'a point de doctrine. On ne pourra même pas lui dénier la qualité de socialiste, car qu'est le Socialisme, Messieurs, raisonné et raisonnable, sinon la claire vision de l'injustice sociale, le clair sentiment des réparations nécessaires ?

Seulement nous ne sommes point des dogmatiques ; nous ne croyons qu'aux leçons de l'expérience.

Elle nous enseigne que la prudence et la prévoyance sont les conditions du progrès, et que ceux-là ne peuvent le réaliser qui vivent dans les abstractions, en dehors des contingences de la vie. Elle nous dit aussi qu'on ne doit pas confondre la liberté avec la licence, la démocratie avec la démagogie, et que si l'esprit de réaction est le péril d'une démocratie, l'esprit de surenchère en est la plaie.

Messieurs, fidèles aux idées impérissables de la Révolution française et à la République, une et indivisible, à la République de progrès indéfini, sans borne, dans la légalité, dans l'ordre et la paix, repoussons toute idée de recul, et affirmons plus que jamais notre intention de réaliser les promesses que nous avons faites à la démocratie. C'est dans cet ordre d'idées que nous vous invitons, citoyens, à donner votre approbation au programme que nous vous soumettons au nom de la Commission du Programme.

En le faisant entrer dans le domaine de la réalité, peu à peu, progressivement, à mesure des possibilités et des ressources budgétaires, vos représentants au Parlement auront répondu à tous vos détracteurs à la fois, à ceux qui vous reprochent d'aller trop vite comme à ceux qui vous accusent de faire faillite à vos engagements. Le peuple, en fin de compte, dans son clair bon sens, saura bien reconnaître les siens.

PROGRAMME DU PARTI (1)

Le Parti radical et radical-socialiste, ainsi qu'il l'a solennellement affirmé dans ses Congrès successifs, se propose l'union puissante de tous les fils de la Révolution en face des hommes de contre-révolution. Il proclame qu'il entend poursuivre avec énergie la réalisation des réformes politiques, économiques et sociales contenues en principe dans le programme républicain depuis 1869, programme dont s'est inspiré le Parlement pour élaborer les nombreuses lois déjà votées et appliquées.

Parti d'évolution, il ne fixe point de limites étroites à son œuvre. Son idéal n'a pas plus de bornes que n'en a l'horizon qui s'étend à mesure qu'on s'élève. Sa doctrine n'est point enclose dans des formules absolues. Il ne reconnaît aucun dogme. De même, il n'anathématise personne. S'il combat tous les abus et veut supprimer tous les privilèges, il se refuse à établir, même théoriquement, entre les citoyens des classes en lutte les unes contre les autres.

Parti d'action sociale parlementaire, il réprouve toute manifestation violente que ne justifierait pas une atteinte grave à la Constitution républicaine et aux volontés de la Nation.

1. Voir le commentaire de ce programme, article par article dans notre Deuxième partie, p. 125 à 264.

DANS L'ORDRE POLITIQUE

Le Parti radical et radical-socialiste :

1° Prévoit la revision de la Constitution dans le sens le plus démocratique, la République mise hors de discussion.

2° Il affirme la souveraineté du Suffrage universel, souveraineté dont le principe exige que la Chambre des Députés ait le dernier mot, notamment en matière budgétaire.

3° Il demande que le système électoral d'où sort le Sénat, soit élargi dans un sens démocratique, de façon à y assurer une proportionnalité plus exacte et une action plus directe du Suffrage universel.

4° La réforme électorale, intimement liée à la refonte de notre système administratif, doit assurer la consultation du peuple dans des conditions telles que les électeurs se déterminent sur des programmes bien plus que sur des personnalités.

Une nouvelle et équitable répartition des sièges législatifs assurera à chaque région une représentation numériquement en rapport avec l'importance de sa population.

La législation qui règle le mode de votation garantira le secret et la sincérité du vote : toutes les pressions patronales, surtout celles du grand industriel et du grand propriétaire sur les citoyens qu'il emploie, seront ou prévenues ou sévèrement réprimées ; les procédés de corruption seront recherchés et punis ; des mesures législatives seront édictées pour restreindre les dépenses électorales et égaliser la lutte entre le riche et le pauvre.

DANS L'ORDRE ADMINISTRATIF ET JUDICIAIRE

5° Le Parti radical et radical-socialiste est partisan d'une réforme profonde et étendue qui, sans entamer l'unité nationale achevée par la Révolution, accroisse les libertés communales et départementales, simplifie les rouages administratifs, réduise les dépenses et le nombre des fonctionnaires, tout en rétribuant mieux les petits emplois, et mette l'organisation du pays mieux en rapport avec les moyens rapides de communication et les transformations qui se sont opérées depuis un siècle.

6° Il veut donner aux fonctionnaires civils de tout ordre un statut garantissant leurs libertés civiques, la justice dans l'avancement, et la plénitude de leurs droits, y compris le droit d'association.

Il demande qu'on exige d'eux un dévouement absolu aux intérêts du pays et aux institutions républicaines. Il réclame du Gouvernement une action ferme et soutenue, pour détruire dans les services publics les influences hostiles à la démocratie qui y ont trop longtemps prévalu.

7° Il veut la justice rapide et égale pour tous.

Il en réclame la gratuité, et si cette gratuité ne peut

être obtenue à bref délai, il considère comme urgente une réduction considerable des frais de justice.

Il veut la simplification des Codes par l'abrogation des lois surannées et tombées en désuétude.

Il reste attaché au principe de l'élection des juges : si cette réforme ne peut être réalisée à bref délai, il réclame, sur le recrutement, la nomination et l'avancement des magistrats, une législation nouvelle assurant, avec leur indépendance, leur loyalisme et leur sincérité dans l'application des lois républicaines.

La réforme judiciaire doit comprendre l'extension de la juridiction prud'homale, la suppression du privilège des avocats et la transformation des offices ministériels en fonctions publiques.

8° Le Parti radical et radical-socialiste réclame l'abolition de la peine de mort.

EN MATIÈRE DE RELIGION ET D'ENSEIGNEMENT

9° Avec le maintien intégral des lois de laïcité, le Parti radical et radical-socialiste demande la suppression effective des congrégations encore existantes.

Sa formule : « Les Eglises libres dans l'Etat souverain », assure, avec la liberté de conscience, l'exercice de tous les cultes et la suprématie du pouvoir civil.

10° Il considère que l'enseignement est une des plus nobles prérogatives de l'Etat qui doit le dispenser lui-même par des maîtres laïques ou le contrôler étroitement au cas où il laisse à des particuliers le soin de le dispenser.

Tous les enfants du peuple ont droit à l'éducation intégrale suivant leurs aptitudes.

Le système d'éducation nationale doit donc garantir ce droit. Il doit aussi permettre le développement de l'éducation professionnelle et le perfectionnement de l'adulte.

DANS L'ORDRE FISCAL ET BUDGÉTAIRE

11° Pour rétablir la véritable proportionnalité des charges suivant les facultés contributives de chacun, le Parti radical et radical-socialiste veut l'établissement d'un impôt global et progressif sur le revenu, la suppression des quatre contributions directes, la diminution des impôts de consommation, des droits de timbre et d'enregistrement qui pèsent sur les droits de justice, sur les mutations à titre onéreux, et des taxes qui pèsent sur l'agriculture, le commerce et la petite industrie.

Il demandera de nouvelles ressources pour les réformes sociales à une réforme des droits de successions ou de donations entre vifs, reposant sur le principe de la progression, soit d'après le degré de parenté, soit d'après le chiffre des fortunes, et rapprochant le degré où s'arrête l'héritage en ligne collatérale.

12° La réforme financière comporte un contrôle sévère de toutes les dépenses tant militaires que civiles et l'amortissement graduel de la dette publique.

DANS L'ORDRE ÉCONOMIQUE ET SOCIAL

13° Par toutes les réformes morales, intellectuelles, économiques, le Parti radical et radical-socialiste s'efforce de donner au prolétariat la pleine conscience de ses droits et de ses devoirs, et, avec la responsabilité de son action, l'autorité nécessaire pour établir une constitution sociale plus rationnelle et plus équitable.

14° Le Parti radical et radical-socialiste est résolument attaché au principe de la propriété individuelle dont il ne veut ni commencer ni même préparer la suppression. Mais cet attachement n'est pas irréfléchi : il ne s'étend point aux abus qui détruiraient la légitimité et la raison d'être de la propriété individuelle.

Il est prêt à proposer toutes les mesures légales propres à garantir à chacun le produit de son travail et à prévenir les dangers que présente la constitution d'une féodalité capitaliste rançonnant travailleurs et consommateurs.

15° Il propose la formation de syndicats et d'associations coopératives, il encourage toutes les institutions par lesquelles le prolétariat peut fait valoir ses droits, défendre ses intérêts, améliorer sa situation morale et matérielle, obtenir la propriété de son outil et la légitime rémunération de son labeur, arriver à la disparition du salariat et accéder à la propriété individuelle, condition même de sa liberté et de sa dignité.

16° Résolument hostile aux conceptions égoïstes de

l'école du laisser-faire, notre Parti garde sa personnalité en affirmant le droit pour l'Etat d'intervenir dans les rapports du capital et du travail pour établir les conditions nécessaires de la justice.

17° L'Etat doit acquitter la dette de la société envers les enfants, les malades, les infirmes et les vieillards et tous ceux qui ont besoin de la solidarité sociale.

Il doit assurer aux travailleurs des villes, des usines et des campagnes, quand l'âge ou la maladie a brisé leur force, les retraites solennellement promises à la démocratie.

Il faut aussi poursuivre l'œuvre législative d'assistance sociale de la troisième République, améliorer encore le service des enfants assistés, celui de l'assistance médicale et de l'assistance aux vieillards et infirmes, créer des hospices cantonaux, aider les œuvres antituberculeuses, lutter contre l'alcoolisme, etc.

18° Le Parti radical et radical-socialiste est partisan de l'extension graduelle des droits de la femme, qui doit être protégée par la loi dans toutes les circonstances de sa vie.

Des secours communaux, départementaux ou nationaux doivent être accordés aux femmes enceintes pauvres; le repos légal de six semaines avant et après l'accouchement s'impose pour les femmes employées à l'atelier, au magasin ou dans une administration.

19° Sous les auspices du ministère du Travail, le Code du travail et de la prévoyance sociale doit être rédigé et comprendre l'ensemble des lois ouvrières :

Sur l'emploi des femmes et des enfants dans l'industrie ;

Sur le contrat de travail et le contrat d'apprentissage ;

Sur la réglementation des différends et conflits graves entre employés et employeurs par l'arbitrage amiable et obligatoire :

Sur les accidents du travail, les risques et maladies professionnels et les responsabilités des employeurs ;

Sur la limitation des heures de travail et le repos hebdomadaire ;

Sur l'organisation de l'assurance par la nation de tous les travailleurs de l'industrie, du commerce, de l'agriculture contre les risques des accidents, de la maladie et du chômage ;

Sur les institutions de mutualité et d'épargne qui peuvent améliorer le sort du travailleur déjà garanti de la misère ;

Sur les conditions d'hygiène et de salubrité des établissements industriels et commerciaux comme de tous les locaux où séjournent les employés et travailleurs.

20° Le Parti radical et radical-socialiste réclame la reprise par l'Etat des monopoles de fait, là où un grand intérêt l'exige, notamment :

Pour rentrer en possession de grands services nationaux qui exercent une influence décisive sur la production, sur la richesse du pays et sur sa défense en cas de guerre ;

Pour empêcher certains accaparements industriels de taxer à leur bon plaisir les travailleurs et les consommateurs ;

Pour trouver, dans les bénéfices que ces monopoles peuvent fournir, des ressources, soit pour le soulagement des contribuables, soit pour la réalisation des réformes sociales.

Il réclame particulièrement le rachat des chemins de fer et le monopole des assurances.

De toutes façons, il entend protéger l'épargne publique contre les manœuvres de l'agiotage et de la spéculation.

21° Avec les réformes fiscales déjà désignées à propos de l'impôt, l'impôt foncier sur la propriété non bâtie et les droits de mutation, y compris la réforme hypothécaire, le Parti radical et radical-socialiste propose et soutient toutes les réformes dont la réalisation est déjà commencée pour la défense de l'agriculture : développement de l'enseignement technique agricole ; des œuvres coopératives ; du crédit agricole ; des assurances contre l'incendie, la grêle, la gelée, la mortalité du bétail ; des mesures prophylactiques contre les épizooties ; création du bien de famille incessible et insaisissable ; répression des fraudes, représentation de la petite et de la moyenne culture comme de la grande dans les chambres d'agriculture, etc.

22° Pour activer l'accroissement de la richesse nationale, il se préoccupe de l'outillage de nos ports, de la navigation intérieure, de notre système de canaux qu'il est urgent de compléter et de perfectionner, du développement des voies ferrées, du recrutement rationnel de nos agents à l'extérieur, de l'extension continue de notre champ d'action commerciale.

POLITIQUE EXTÉRIEURE ET DÉFENSE NATIONALE

23° Le Parti radical et radical-socialiste est ardemment patriote et résolument attaché à la paix.

Son amour de la patrie est exempt de tout sentiment de haine contre les autres peuples ; il estime que c'est dégrader le patriotisme que d'en faire une arme pour nos querelles intérieures et il combat les partis qui prétendent en faire une exploitation intéressée.

24° Sa politique extérieure se résume en ces mots : entente cordiale entre peuples ; extension de la pratique de l'arbitrage international en cas de différends graves ; maintien de la paix dans la dignité.

25° Adversaire de toute politique d'aventures, il est opposé aux expéditions militaires dont le but avoué ou déguisé serait la conquête de nouvelles colonies.

Il demande la mise en valeur du vaste domaine colonial actuel de la France, avec l'instauration d'un régime vraiment civilisateur conforme à notre esprit national, en dehors de toute domination militaire et de toute propagande confessionnelle.

Il exige le respect de tous les droits de l'humanité dans les relations avec les populations des régions que la France a conquises.

26° Il honore le devoir militaire, mais il condamne les abus et les préjugés de l'esprit militaire.

De plus en plus, l'armée doit se confondre avec la nation. Pour permettre la réduction du temps de présence effective sous les drapeaux sans compromettre la sécurité nationale, il faut organiser des œuvres préparant les jeunes Français au service militaire ou prolongeant l'action du régiment.

27° Parmi les réformes militaires les plus urgentes, il réclame :

Celles qui assureront les conditions d'un recrutement démocratique d'un corps d'officiers dévoués à la République ;

La loi des cadres garantissant l'avancement des officiers ;

La loi permettant de réaliser de grandes économies par la réduction du nombre des officiers du service actif et une meilleure utilisation des officiers de la réserve et de la territoriale ;

La suppression des Conseils de guerre en temps de paix et celle des compagnies de discipline ;

La réduction des périodes d'instruction pour les réservistes et les territoriaux ;

La compression des budgets de la guerre et de la marine et la répression du gaspillage par un contrôle vigilant.

(*A l'unanimité, le Congrès approuve le programme du Parti et le rapport de M. Debierre.*)

III

Pièce n° 13

Documents divers

Programme de la Fédération des Comités radicaux et radicaux-socialistes de la Seine (octobre 1905)

RÉFORMES POLITIQUES

Revision de la Constitution dans le sens le plus démocratique, la République étant mise au-dessus de toute discussion ;

Suprématie de la Chambre des députés en matière financière ;

Nomination du Sénat par des délégués élus au suffrage universel ;

Scrutin de liste et représentation proportionnelle ; la Chambre élue pour six ans et renouvelable par

1. Ce programme, élaboré par M. Louis Bonnet, modifié sur quelques points par l'assemblée générale, a été adopté à l unanimité des suffrages exprimés.

tiers tous les deux ans ; mesures législatives assurant la liberté et la sincérité du vote ; réglementation de l'affichage ; limitation des dépenses électorales ; non éligibilité pendant dix ans du candidat condamné par les tribunaux pour fraude ou corruption électorales ;

Suppression du cumul des fonctions électives ;

Large décentralisation administrative ; le département, la commune et spécialement la Ville de Paris, maîtres chacun de leurs budgets et de leurs services dans les limites compatibles avec l'unité nationale ; suppression des conseils d'arrondissement et des sous-préfectures ;

Laïcisation intégrale dans tous les services de l'Etat, des départements et des communes ; groupement syndical des communes pour poursuivre les réformes qui les intéressent ; application plus large de la loi de 1889.

RÉFORMES JUDICIAIRES

Extension de la juridiction des prud'hommes à tous les salariés de l'industrie, du commerce et de l'agriculture, avec création d'un degré d'appel ; simplification des codes, leur revision dans un sens plus large et plus humain ; réduction des frais de procédure ; extension graduelle des droits civils et politiques de la femme ; revision de la loi de 1838 sur les aliénés ; suppression de la peine de mort ; subsidiairement, suppression de la publicité des exécutions capitales.

Transformation en fonctions publiques des offices ministériels ; suppression du privilège des avocats ; réforme de la magistrature ; réglementation de la nomination et de l'avancement des magistrats.

RÉFORMES SCOLAIRES

Abrogation de la loi Falloux ; enseignement unitaire ; l'enseignement primaire laïque formant la base commune de l'éducation de tous les citoyens français ; l'enseignement secondaire confié exclusivement à des laïques et placé sous le contrôle de l'Etat ; l'enseignement secondaire et supérieur accessibles à tous en raison des aptitudes constatées ; développement des œuvres post-scolaires ; développement de l'enseignement professionnel ; écoles d'apprentissage.

RÉFORMES MILITAIRES

Réduction de moitié des périodes d'instruction ; réformes dans le régime de la caserne, comportant pour le soldat un complément d'instruction générale et professionnelle ; revision du code de justice militaire ; atténuation des peines ; suppression des conseils de guerre en temps de paix ; loi de recrutement pour les officiers ; rajeunissement des cadres ; unite d'origine.

RÉFORMES AGRICOLES

Dégrèvement des petites cotes foncières ; revision du cadastre ; développement de l'enseignement technique et agricole ; généralisation de l'assurance, base du crédit agricole, contre les épizooties, la gelée et la grêle ; création du bien de famille incessible et insaisissable : représentation professionnelle de la culture ; loi réprimant les fraudes sur les produits agricoles ; réformes financières et économiques.

Protéger l'épargne publique contre les abus de la spéculation et de l'agiotage ; réprimer les accaparements ; réforme générale et radicale de l'impôt ; l'impôt global et progressif sur le capital et sur le revenu et suppression graduelle des impôts indirects.

Subsidiairement : Revision de la loi des patentes, dégrèvement du petit commerce, taxation des grands établissements commerciaux ou industriels d'après le nombre des spécialités exploitées du personnel employé ou auxiliaire.

Suppression de l'héritage en ligne collatérale à partir du quatrième degré ; maintien de la liberté de tester ; augmentation progressive des droits en raison du chiffre de la fortune ; suppression des octrois avec le concours de l'Etat, en tenant compte des droits acquis par les employés en fonction.

Application de la loi de 1807 ; suppression des sinécures et des rouages inutiles ; relèvement des petits traitements : revision de la loi de 1849 sur l'assistance publique : allègement des charges que la ville de Paris supporte abusivement ; augmentation notable de la quote-part de Paris dans le prélèvement sur le pari mutuel.

Déclaration d'utilité publique du canal devant faire Paris port de mer, sans subvention de l'Etat ; déclaration d'utilité publique du canal des Deux-Mers ; création d'un canal latéral au Rhône, de Marseille à Lyon ; raccord des chemins de fer et des voies navigables ; création de voies navigables reliant le bassin de la Loire à celui du Rhin et par le Rhône à la Méditerranée.

Electorat et éligibilité des employés et voyageurs de commerce aux tribunaux et chambres de commerce ; recrutement rationnel des agents du corps consulaire : vote définitif de la loi réglant les rapports des compagnies de chemins de fer avec leurs agents, en prenant pour base de la loi Berteaut le projet transactionnel tel qu'il a été établi par l'intermédiaire de leurs syndicats.

Suppression du privilège des bouilleurs de cru ; suppression des commerces clandestins ; suppression de la zone militaire parisienne.

Réforme du mode d'attribution des bureaux de tabac ; amortissement graduel de la dette publique ; sévère contrôle de toutes les dépenses publiques, tant militaires que civiles, et réduction de toutes les dépenses qui ne sont pas nécessaires à la bonne marche des services publics et à la défense nationale.

Extension du chemin de fer Métropolitain dans tout le département de la Seine.

LA POLITIQUE EXTÉRIEURE

Affirmer l'idée de patrie, le devoir rigoureux de la défense nationale et le souci constant de faire respecter l'intégrité du territoire français.

Développer le principe de l'arbitrage international pour empêcher les différends entre les peuples, les guerres de conquêtes et faire prévaloir la justice et le droit sur la violence et la force.

Renonciation aux expéditions militaires pour l'extension de notre domaine colonial et, dans les colonies actuelles ou pays de protectorat soustraits à l'influence des missionnaires et au régime militaire, développement d'institutions protectrices des indigènes.

RÉFORMES SOCIALES

Code du travail et de la prévoyance sociale ; achèvement et perfectionnement d'un ensemble de lois ouvrières (telles que celles sur l'emploi des femmes et des enfants dans l'industrie, sur le contrat de travail et le contrat d'apprentissage, sur les accidents et risques professionnels, sur la limitation des heures de travail, sur le repos hebdomadaire, sur la police et l'hygiène des ateliers, etc.) ; subsidiairement :

amélioration de la loi sur les accidents du travail ; son extension à tous les salariés, commis et employés du commerce, de l'industrie et de l'agriculture, contre les risques de maladie, d'accident, d'invalidité, de vieillesse et de chômage. Subsidiairement : élaboration d'une loi sur les retraites ouvrières et paysannes ; secours nationaux, départementaux et communaux aux femmes enceintes dans la misère et aux filles-mères pendant et après ; meilleure situation des enfants dits naturels.

Obligation majeure pour les communes du département de la Seine de posséder un bâtiment communal convenable où seraient abritées les familles sans asile expulsées par autorité de justice et aussi les malheureux de passage sans abri ; reprise de la législation de 1848 contre le marchandage ; inscription de mesures protectrices des travailleurs dans les cahiers des charges de toute entreprise dépendant de l'Etat, du département ou de la commune, notamment pour assurer un maximum d'heures de travail et un salaire minimum normal.

Application des prix de série au salaire de tous les travaux faits dans les prisons, couvents, ouvroirs, colonies pénitentiaires, maisons d'assistance par le travail ; législation protectrice du travail ; organisation du crédit aux travailleurs ; organisation des conseils du travail et des conseils d'arbitrage ; interdiction des paiements en nature par les économats.

Participation de l'Etat aux mesures à prendre dans l'intérêt de la santé publique ; suppression des logements insalubres ; développement des habitations à bon marché ; lutte contre l'alcoolisme et la tuberculose.

Egalisation des salaires de l'homme et de la femme à travail égal ; repos légal de six semaines après l'accouchement pour toutes les femmes employées dans l'administration, l'industrie, le commerce et l'agriculture.

Améliorations des lois relatives à l'assistance judiciaire et aux saisies-arrêts sur les salaires des ouvriers et des commis-employés.

Encouragement de l'Etat aux sociétés mutualistes et à toutes les initiatives propres à faire passer le travailleur du rôle de salarié à celui d'associé, notamment par la participation aux bénéfices, et à faciliter à tous l'accession à la propriété individuelle, qui apparaît comme une des conditions de la liberté en prolongeant la personnalité humaine sur les objets matériels que son travail a conquis ; faire rentrer dans le domaine de l'Etat certains monopoles et services publics au fur et à mesure que l'exigeront les intérêts de la défense nationale et de la production agricole et industrielle : chemins de fer, mines, raffineries, rectification de l'alcool, etc.

Pièce n° 14

Ordre du jour du Congrès du Comité exécutif 6 décembre 1905

Les deux textes ci-après, préparés par une commission composée de MM. H. Brisson, Buisson, Maujan, Pelletan, L. Bonnet et Maurice Sarraut, sont lus par M. Maujan et adoptés à l'unanimité :

I. — *Motion Sarraut*

Le Comité exécutif du parti radical et radical-socialiste, réuni en assemblée plénière, le 6 décembre, à Paris, juge nécessaire, à la veille des élections sénatoriales et avant les élections législatives, de rappeler aux organisations adhérentes les principes qui doivent guider leur action dans les batailles électorales prochaines.

En ce qui concerne le programme :

Le parti radical et radical-socialiste est, avant tout, un parti de foi républicaine. Il met donc au premier rang de ses préoccupations la défense et la sauvegarde de la République, considérant celle-ci comme le seul instrument possible d'émancipation morale et matérielle de la démocratie. Entre les ennemis de la République et le parti radical et radical-socialiste, il ne peut y avoir rien de commun. Toute entente avec la réaction exposerait l'organisation qui s'y laisserait entraîner à l'exclusion immédiate du Parti.

Le parti radical et radical-socialiste est un parti de *réforme sociale*. En accomplissant la séparation des Eglises et de l'Etat, la République a couronné son œuvre de laïcité, qu'il lui faut maintenir, consolider et développer.

Le parti radical et radical-socialiste défendra avec énergie cette œuvre d'émancipation politique, intellectuelle et morale, lui fera donner tous ses fruits, mais il portera parallèlement son effort de solidarité vers la conquête de la justice sociale.

Le Comité exécutif rappelle les déclarations précédentes des congrès de Toulouse et de Paris, qui fixent sur ce point avec précision l'idéal poursuivi et le but à atteindre ; il rappelle notamment les déclarations qui suivent et qui ont recueilli l'adhésion unanime des délégués du parti :

« Le parti radical et radical-socialiste aspire à créer, sans violence, par le jeu pacifique d'institutions transformées, des circonstances économiques telles que le prolétariat y puisse efficacement faire valoir ses droits, améliorer sa situation matérielle et morale, obtenir la propriété de son outil et la rémunération légitime de son labeur, arriver enfin à la disparition du salariat.

« L'attachement du parti radical et radical-socialiste à la propriété individuelle n'est pas assez irréfléchi pour s'étendre aux abus qui en détruiraient la légitimité et la raison d'être.

« La constitution d'une industrie de plus en plus centralisée, l'accumulation de plus en plus puissante, entre les mains d'une infime minorité, de capitaux dominateurs, ont aggravé pour l'ouvrier le péril de son isolement.

«Le parti radical et radical-socialiste n'assistera pas les bras croisés aux conflits du capital et du travail ; il affirmera le droit et le devoir de l'Etat d'intervenir dans leurs rapports pour établirles conditions nécessaires de la justice. »

Le parti radical-socialiste estime que l'œuvre de la législature prochaine devra donc être surtout une œuvre d'émancipation économique et sociale, et engage les candidats se réclamant de lui à l'affirmer nettement dans leurs professions de foi.

Le parti radical et radical-socialiste est un parti d'*évolution* permanente vers le progrès ; attentif aux phénomènes économiques, il n'apportera, dans l'examen des problèmes sociaux qui s'imposent à sa sollicitude, ni résistance égoïste, ni arrière-pensée préconçue d'imposer ses solutions présentes. si l'avenir permet de les juger insuffisantes à assurer le mieux-être de l'humanité.

Libéré de tous les *credo*, il se refuse simplement à faire table rase de tout l'effort des générations antérieures vers la liberté pour enfermer le haut idéal de justice qu'il porte en lui dans une formule quelconque.

Mais dans sa volonté profonde et sincère de faire cause commune avec le prolétariat pour réaliser les réformes sociales auxquelles il reconnaît et proclame le droit de celui-ci, il ne distinguera pas, pour les soutenir et les faire triompher, si ces réformes émanent de sa propre initiative ou de l'initiative d'un parti voisin et ami.

En ce qui concerne la tactique électorale :

II. — *Ordre du jour*

Le Comité exécutif,

Considérant que les intérêts sacrés de l'indépendance nationale doivent, dans un pays libre, planer au-dessus de toutes les querelles intérieures ;

Mais que ce serait faire injure au suffrage universel de supposer que, quelque part que ce soit, une majorité, même relative, pourrait être acquise à un candidat qui déclarerait qu'il lui est indifférent de livrer son pays à l'étranger ;

Considérant que l'union étroite de tous les républicains qui se réclament de l'esprit de notre Révolution, qui veulent continuer son œuvre, et qui répudient toute alliance et toute intrigue avec les partis de recul — union connue sous le nom de Bloc — est indispensable pour préserver la France des entreprises de la réaction cléricale, comme pour assurer les progrès démocratiques et sociaux, et qu'elle a été acclamée à maintes reprises par le suffrage universel, qui en veut le maintien ;

Considérant qu'il appartient au parti radical et radical-socialiste, placé au cœur du Bloc, dont il forme la grande majorité, de préserver cette union des conséquences des querelles de personnes et des particularismes de doctrine :

Considérant que si, dans certaines manifestations récentes, l'esprit d'exclusivisme a paru mettre en question l'union du Bloc, le rôle du parti radical et radical-socialiste est non d'aggraver ces symptômes restreints de division, mais au contraire de faire tout ce qui est nécessaire pour ramener, au moment décisif, toutes ces bannières particulières autour du drapeau commun, en prêchant d'exemple et en adressant à toutes les fractions de la démocratie un appel qui sera toujours entendu des républicains sincères ;

Affirmant donc plus énergiquement que jamais le devoir de maintenir l'union étroite de toutes les forces démocratiques en face de la coalition réactionnaire, nationaliste et cléricale ;

Résolu à opposer le Bloc républicain au Bloc réactionnaire :

Décide :

1° Au premier tour de scrutin, le comité exécutif soutiendra de toutes ses forces les candidats du parti radical et radical-socialiste ;

2° L'unité de candidature devra être observée, dès le premier tour de scrutin partout où les compétitions entre les partisans du même programme risqueraient de lui faire perdre la majorité relative ;

3° Dès le premier tour. le comité exécutif réclame des candidats de toutes les fractions du Bloc la promesse de se désister en faveur du candidat de gauche que le suffrage universel aura désigné ;

4° Dans tous les cas, au second tour, la discipline républicaine devra être strictement observée par les candidats du parti radical et radical-socialiste ;

Ce désistement s'impose, même s'il n'y a plus de candidat réactionnaire en ligne, parce qu'il est inadmissible qu'un candidat de gauche se réserve de profiter des suffrages réactionnaires pour l'emporter sur le concurrent désigné par les suffrages républicains ;

5° En dehors de ces règles générales de tactique, les décisions des fédérations et des comités adhérents devront s'inspirer exclusivement, comme par le passé, de l'intérêt supérieur de la République démocratique et sociale.

Pièce n° 15

DÉCLARATION DE LA GAUCHE RADICALE-SOCIALISTE AU SÉNAT

(Extrait de *l'Aurore*, 15 février 1906).

Le texte ci-après a été, sous la présidence de M. Maurice Faure, adopté à l'unanimité.

La pensée génératrice de notre groupe n'est pas une pensée de division. C'est une pensée d'action au grand jour, qui veut la libre collaboration de toute la démocratie républicaine.

Plus que jamais nous resterons persuadés que l'union des républicains dans le Parlement, comme dans le corps électoral, s'impose à tous les politiques désireux d'aboutir. Car cette union n'est pas seulement la garantie des résultats obtenus : elle est la condition même de l'œuvre que nous nous proposons d'entreprendre.

L'ŒUVRE ACCOMPLIE

Déjà, par cette entente, la République, en même temps qu'elle déjouait les manœuvres ou repoussait les assauts de ses adversaires, a pu réaliser une part importante de sa tâche réformatrice.

La tâche politique, grâce à l'accord des républicains, se trouve aujourd'hui en bon état d'avancement. Sans doute, il s'en faut de beaucoup encore que nos institutions soient en pleine harmonie avec l'idéal républicain. Trop de barrières, trop de chaînes, forgées par les régimes déchus, entravent encore le libre exercice des droits du citoyen. Pour nous borner à une seule indication, n'en sommes-nous pas toujours à attendre, avec les garanties primordiales de la liberté ndividuelle depuis si longtemps réclamées, la réforme de la justice militaire, reconnue urgente, voilà bientôt sept ans, par M. de Galliffet lui-même ?

Mais s'il nous reste plus d'une étape à franchir, du moins avons-nous fait de notables progrès dans la voie de notre transformation politique. Hier encore, l'union des républicains permettait d'acheminer enfin vers sa solution définitive la question capitale des rapports des Eglises et de l'Etat.

LES RÉFORMES SOCIALES DEVANT LE SÉNAT

Il n'en est pas malheureusement pas de même de notre tâche économique et sociale. Sur ce point, l'œuvre entreprise est à peine ébauchée. La plupart des projets élaborés dans un esprit de justice sociale par la Chambre des députés et transmis au Sénat n'y ont rencontré qu'un accueil peu encourageant, quand ils ne se sont pas heurtés à des résistances que nous déplorons.

Sans doute, certains de ces projets, comme le preet sur les retraites des agents des chemins de fer, soulèvent de graves problèmes, dont peut-être la solution n'était pas impossible à trouver, puisqu'on nous annonce que le gouvernement va nous l'apporter.

Mais d'autres, qui ne présentent pas les mêmes difficultés : par exemple la proposition d'étendre à toutes les exploitations commerciales les dispositions de la loi sur les accidents du travail — proposition acceptée par les patrons eux-mêmes — le projet de loi sur le repos hebdomadaire, adopté par la Chambre *il y a quatre ans*, la proposition de loi sur les saisies-arrêts des salaires, et tant d'autres résolutions qui nous ont été transmises du Palais-Bourbon ou qui ont été déposées ici même, comme la proposition de loi tendant à la protection des femmes en couches, l'extension de la juridiction des prud'hommes aux employés de commerce et d'agriculture, l'extension de l'électorat et de l'éligibilité à tous les patentables pour l'élection des chambres de commerce, la loi prohibant l'emploi meurtrier de la céruse en instance au Sénat *depuis trois ans*, le projet de loi de notre collègue Goirand *voté par la Chambre il y a huit ans*, sur la protection du salaire de la femme mariée — tous projets constituant des améliorations au moins partielles du sort de l'ouvrier — n'ont pas mieux réussi à triompher des lenteurs de nos commissions, du renvoi à ces mêmes commissions, après un commencement de discussion, ou de la remise à une seconde délibération.

Les rares propositions de réforme d'ordre social

que le Sénat a jusqu'ici sanctionnées, ne l'ont été qu'avec des restrictions comme la loi sur les bureaux de placement ou la loi sur la réduction de la durée du travail dans les mines.

Même un mouvement de recul s'est affirmé par l'adoption de la proposition Waddington-Méline, restreignant les avantages qu'assurait aux ouvriers la législation de 1900 sur la durée de la journée de travail.

Il est juste pourtant d'observer que cette tendance ne l'a pas toujours emporté. La loi récente sur l'assistance obligatoire aux vieillards, aux incurables et aux infirmes, en est une preuve que nous avons plaisir à enregistrer, comme un hommage aux bonnes dispositions du Sénat, et aussi comme une espérance.

L'ŒUVRE DE DEMAIN

Mais, dans l'ensemble, la tâche reste entière, et pourtant elle est urgente. L'œuvre de notre transformation économique et sociale n'est pas moins essentielle que l'œuvre de notre transformation politique. L'une appelle l'autre et ne se complète que par elle. A mesure que celle-ci s'achève, celle-là se fait plus pressante. A la liberté accrue doit correspondre une somme croissante de justice sociale pour tous. L'entreprise ne peut être différée.

Là se trouve la raison d'être de notre groupement. Notre but est d'affirmer la nécessité d'orienter désormais l'action des républicains, toujours unis, dans le sens d'une transformation sociale.

A nous de faire pénétrer dans l'esprit des républicains qui ne l'auraient pas encore au même degré le sentiment de cette nécessité. A nous d'activer la tâche et d'y consacrer toutes nos forces, tout notre dévouement.

Le programme radical-socialiste

Aussi bien, ne faisons-nous ainsi que continuer notre action antérieure. Ce que nous proclamons aujourd'hui, que de fois nous l'avons répété !

C'est pourquoi il serait superflu de formuler à nouveau le programme, toujours le même, dont nous n'avons cessé d'appeler de tous nos vœux la prochaine réalisation.

Ce n'est pas d'aujourd'hui que nous avons réclamé une limitation plus étroite et mieux garantie de la journée de travail, ainsi que le développement du droit syndical, d'où pourrait sortir l'heureuse collaboration des travailleurs et des pouvoirs publics pour l'émancipation des masses laborieuses.

Ce n'est pas d'aujourd'hui que nous avons recommandé l'assurance sociale contre la vieillesse, contre tous les risques du chômage et de la maladie, et demandé le retour à la nation des monopoles concédés par l'Etat.

De tout temps a figuré au premier rang de nos

revendications cet impôt progressif sur le revenu et les successions, dont la suprême équité était récemment encore attestée par celui qui devait être, à quelques jours de là, l'élu des républicains à la présidence de la République.

Tout cela, c'est notre programme, le programme déjà ancien du parti radical-socialiste.

Oui socialiste, car nous ne saurions admettre qu'on nous dénie le droit de revendiquer ce titre. Il est si bien à nous que ceux-là mêmes qui nous le contestent, ayant à formuler leur programme, n'ont pas hésité à nous emprunter le nôtre.

Il est vrai qu'ils n'attendent de ces mesures rien de moins que l'universalisation ultérieure de la propriété collective. Mais sans nous laisser effrayer par une vue de l'esprit qui n'a que la valeur d'une prophétie, nous proclamons que toute réforme de justice sociale ne peut aboutir qu'à la consolidation du régime de la propriété individuelle, nécessaire au maintien de la personnalité humaine, au développement de son activité.

Nous avons cru devoir donner ces brèves explications à nos amis de la majorité républicaine, à laquelle nous entendons rester fidèlement unis par les liens d'une collaboration assidue, dans l'intérêt de la démocratie, pour le bien de la patrie.

LA GAUCHE RADICALE-SOCIALISTE

Pièce n° 16

LA RÉFORME ÉLECTORALE

RAPPORT DE M. J.-L. BONNET SUR LA RÉFORME ÉLECTORALE PRÉSENTÉ AU CONGRÈS DE NANCY AU NOM DU COMITÉ EXÉCUTIF.

Citoyens,

Le Congrès radical et radical-socialiste de Lille, de 1906, a décidé de consulter les Comités adhérents sur la réforme électorale et de la discuter au Congrès de Nancy de 1907. Votre « Commission des réformes électorales, administratives et judiciaires » m'a chargé de vous faire connaître les résultats de cette consultation et de vous exprimer son opinion.

LA RÉPONSE DES COMITÉS

De nombreux Comités adhérents ont répondu au questionnaire du Comité exécutif. La majorité s'est prononcée pour le scrutin de liste simple, la minorité pour le scrutin d'arrondissement ou pour le scrutin de liste avec représentation proportionnelle. Des Comités ignorent le mécanisme de ce dernier mode de scrutin ou le trouvent compliqué et demandent qu'on en précise les avantages et le fonctionnement.

Le Congrès de Nancy n'abordera utilement ce débat

qu'en évitant le parti pris. Aux Congrès précédents, on a opposé le scrutin de liste au scrutin d'arrondissement ; je tomberais dans des redites en reproduisant les deux thèses en présence.

Pour la première fois, nous allons examiner la représentation proportionnelle (en abrégé, la R. P.) Je sais que beaucoup de nos amis la repoussent. Depuis longtemps, j'en suis le partisan convaincu ; votre Commission la préconise ; vous me permettrez d'en appeler à votre jugement éclairé et de vous exposer avec une entière sincérité les graves raisons qui ont déterminé notre conviction.

La représentation proportionnelle. — (La R. P.)

La *Déclaration des droits de l'homme et du citoyen*, fondement de la constitution républicaine, proclame le « *droit, pour chaque citoyen, de concourir, personnellement ou par son représentant,* à la formation de la loi et à la détermination de la contribution publique ».

Le système majoritaire, scrutin de liste ou d'arrondissement, qui remet le pouvoir de nommer le représentant à la moitié plus un des votants et l'enlève à la moitié moins un, est la négation du droit de chaque citoyen.

La Représentation proportionnelle (la R. P.) qui fournit à chaque parti la faculté d'être représenté selon son importance numérique, sauvegarde le droit du citoyen et fait respecter la *Déclaration des droits de l'homme.*

Divers procédés d'application ont été présentés. Nous ne les comparerons pas entre eux. Nous acceptons celui qui ralliera la majorité. Le plus imparfait donne des résultats plus justes que le procédé majoritaire. La Commission parlementaire a adopté la méthode d'Hondt ou du commun diviseur. Voici les articles qui indiquent le moyen technique de décompte des suffrages et de répartition des sièges :

ART. 8. — La masse électorale de chaque liste est la somme des nombres de suffrages respectivement obtenus par les candidats appartenant à cette liste.

ART. 9. — Pour répartir les sièges entre les listes, chaque masse électorale est successivement divisée par 1, 2, 3, 4, etc., et les quotients obtenus sont inscrits par ordre d'importance, jusqu'à ce qu'on ait déterminé dans cet ordre autant de quotients qu'il y a de députés à élire dans la circonscription ; le plus petit de ces quotients sert de diviseur commun. Il est attribué à chaque liste autant de députés que sa masse électorale contient de fois le diviseur commun.

ART. 10. — Dans chaque liste, les sièges sont dévolus aux candidats ayant obtenu le plus de suffrages, et, en cas d'égalité de suffrages, aux plus âgés.

Quelquefois, on se laisse rebuter par l'apparente aridité du texte et on rejette le système sans vouloir l'étudier. On prétend que la formule est complexe et le calcul ardu. Vérifions-le. Choisissons comme exemple le Morbihan.

Exemple du Morbihan

Voici les résultats des élections de 1906 :

Lorient :		
1re circ. —	Guieysse, rad. soc.	7.543
	Blanc, réac.	4.934
2e circ. —	Lamy, réac.	8.641
3e circ. —	Guilloteaux, réac.	6.713
	Le Rouzic, rad.	6.583
Ploërmel :		
	Duc de Rohan, réac.	16.992
Pontivy :		
1re circ. —	De Lanjuinais, réac.	9.658
	Le Floch, rad. soc.	2.591
2e circ. —	De Boissieu, réac.	5.556
	Brard, rad.	5.082
Vannes :		
1re circ. —	De l'Estourbeillon, réac.	9.261
	Prulhière, rad.	3.709
2e circ. —	Forest, réac.	14.604

M. Guieysse a été le seul républicain élu. Les sept autres députés sont réactionnaires.

Indiquons, d'après ces chiffres, quel aurait été le résultat par la Représentation proportionnelle.

Conformément à l'article 8 du projet de loi, nous faisons d'abord la masse électorale de chaque liste.

Liste réactionnaire		*Liste républicaine*	
De Rohan	16.992	Guieysse	7.543
Forest	14.604	Le Rouzic	6.584
De Lanjuinais	9.658	Brard	5.082

De l'Estourbeillon..	9.261	Prulhière........	3.709
Lamy............	8.641	Le Floch.........	2.591
Guilloteaux........	6.713		
De Boissieu.......	5.559		25.508
Blanc.............	4.934		
	76.362		

La masse électorale de la liste réactionnaire est 76.362, la masse électorale de la liste républicaine est 25.508.

Pour répartir les huit sièges entre les deux listes, divisons successivement chaque masse électorale par 1, 2, 3, 4, 5, 6, etc. Nous inscrivons, par ordre d'importance, les quotients obtenus jusqu'à ce que nous ayons déterminé, dans cet ordre, autant de quotients qu'il y a de députés à élire ; le plus petit de ces quotients sert de diviseur commun.

Liste réactionnaire	*Liste radicale*
1. — 76.362	1. — 25.508
2. — 38.181	2. — 12.754
3. — 25.454	3. — 8.502
4. — 19.090	
5. — 15.272	
6. — 12.727	
7. — 10.906.	

Classons ces résultats par ordre d'importance.

1. — 76.362 à la liste réactionnaire.......
2. — 38.181 — réactionnaire...... .
3. — 25.508 à la liste radicale.
4. — 25.454 — réactionnaire.
5. — 19.090 — réactionnaire.

6. — 15.272 — réactionnaire.
7. — 12.754 — radicale.
8. — 12.727 — réactionnaire.

Le nombre des députés à élire étant de huit, le chiffre de 12.727, qui est le huitième de la série, sera donc le commun diviseur cherché et donnera les résultats suivants :

Réactionnaires....	76.362 : 12.727 = 6
Radicaux.........	25.508 : 12.727 = 2

En conséquence sont élus :

Les 6 réactionnaires ayant obtenu le plus grand nombre de voix de la liste réactionnaire, MM. de Rohan, Forest, de Lanjuinais, de l'Estourbeillon, Lamy, Guilloteaux ;

Et les 2 radicaux ayant obtenu le plus grand nombre de voix de la liste radicale, MM. Guieysse et Le Rouzic.

Il est à remarquer que les radicaux n'ont pas eu de candidats dans trois circonscriptions du Morbihan en 1906. En 1898, où ils ont eu des candidats dans les huit circonscriptions, l'ensemble de leurs suffrages s'est élevé à 53.697 contre 54.458 aux réactionnaires ; avec la représentation proportionnelle, ils auraient eu quatre députés et les réactionnaires quatre.

LE SCRUTIN DE LISTE DE 1885

Pour rendre l'exemple plus sensible encore et montrer la simplicité du calcul et du système de la Représentation proportionnelle, prenons les résultats du scrutin de liste de 1885 dans le même Morbihan.

Les huit réactionnaires furent alors élus. Voyons ce qui serait arrivé avec la représentation proportionnelle. Nous faisons d'abord la masse électorale de chaque liste.

Liste réactionnaire		*Liste républicaine*	
Du Rodan........	60.489	Roux-Lavergne..	34.605
De Rohan-Chabot..	60.347	Trottier...... ..	34.536
De Mun..........	60.341	Bourdet.........	34.376
De Lanjuinais.....	60.316	Legourüerec.,...	34.372
Martin............	60.282	Juhel...........	34.362
De Lamarzelle.....	60.279	Sergent.........	34.330
Lorois............	60.112	Gressy..........	34.221
Caradac..........	59.902	Martine.........	34.026
	482.068		274.828

La masse électorale de la liste réactionnaire est 482.068, la masse électorale de la liste républicaine est 274.828.

Pour répartir les huit sièges entre les deux listes, divisons successivement chaque masse électorale par 1, 2, 3, 4, 5, 6, etc. Nous inscrivons par ordre d'importance, les quotients obtenus jusqu'à ce que nous ayons déterminé, dans cet ordre, autant de quotients qu'il y a de députés à élire, le plus petit de ces quotient sert de diviseur commun.

Liste réactionnaire	*Liste républicaine*
1. — 482.068	1. — 274.828
2. — 241.034	2. — 137.414
3. — 160.689	3. - 91.609
4. — 120.517	
5. — 96.413	
6. — 80.344	

Classons ces résultats par ordre d'importance.

1. — 482.068 réactionnaires.
2. — 274.828 républicains.
3. — 241.034 réactionnaires.
4. — 160.689 réactionnaires.
5. — 137.414 républicains.
6. — 120.517 réactionnaires.
7. — 96.413 réactionnaires.
8. — 91.609 républicains.

Le nombre des députés à élire étant de huit, le chiffre de 91.609 qui est le huitième de la série sera donc le commun diviseur cherché et donnera les résultats suivants :

Réactionnaires...... 482.068 : 91.609 = 5
Républicains........ 274.828 : 91.609 = 3

En conséquence sont élus :

Les 5 réactionnaires ayant obtenu le plus grand nombre de voix de la liste réactionnaire. MM. du Bodan, de Rohan-Chabot, de Mun, de Lanjuinais, Martin.

Et les 3 républicains ayant obtenu le plus grand nombre de voix de la liste républicaine, MM. Roux-Lavergne, Trottier, Bourdet.

Tel est le système, dont voici les conséquences immédiates :

L'élection législative se fait en un seul tour de scrutin. Il n'y a plus de majorité absolue, ni de majorité relative : un quotient, unique et uniforme dans chaque circonscription, fournit le diviseur commun. Il n'y a plus de ballottage, mais un amiable partage des sièges suivant ce diviseur commun.

Il n'y a plus d'élections partielles : en cas de vacance par décès, démission ou autrement, les candidats non élus de chaque liste et classés par ordre de suffrages, remplacent le décédé et le démissionnaire de leur liste.

LE VOTE AVEC LA R. P.

Première objection : « La R. P. ne bouleversera-t-elle pas le système actuel de constitution des bureaux de vote ? Le décompte des voix et le calcul de la masse électorale et du diviseur commun ne seront-ils pas laborieux et sujets à fréquentes erreurs » ?

Non. Rien n'est changé à la constitution du bureau de vote, ni aux opérations du scrutin et du dépouillement.

Le bureau de vote additionne les bulletins de chaque liste. La Commission de recensement se réunit au chef-lieu du département et répartit les sièges entre chaque liste.

Avec la R. P. comme avec le scrutin de liste et d'arrondissement, on trouvera, en chaque commune, des scrutateurs capables de faire quelques opérations d'arithmétique élémentaire et des contrôleurs pour les surveiller.

La Commission de recensement nomme, pour les opérations techniques, des calculateurs qui l'assistent sous sa surveillance et son contrôle. Leurs honoraires sont fixés par arrêté préfectoral.

LE FRANÇAIS NON INFÉRIEUR AUX AUTRES PEUPLES

Deuxième objection : « L'application de la R. P. heurte de front les habitudes du pays qui a jusqu'ici vécu sous la simple loi du régime majoritaire. Les opérations et les résultats du vote déconcerteront le suffrage universel. L'électeur ne comprendra pas qu'on proclame élu un candidat qui aura obtenu moins de voix qu'un non-élu. »

Ce raisonnement empêcherait tout progrès. Une innovation suscite toujours des inquiétudes et des craintes. Notre parti met son honneur, emploie ses efforts à vaincre le préjugé et à réaliser l'amélioration.

La R. P. est pratiquée en Belgique où elle est encore compliquée du vote plural ; en Suisse, au Danemark, aux Etats-Unis, dans la République Argentine. L'empereur de Russie l'a introduite, cette année même, en Finlande, en y ajoutant l'électorat et l'éligibilité de la femme.

Est-il un seul d'entre nous qui fera au citoyen français l'injure de lui refuser le degré de capacité et d'esprit politique qui permet, en tant de pays étrangers, de comprendre et de pratiquer la R. P. ?

Le paysan de Flandre, le vacher du canton de Vaud,

l'artisan de la Karélie, admettent que la moitié plus un des votants ne désigne pas tous les représentants et qu'on face la part de la minorité. Personne ne soutiendra ici que le vigneron de Bourgogne, le laboureur de la Beauce et le tisseur lyonnais possèdent une mentalité inférieure et ne s'élèvent pas à cette notion de l'idée de justice.

L'électeur français appliquera la R. P. aussi aisément que le Belge et le Finnois. Notre intelligence n'est pas moins vive que la leur et nous avons moins d'illettrés en France qu'en Belgique. Nous jouissons du suffrage universel depuis bien plus longtemps que ces nations ; elles en ont perfectionné l'usage par la R. P. ; nous leur avons donné l'exemple, elles l'ont suivi et nous ont devancés. Sachons, à notre tour, ne pas rester en arrière ; maintenons notre réputation et allons au progrès.

La loi du nombre. — Le scrutin d'arrondissement

Nous en recueillerons d'incomparables avantages. Nous commencerons d'abord par sortir de l'arbitraire et de l'abstraction. Nous répétons à l'envi que le suffrage universel est basé sur la loi du nombre, et nous avons imaginé un système qui la foule aux pieds.

Le scrutin d'arrondissement fonctionne d'après la plus absurde délimitation des circonscriptions qu'on puisse concevoir. On écrit couramment que le Français se pique de logique ; nous ne le prouvons guère.

Le scrutin uninominal viole constamment cette fameuse loi du nombre dont nous prétendons appliquer le principe. Regardons autour et loin de nous.

Les six départements du sud-est, Basses-Alpes, Hautes-Alpes, Bouche-du-Rhône, Var, Alpes-Maritimes, Vaucluse, ont 1.881.000 habitants et 30 députés. Le Nord, qui compte 1.890.000 habitants, soit 9.000 habitants de plus, n'a que 23 députés, soit 7 députés de moins.

Les Basses-Alpes ont 111.000 habitants et 5 députés, l'Ariège a 205.000 habitants et 3 députés seulement.

Le Var a 325.000 habitants et 4 députés, alors que les Basses-Alpes avec près de trois fois moins d'habitants ont 5 députés. La voilà, notre loi du nombre ! Continuons.

Avec 420.600 habitants, la Sarthe a cinq députés. un de moins que l'Aube qui en a six pour 242.000 habitants seulement.

Les Côtes-du-Nord ont 613.000 habitants et 9 députés. La Loire-Inférieure avec 666.000 habitants n'a que 8 députés.

Roubaix a 130.000 habitants et un député ; les Basses-Alpes, 111.000 habitants et cinq députés Notre loi du nombre, c'est l'inégalité.

Dans un même département, on constate d'étranges anomalies. A Belley (Ain), il y a 24.000 électeurs inscrits ; à Gex, 6.500.

Dans la Creuse : à Aubusson (29.493 inscrits), et députés est élu par 17.057 voix ; à Bourganeuf 12.480 inscrits), par 4.746 voix.

Dans le Nord, le député de la première circonscription de Cambrai (31.207 inscrits) est nommé par 15.143 voix, le député de la 9e circonscription de Lille (12.382 inscrits), par 6.156 voix.

Dans la Seine, la deuxième circonscription du VIIIe arrondissement a 6.880 inscrits et le député est élu par 3.810 voix, tandis que la deuxième circonscription de Sceaux a 32.920 inscrits et le député est élu par 14.912 voix.

Entre les incohérences du système, on n'a que l'embarras du choix. Prenons cinq circonscriptions : Barcelonnette, Castellane, Sisteron, Briançon et Embrun. Elles ont un total de 26.842 inscrits et leurs cinq députés ont réuni 11.772 voix.

Au contraire : cinq circonscriptions, Nantes (3e circ.), Sceaux (2e circ.), Versailles (1re circ.), La Palisse, Sarlat comptent 167.441 inscrits et leurs cinq députés ont réuni 86.457 voix. Celui d'entre eux qui a obtenu le moins de suffrages (14.912), en a plus à lui seul que les cinq élus de Barcelonnette, Castellane, Sisteron, Briançon et Embrun, qui en totalisen 11.772.

Les 591 députés de 1906 ont obtenu 5.209.606 voix. Les voix non représentées s'élèvent à 6.383.852.

La majorité des députés représente la minorité des électeurs : 4.329.000 inscrits ont 288 députés ; 6.648.000 inscrits n'ont que 287 députés.

J'arrête cette énumération qui démontre la fausseté du système. On peut rétablir la vérité mathématique par le scrutin de liste simple en fixant le nombre des députés d'après le chiffre de la population ; mais la justice, l'équité et de sérieuses considérations politiques nous font préférer la Représentation proportionnelle.

LE SYSTÈME MAJORITAIRE

« Le défaut du scrutin de liste est de manquer de proportionnalité », a dit justement à la Chambre, en 1885, un député radical-socialiste, M. Courmeaux. Le scrutin d'arrondissement mérite le même reproche. L'un et l'autre émanent du système majoritaire et en ont le vice originel.

Au scrutin d'arrondissement, le candidat l'emporte sur son concurrent à la majorité des suffrages ; au scrutin de liste, la liste l'emporte également sur la concurrente à la majorité.

La moitié des voix, plus une, est tout ; la moitié des voix, moins une, n'est rien.

La moitié des électeurs, plus un, est représentée : la moitié, moins un, ne l'est pas.

C'est l'élimination brutale du faible par le fort, le dépouillement systématique des droits d'une catégorie de citoyens par une autre catégorie.

C'est dans la circonscription d'arrondissement ou departementale l'écrasement de la majorité moins un par la majorité plus un. C'est le partage de la nation en deux camps, le vainqueur et le vaincu.

C'est l'inégalité et l'injustice.

Les républicains le reconnaissent, en sont attristés, indignés, et hésitent à y remédier.

La foi qui n'agit pas, est-ce une foi sincère ?

Le scrutin de liste qui opère par masses met davantage en évidence cette tare du système majoritaire.

L'INIQUITÉ DU SCRUTIN DE LISTE

Admettons qu'on rétablisse le scrutin de liste comme en 1885, et votons. Nous aboutirons à l'iniquité.

La Seine aura 52 députés. D'après les élections de 1906, on y compte 215.000 socialistes, 212.000 radicaux et radicaux-socialistes, 200.000 progressistes, nationalistes et réactionnaires.

La liste radicale et radicale-socialiste, qui a 3.000 voix de moins que la liste socialiste, se désiste au second tour et fait bloc, sur la liste socialiste, contre la liste de droite. Les 52 socialistes sont élus. La République triomphe et nous nous en réjouissons tous ; mais les principes de la *Déclaration des droits de l'homme* sont méconnus.

Les 215.000 suffrages socialistes accaparent les 52 mandats. Les 212.000 suffrages radicaux et radicaux-socialistes ne possèdent pas un seul représentant et ne valent que comme appoint. Les 200.000 suffrages de droite, fournis par des électeurs qui ont théoriquement les mêmes droits et sont assujettis aux mêmes devoirs que les autres citoyens français, n'ont également pas un seul représentant.

Ce résultat est monstrueux. Examinons ce qui se

passera dans le Nord où il y aurait à élire 25 députés.

D'après les élections de 1906, on compte dans le Nord 108.038 radicaux et radicaux-socialistes, 105.887 socialistes unifiés, 180.965 progressistes, nationalistes et réactionnaires. La liste socialiste qui a 2.151 voix de moins que la liste radicale et radicale-socialiste se désiste au second tour et fait bloc sur la liste radicale et radicale-socialiste, contre la liste de droite. Les 25 radicaux et radicaux-socialistes sont élus.

Victoire de la République, mais défaite de l'idéal républicain.

Les 108.038 radicaux et radicaux-socialistes détiennent tous les mandats. Les 105.887 socialistes n'en ont pas un, parce qu'il leur a manqué, au premier tour, 2.152 voix pour les avoir tous. Les 180.965 électeurs de droite, qui sont en minorité de 32.960 voix sur les suffrages réunis de gauche, comptent pour zéro, ne sont pas représentés du tout, tandis qu'ils auraient pris les 25 sièges, s'ils avaient eu 16.481 voix de plus et les républicains 16.479 voix de moins.

Dans le Pas-de-Calais, il y aura 12 députés à élire. En 1906, il y a eu 58.000 voix radicales et radicales-socialistes, 56.000 socialistes, 84.000 progressistes, nationalistes et réactionnaires.

Les 56.000 socialistes, étant 2.000 de moins, se désistent en faveur des 58.000 radicaux et radicaux-socialistes qui s'emparent des 12 mandats. Les 84.000 électeurs de droite sont logés à la même enseigne que les 56.000 socialistes et n'ont pas un député.

Tel est le pitoyable résultat du système majoritaire. Au mépris du droit et de la justice, la minorité des citoyens est privée de la représentation qu'absorbe la majorité.

LA MINORITÉ CONTRE LA MAJORITÉ

En apparence, c'est bien à la majorité des électeurs qu'est dévolu ce privilège : en réalité, c'est à la majorité de la majorité, c'est-à-dire à la minorité.

Les 215.000 socialistes de la Seine possèdent les 52 mandats parce que, au premier tour, ils ont eu 3.000 voix de plus que les 212.000 radicaux et radicaux-socialistes contre 200.000 suffrages de droite.

Les 25 sièges du Nord appartiennent aux 108.038 radicaux et radicaux-socialistes, parce que ceux-ci ont réuni, au premier tour, 2.151 voix de plus que les 105.887 socialistes contre 180,965 suffrages de droite.

Les 58.000 radicaux et radicaux-socialistes du Pas-de-Calais possèdent les 12 mandats, parce qu'ils ont obtenu. au premier tour, 2.000 voix de plus que les 56.000 socialistes contre les 84.000 suffrages de droite.

En fait, les 52 députés de la Seine seront les élus de la majorité socialiste, minorité des électeurs, à l'exclusion de la minorité radicale et radicale-socialiste et de la minorité de droite qui sont la majorité électorale. Les 25 députés du Nord et les 12 députés du Pas-de-Calais seront les élus de la majorité radicale-socialiste, minorité des électeurs, à l'exclusion de la minorité socialiste et de la minorité réactionnaire qui sont la majorité des électeurs.

Or, les 52 députés socialistes de la Seine n'ont obtenu qu'une majorité infime sur la minorité radicale et radicale-socialiste, de même que les 25 députés-radicaux et radicaux-socialistes du Nord et les 12 du Pas-de-Calais sur la minorité socialiste, — à peine? les uns et les autres, un dixième en plus. Ces élus n'étant que la majorité de la majorité ne représentent directement qu'un peu plus du tiers des votants. Ce n'est même pas la majorité des opinions que fait déléguer le système majoritaire : c'est à la minorité qu'est attribué le privilège de la représentation.

LA SOLUTION LOGIQUE ET UNIQUE

« Atténuons, conjurons le mal, projettent nos amis. Au lieu d'avo un vaste département comme circonscription unique au scrutin de liste, découpons la Seine en huit tranches, le Nord en quatre, le Pas-de-Calais en trois. »

Vous n'atténuez et ne guérissez pas. Vous aurez dans vos huit, quatre et trois tranches la même situation que dans votre circonscription unique. Que ce soit au scrutin de liste dans 85 départements formant chacun une circonscription ou en formant 130 ; que ce soit au scrutin d'arrondissement dans 575 circonscriptions continentales : vous rencontrerez les mêmes difficultés et consacrerez la même iniquité.

Le système majoritaire qui confie le monopole de

la représentation nationale à la majorité plus un et confisque le droit de la majorité moins un, est rudimentaire, brutal et injuste. Nous proposons d'y introduire plus de raison, de sincérité et d'équité.

Dans l'intérêt de tous, nous voulons faire représenter à la Chambre les minorités qui atteignent le quotient électoral. La R. P. substituera la justice à l'arbitraire, la vérité à la convention.

La R. P. nous procure d'autres avantages inestimables.

LA SITUATON. — PLAINTES DE NOS COMITÉS

Aux Congrès de Paris, de Lyon et de Marseille, nous avons été à peu près unanimes à reconnaître les dangers du scrutin d'arrondissement et à voter son remplacement. La situation n'a pas changé, elle a plutôt empiré.

Gambetta s'écriait éloquemment qu'en fractionnant le pays en petites circonscriptions, « l'élu n'est pas le mandataire de la France, mais il est le procureur fondé de pouvoirs, nommé par un nombre infime et intéressé d'électeurs dans une circonscription. » Et notre regretté ami René Goblet résumait en ces termes notre pensée commune : « Le scrutin uninominal est la guerre des personnes, le scrutin de liste celle des idées. »

La malfaisance n'est pas ici imputable aux hommes, mais au système. En poussant au développement exagéré de l'esprit de clocher, le scrutin d'arrondissement relègue à l'arrière-plan les questions nationales. Trop souvent, l'électeur et l'élu d'une circonscription restreinte songent d'abord à eux et à leurs affaires particulières et perdent de vue les intérêts généraux du pays.

Nos comités nous font entendre des plaintes douloureuses. Tel député représente un arrondissement où sa majorité est précaire. Sa réélection dépend de trois ou quatre hommes influents, conseillers généraux, maires, et pour conserver leur concours, il subordonnera sa conduite à leurs désirs. Le mandataire perd son indépendance, est ligotté par quelques tyranneaux de canton.

Ailleurs, un élu s'imagine naïvement incarner la République. L'action des comités qui lui fournissent un appui, mais prétendent à un contrôle, lui porte ombrage ; il n'en favorisera ni la création, ni le développement et, parfois, l'entravera. La crainte du concurrent le hante. La moindre réclamation d'électeurs qui n'approuvent pas docilement ses votes l'horripile. Ce mandataire en arrive à considérer témoignage de défiance ou signe d'hostilité le libre examen de ses actes par ses mandants qu'il traitera, dès lors, en ennemis.

Pour consolider son influence, ce député s'immisce à tous les détails de l'administration de sa circonscription. Il émet la prétention qu'on n'y nomme pas un seul fonctionnaire sans son agrément, et du modeste cantonnier et facteur à l'agent voyer et au sous-préfet, il entend faire sentir son omnipotence. Sa préoccupation est de se composer une clientèle et de l'accroître. On le voit recommander des réactionnaires qu'il espère désarmer et s'attacher, tandis qu'on l'entraînera à satisfaire des rancunes et à exercer des vexations sur d'autres citoyens.

Cette détestable politique de servitudes, de brimades et de personnes ne contribue guère à répandre les principes démocratiques ni à faire aimer le régime. Les radicaux et radicaux-socialistes la condamnent en condamnant le scrutin d'arrondissement. La R. P. sera la délivrance.

LA LIBÉRATION PAR LA R. P.

La R. P. répond à une de nos plus anciennes réclamations.

Le député d'arrondissement a trop de choses à régler avec le pouvoir exécutif de qui dépendent les affaires qu'il traite. Un pacte tacite s'établit entre l'élu et le ministre. L'élu hésite à se montrer censeur vigilant et à contrecarrer la politique d'un cabinet dont il a besoin. Le gouvernement lui accorde, en échange, des faveurs de toutes sortes et, quand viendra la réélection, cédera fatalement à la tentation de pratiquer la candidature officielle au profit de cet ami complaisant.

Mieux que le scrutin de liste, la R. P. fait disparaître ce marchandage et supprime la candidature officielle. Elle rend l'indépendance à l'élu vis-à-vis du pouvoir et de l'électeur.

Nous sommes affligés du rôle inférieur auquel le scrutin uninominal réduit le représentant. On le harcèle, on le tiraille en tous sens. Son temps est employé à une besogne de commissionnaire. Le matin, il court les ministères ; l'après-midi, il expédie lettres sur lettres aux solliciteurs. Il abandonne la Chambre pour assister à une foire ou à une cérémonie communale. On ne lui laisse pas le loisir de suivre les débats parlementaires et de s'occuper des affaires publiques.

La R. P. libérera le représentant du peuple en même temps qu'elle agrandira l'horizon de l'électeur et l'affranchira de l'esprit de clocher. L'un et l'autre seront attachés au joug des minuscules et obscures influences.

LA R. P. EST LE SCRUTIN MORALISATEUR

Le système majoritaire du scrutin de liste et du scrutin d'arrondissement qui annihile les minorités exaspère l'ardeur des luttes électorales.

Le sort d'une députation ou d'un département peut dépendre de quelques voix. La moitié, plus un, possédant tous les mandats et la moitié, moins un, n'en obtenant aucun, il s'agit, avant tout, de conquérir cette voix en plus. La préoccupation de l'emporter fait taire les scrupules, justifie les équivoques, et il n'est aucune manœuvre à laquelle se refuse un parti pour écraser ses adversaires.

De là, l'emploi de moyens odieux contre lesquels vous avez vainement protesté : les compromissions de principes, les tentatives d'intimidation et de corruption, le boycottage, l'embrigadement des votants, la fabrication des faux électeurs, la fraude du scrutin, le flot des calomnies et des diffamations, la surenchère des promesses.

Les contraires se marient. Des coalitions immorales se nouent où les extrêmes se touchent. Notre parti en a souffert et les a flétries; nous en subirons encore le grave préjudice si l'on maintient le système majoritaire. On est porté à se livrer à ces actes répréhensibles quand on est mû par la nécessité de composer, à tout prix, une majorité; on est excité à les accomplir quand, au scrutin de liste comme au scrutin d'arrondissement, la majorité seule existe et être en minorité d'une voix, c'est ne pas être.

Que ne fait-on pas pour ne pas être cette minorité, pour réunir cette majorité quand même !

La R. P. diminue la valeur de l'enjeu et amortit le choc des combattants. Elle donne à chaque opinion ce qui lui revient. Elle assure aux partis une représentation en rapport avec leur force réelle. Tous les groupes suffisamment nombreux étant certains d'avoir les députés auxquels ils ont droit, il sera inutile d'employer les procédés dolosifs que nous réprouvons. Les luttes électorales perdront de leur acuité, les mœurs publiques gagneront en douceur et dignité, le suffrage universel en liberté et sincérité.

PLUSIEURS INJUSTICES NE FONT PAS LA JUSTICE

« Vous exagérez, objecte-t-on. Les minorités sont représentées dans le système majoritaire. Il faut envisager l'ensemble du corps électoral et ne pas juger d'après une fraction. On n'est pas le député d'un département, mais de toute la France. Les inégalités se balancent dans une élection générale. Le parti, privé de toute représentation dans certaines circonscriptions, obtient dans d'autres la totalité de la députation. Le vaincu se console de sa défaite en pensant aux victoires de ses idées sur d'autres champs de bataille. »

Le vaincu trouve l'argument médiocre et la consolation insuffisante. La minorité républicaine du Morbihan n'est pas représentée par les députés réactionnaires contre lesquels elle a voté, et contre lesquels elle votera encore. Elle applaudit au succès des radicaux de la Corrèze, mais ne les tient pas pour ses délégués. Elle pense à ce sujet comme Louis Blanc dont l'argument n'a jamais été réfuté : « L'étouffement de la minorité ici ne cessera pas d'être regrettable parce qu'il y aura étouffement de la minorité en sens inverse. Un mal donné pour correctif d'un autre mal ne saurait tenir lieu de remède. »

On persuadera difficilement au radical d'Hazebrouck qu'il est représenté par le député de Toulouse, au radical de Nantes qu'il est représenté par le député de

Nancy, au radical de Rodez qu'il est représenté par le député de Paris. Chaque député a déjà bien assez à faire avec les intérêts de sa circonscription. Et il semblera quelque peu paradoxal de soutenir que les iniquités, les inégalités et les absurdités du système majoritaire dans chaque département donneraient un résultat d'ensemble juste, équitable et vrai.

La R. P. fournit ce résultat. Grâce à elle, partout, la majorité est représentée par une majorité, et la minorité par une minorité. En faisant la part de chacun, elle sauvegarde les droits de tous.

LA COHÉSION DES PARTIS PAR LA R. P.

« Cet avantage présente un grand inconvénient, fait-on observer. La R. P. favorise la pullulation des groupes. Elle poursuit la chimère de faire des minorités dans le pays, une majorité au Parlement. Elle empêche la constitution d'une majorité suffisamment nombreuse et compacte pour gouverner. »

Le système majoritaire n'a donc pas produit l'éclosion des groupes et sous-groupes qui ont fleuri et fleurissent à la Chambre ? La R. P. aura pour effet certain d'en diminuer plutôt que d'en augmenter le nombre. L'intérêt politique et privé bridera les partis. Leur tendance à s'émietter aura pour remède et pour frain l'impuissance des fractions trop petites à obtenir une part quelconque de représentation.

Un de nos principaux griefs contre le scrutin uninominal est précisément de favoriser à outrance l'individualisme et de conduire au fractionnement des partis. La R. P. entraîne leur cohésion.

« Mais, réplique-t-on, les brouillons, les intransigeants, les fumistes même trouveront le chiffre de mécontents nécessaire pour obtenir un siège, en tant que représentants d'une minorité. »

Cette variété de citoyens n'a-t-elle jamais eu de représentants à la Chambre? Il serait irrévérencieux d'en douter. Si le fait se produit, cette fantaisie de suffrage universel n'aura guère d'importance.

LA R. P. ET L'ORGANISATION DES PARTIS

L'existence d'une majorité de gouvernement dépend des citoyens. Avec n'importe quel système, s'il n'y a pas de majorité dans le pays, il n'y en aura pas au Palais-Bourbon. Nous nous efforçons d'en amener une ; appliquons la R. P. dont la conséquence directe, immédiate, certaine, sera d'obliger les partis à s'organiser et à se constituer fortement.

La R. P. réalisera ainsi nos vœux les plus chers. Les individualités ne feront liste, ne se présenteront devant le corps électoral que comme les représentants d'un parti. Un parti n'existera que suivant un programme précis. Des idées communes uniront tous les membres. Chacun saura exactement pourquoi il vote et, s'il n'est satisfait des doctrines d'une liste, portera son suffrage sur une autre, étant assuré de posséder un député de son opinion, pourvu qu'elle rallie un nombre suffisant d'électeurs.

A la confusion des principes succédera la clarté, à l'éparpillement des individus le groupement. Une puissante organisation deviendra la condition essentielle de la victoire. Nos comités et fédérations augmenteront en nombre et importance. Leur rôle sera décisif.

LA R. P., C'EST LA SÉCURITÉ

Le scrutin majoritaire permet à quelques centaines de voix de déplacer la majorité dans plusieurs circonscriptions dont les élus peuvent déplacer la majorité au Parlement. La R. P. obvie à cet inconvénient.

Dans un département, une liste hostile atteindra le quotient diviseur suivant le changement d'orientation d'une quotité d'électeurs : il n'y aura qu'un ou deux sièges perdus. La majorité parlementaire augmentera ou diminuera suivant les variations réelles de l'opinion dans l'ensemble du pays. Pour la renverser, il faudra un mouvement profond et général des esprits.

Ainsi, la majorité parlementaire sera plus stable, la vie politique non moins active, mais plus noble. Le stimulant électoral ne manquera pas. On luttera pour déplacer le nombre de voix suffisant à modifier les effets du commun diviseur. Un changement de majorité se produira à la Chambre lorsqu'il y aura un changement de majorité dans la nation.

L'ACTION DES PARTIS

Suivant une parole célèbre, « l'action des partis constitue la vie honorable des nations ». La R. P. offre à chaque parti le moyen d'entrer loyalement en lutte en conservant son caractère propre.

Il y aura à la Chambre autant de groupes qu'il y aura de minorités, comme aujourd'hui. Mais chaque minorité ne peut être représentée qu'à la condition d'atteindre le quotient électoral et ne l'atteindra qu'à la condition d'observer une stricte discipline ; elle ne peut observer cette discipline qu'à la condition d'avoir sa physionomie distincte, son programme net et particulier.

La majorité, astreinte aux mêmes obligations. deviendra plus cohérente, plus solidaire. La R. P. subordonne l'action des individualités à celle des partis. L'idée domine la personne.

LA R. P. DIMINUE LES ABSTENTIONS

La R. P. établit la concurrence des listes et des opi nions et réserve à chacune d'elles sa part de représentation. Elle diminue ainsi le nombre des abstentions et amène au vote un contingent de citoyens qui, appelés à choisir entre deux hommes par le système majoritaire, dédaignaient un geste vain ou ne pouvaient se prononcer pour un candidat de leur nuance.

LES DROITS DES MINORITÉS

La majorité vise la totalité des sièges. Elle oublie trop aisément que les minorités ont des droits. Elle traite en factieux ceux qui lui résistent et elle en fera volontiers des victimes.

Le suffrage universel ne saurait être un despote qui s'arroge le pouvoir de faire taire ses contradicteurs. Le droit de décision appartient à la majorité, le droit de représentation appartient à tous. On confond généralement deux droits si différents.

Vous convoquez l'universalité des citoyens à déposer leurs bulletins dans l'urne, mais vous ne tenez aussitôt aucun compte de la moitié moins un de ces votants et vous interdisez l'accès du Parlement aux mandataires qu'ils ont choisis! C'est injustice et dérision.

L'EXCLUSION DES MINORITÉS

Au scrutin de liste de 1885, les républicains obtiennent 125.000 voix dans le Nord, 76.000 dans le Pas-de-Calais, 50.000 dans la Manche et n'ont pas un élu.

Les conservateurs qui réunissent 110.000 voix

dans la Seine, 82.000 dans la Gironde, 61.000 dans la Seine-Inférieure, n'ont également pas un élu.

Le scrutin de liste passe sur les minorités républicaines et réactionnaires comme une meule sur le grain. A toutes les élections qui ont eu lieu avant et depuis 1885 au scrutin d'arrondissement, s'est renouvelé le même écrasement, s'est consommée la même iniquité.

En 1906, les républicains obtiennent 23.000 voix dans la Mayenne, 17.000 dans l'Orne et n'ont pas un représentant ; 46.700 voix dans la Loire-Inférieure, 27.000 dans la Maine-et-Loire, 25.500 dans le Morbihan et n'y ont qu'un représentant ; 40.000 voix dans l'Aveyron et n'y ont que deux représentants.

Les réactionnaires obtiennent 38.000 voix dans le Loiret, 18.500 dans le Puy-de-Dôme, 18.400 dans le Tarn-et-Garonne et n'ont pas un élu.

L'injustice est flagrante. En la perpétuant, un régime démocratique attente à ses principes.

LES MINORITÉS FORTES DANS L'INTÉRÊT GÉNÉRAL

L'accaparement des mandats par la moitié plus un des votants contre la moitié moins un peut très bien aboutir à la victoire ou à la défaite gouvernementales dans toutes les circonscriptions et à l'élimination totale de l'opposition ou de la majorité. Ce serait ici péril pour la République, et là grand dommage pour la chose publique.

L'idéal républicain n'est pas davantage de réduire l'adversaire à un nombre infime et à une impuissance absolue. L'intérêt général et l'intérêt privé éprouveraient un grave préjudice de la nomination d'un Parlement où une minorité ne se dresserait pas devant la majorité.

La minorité contrôle et contredit, fait naître la libre et loyale discussion. La majorité soutient sa thèse, réplique, décide, gouverne.

Les majorités n'ont que trop de penchant à se croire infaillibles et omnipotentes et à ne pas se soucier de l'opinion et des droits des autres. L'insuffisance d'une minorite est déjà un danger. Une majorité sans minorité serait une calamité.

Et par insuffisance et absence de minorité, il ne faut pas entendre seulement le nombre. La qualité n'importe pas moins. L'intérêt national exige que pénètrent au Parlement les personnalités remarquables par l'intelligence, le caractère, l'éloquence et le savoir.

L'esprit de parti s'est réjoui de l'échec de M. Ribot en 1885, de Jules Ferry en 1889, de Charles Floquet et de M. de Mun en 1893, de Réné Goblet, MM. Jules Guesde et Jaurès en 1898, de MM. Henri Brisson et Mesureur en 1902. Leur insuccès qui éloignait du Parlement une lumière et une force préjudiciait à tous les Français.

Le système majoritaire favorise ces déplorables exclusions. La R. P. les rend très rares et à peu près impossibles.

Dans chaque circonscription, pour réunir le maximum de chances de posséder un ou plusieurs représentants, les partis devront inscrire sur leurs listes leurs candidats les plus capables et les plus connus. Ce sera la défaite des médiocrités, le triomphe des talents.

Au Parlement siégeront ainsi, comme nous le souhaitons tous, une majorité forte, compacte et disciplinée, et une minorité nombreuse, ardente et vigilante, qui formeront l'élite des citoyens.

LA R. P. FACILITE LES RÉFORMES

L'indépendance de l'électeur et de l'élu sera réciproque. On pourra enfin aborder toutes les réformes inscrites au programme de notre parti, décentraliser, supprimer les rouages inutiles et les fonctions parasitaires, nous débarrasser de l'onéreux, archaïque et compliqué appareil administratif, judiciaire et fiscal qui conserve la France dans un moule coulé par le Premier Consul. La R. P. détruit le barrage de l'intérêt de clocher, fait prévaloir l'intérêt général.

L'INFLUENCE DES APPOINTS

Citoyens, si vous hésitez encore à établir la R. P,, veuillez songer à ce qui s'est passé en 1906 et hier et à ce qui se passera demain.

Nous recherchons la clarté des doctrines et la loyauté des engagements ; le système majoritaire n'en a qu'un médiocre souci. En de multiples circonscriptions, les partis se composent de minorités inégales ; un parti n'obtient la majorité des suffrages qu'en additionnant au premier ou au second tour les voix d'un autre parti. Cette nécessité détermine la tactique électorale et adultère les programmes.

Les candidats sont à la recherche de leur appoint et, pour l'acquérir, consentent de fâcheuses concessions. Beaucoup louvoient, biaisent, évitent les déclarations catégoriques, se colorent ou se décolorent selon les circonstances et les milieux. Loin de défendre la thèse de leur parti et d'opposer doctrine à doctrine, leur principale préoccupation est de ménager l'opinion voisine et même adverse et de se concilier cet appoint indispensable au succès.

Quand ces candidats sont élus, on ne sait comment les classer et on est très surpris de leurs votes. On s'imaginait que le pays avait envoyé une majorité solide et on s'aperçoit avec stupeur qu'elle est flottante sur des questions où elle devrait montrer le plus de fermeté.

C'est ainsi qu'aux dernières élections, des modérés se sont tournés vers les réactionnaires, des radicaux et radicaux-socialistes vers les modérés ou vers les socialistes, des socialistes vers les radicaux et radicaux-socialistes et vers les modérés. Ces candidats s'évertuaient à ramener dans leurs filets la minorité qui, s'ajoutant à la leur, leur procurerait la majorité.

Mais, après s'être lancés à la recherche, les élus

risquent de se mettre à la remorque de leur appoint. Ils appréhendent que, si cette fraction les abandonne, leur réélection soit compromise. Cette crainte inspire leur conduite.

La R. P. redressera ces écarts, empêchera ces calculs. Une direction différente sera imprimée. Le parti radical et radical-socialiste imposera à tous ses candidats un programme général, uniforme et précis. Ses élus, qui auront combattu énergiquement les autres partis pour atteindre le quotient électoral et augmenter leurs chances, devront rester des radicaux et radicaux-socialistes pour être réélus. Ce sera la fin de la compromission des personnes et de la confusion des doctrines.

NOUVELLE ORIENTATION PAR LA R. P.

A cet tactique nouvelle qui dirigera les combats du suffrage universel correspondra une nouvelle orientation.

Avec le système majoritaire, les partis font la politique générale de leur politique électorale; c'est-à-dire qu'ils sont tenus constamment à ne pas mécontenter et à satisfaire l'appoint qui a assuré la nomination de leurs candidats.

Avec la R. P. les partis feront la politique électorale de leur politique générale ; ils ne seront pas en clins à sacrifier un principe à un appoint dont ils n'ont pas besoin ; ils seront libres d'éviter ces deux redoutables écueils, la surenchère et le recul.

LA R. P. STIMULE LA PROPAGANDE

La R. P. fournit le meilleur instrument de propagande démocratique.

Le scrutin de liste simple priverait de toute représentation républicaine la Loire-Inférieure, le Maine-et-Loire, le Morbihan, la Vendée, l'Ille-et-Villaine, l'Aveyron, etc., et nous ferait perdre, en ces départements, le bénéfice de 37 années de luttes.

Au scrutin d'arrondissement, il n'y a pas de candidat républicain à Ancenis, à Chateaubriant, à Cholet 2e, à Brest 2e et 3e, à Morlaix 2e, à Argentan, à Vannes 2e, à Vitré, à Mortain, à Saint-Lô, etc. Le clergé et les hobereaux dominent ces circonscriptions. Des minorités républicaines y existent, la certitude de l'échec les éloigne de la lutte.

La R. P. unira ces minorités et les entraînera au combat. Les républicains étant certains d'avoir des représentants braveront les brimades, se choisiront des défenseurs contre une majorité oppressive. Leur nombre s'accroîtra à chaque bataille. Le remplacement du système majoritaire stimulera l'ardeur et assurera la protection de ces fils de la Révolution.

LA R. P. DÉSAGRÈGE LE BLOC DE DROITE

Pour des causes diverses qu'il serait trop long de rappeler — mon rapport au Congrès de Lille de 1906 sur la propagande et l'organisation du parti entre dans les détails — la République a perdu du terrain dans plusieurs départements.

Nous avons eu 3 députés républicains sur 7 et 12 conseillers généraux républicains sur 34 dans le Maine-et-Loire ; 3 députés républicains sur 8 et 18 conseillers généraux de gauche contre 19 de droite dans le Morbihan. Nous n'avons plus aujourd'hui qu'un député et cinq conseillers généraux républicains dans le Maine-et-Loire, 1 député et 13 conseillers généraux républicains dans le Morbihan.

Dans l'Ille-et-Vilaine représenté actuellement par 5 sénateurs réactionnaires, 5 députés du bloc de droite et 3 du bloc de gauche, nous avons eu tous les sièges sénatoriaux et 7 députés républicains sur 8. Je ne prolonge pas cette revue. La constatation est douloureuse. Il s'agit de remédier au mal.

D'autre part, nous ne pouvons demeurer indifférent au spectacle des partis à la Chambre et dans le pays. Nous avons déploré la coupable erreur des progressistes lors de l'affaire Dreyfus et leur opposition systématique au cabinet Waldeck-Rousseau. Parmi eux se trouvaient des républicains d'origine et, derrière eux, des électeurs républicains. Quelques-uns sont revenus à gauche, les autres sont restés à droite.

En 1902 comme en 1906, ces derniers ont fait alliance avec les nationalistes, les réactionnaires et les cléricaux et sont les élus d'une majorité républicaine et d'une minorité réactionnaire ou même d'une majorité réactionnaire et d'une minorité républicaine. La sage administration consiste à séparer le bon grain de l'ivraie et à le récolter ; la bonne politique, à diviser ses adversaires et à les mettre aux prises. L'intérêt républicain le plus évident est de disloquer le bloc de droite et de fortifier le bloc de gauche.

Nous avons proclamé que nous n'avions pas d'ennemis à gauche et nous nous sommes alliés aux socialistes. Nous regrettons que beaucoup d'entre eux se tiennent maintenant à l'écart et se refusent à observer la discipline républicaine et à reconnaître les obligations envers la patrie. Résolus à repousser toutes concessions de principes et à faire exclusivement notre politique, nous sommes prêts à y collaborer avec tous ceux qui nous appportent loyalement leur appui.

Ennemis des anathèmes et des exclusions, nous ne les admettons pas plus à l'égard des socialistes que des progressistes qui sont tentés de coopérer avec nous et libres de le faire ou de ne pas le faire. Notre méthode et notre objectif sont invariables : nous opérons la concentration à gauche pour réaliser les réformes inscrites au programme du parti radical-socialiste.

La R. P. produit cette concentration. Ce n'est pas connaître la situation électorale que ne pas prévoir ce qui adviendrait. Dans tels et tels départements — je ne les nomme pas à dessein — où un radical, un radical-socialiste succombe devant la coalition de droite, l'élément réactionnaire formerait une liste et en exclurait immédiatement son compagnon d'aujourd'hui, le progressiste, qu'il traiterait aussi durement qu'au Seize Mai et en 1885. Rejetés à gauche, la plupart des progressistes s'incorporeraient naturellement aux républicains de gauche. Les troupes. sinon les états-majors, rentreraient dans la République, nous reviendraient.

Le bloc de droite tomberait en poussière. Dans l'Ouest de la France comme dans des circonscriptions du Nord et du Midi, du Centre et de l'Est, la famille républicaine se retrouverait au complet.

LA R. P. ÉVITE UNE AVENTURE ET UN DÉSASTRE

Si la R. P. n'est pas établie, nous recontrerons des difficultés inextricables.

Aux élections précédentes, de nombreux candidats radicaux et radicaux-socialistes ont bénéficié d'un appoint de voix socialistes, et réciproquement. Comment se composeront-ils une majorité en 1910 ?

Avec le système majoritaire, ces candidats devront rechercher leur appoint à droite ou à gauche. A droite, ils le paieraient inévitablement de l'abandon partiel ou total de leurs principes ; c'est trop cher, et ils ne seraient plus des radicaux ni des radicaux-socialistes. A gauche, on peut le leur refuser ou leur imposer des conditions qui équivaudraient à un refus ou professer de meurtrières doctrines de grève générale et d'insurrection en cas de guerre qui interdisent à un républicain de se prêter à une tractation électorale.

Je ne crois pas que les socialistes unifiés aient eu raison de rompre leur engagement avec notre parti, mais ils ont rompu. C'était leur droit et c'est un fait. Ils ont même accentué la rupture. Il serait puéril d'en nier l'importance et de ne pas en mesurer les conséquences.

Contrairement à notre ancienne convention et à la discipline républicaine, la Fédération socialiste unifiée de la Seine a maintenu, au second tour, ses candidats aux élections municipales complémentaires de Paris et son candidat aux trois tours de scrutin de la récente élection sénatoriale de la Seine.

Aux dernières élections cantonales, des comités socialistes unifiés ont maintenu, au second tour, leurs candidats contre les radicaux et radicaux-socialistes plus favorisés au premier tour et, en divers endroits, ont fait ouvertement alliance avec les réactionnaires.

Les socialistes unifiés ont tenu en août, ici même, à Nancy, un Congrès où ils ont voté des motions qui les éloignent encore davantage du bloc de gauche et de la tradition du socialisme et de la Révolution. Plusieurs d'entre eux, députés, écrivains, orateurs, militants, répètent à l'envi que nous n'avons plus à compter à l'avenir sur les suffrages de leur parti qui s'abstiendra ou maintiendra ses candidats au second tour. C'est à nous de prendre virilement la résolution que comportent ces actes et ce langage.

On peut fermer les yeux à l'évidence, dire que cela s'arrangera, qu'on se débrouillera. Cet optimiste béat prépare le désastre.

Et si cela ne s'arrange pas ? On se débrouillera au fond du fossé où l'on aura culbuté.

Un grand parti ne va pas à l'aventure à une élection générale. Il faut que le nôtre mette les chances de son côté, arrête à l'avance ses dispositions de combat. La première condition est que le succès de nos candidats ne soit pas livré au hasard, ne dépende pas d'un appoint hypothétique. La R. P. nous dispense de recourir à qui que ce soit. La R. P. nous assure indépendance et sécurité. Si elle ne fonctionne pas, comment nous tirerons-nous d'affaire ?

QUESTION BIEN POSÉE

M. Jaurès écrivait, il n'y a pas longtemps, que l'heure était propice au vote de la R. P., dont il démontrait avec une grande largeur de vue l'urgence et les avantages. Voici sa conclusion :

« C'est par leur union, quelquefois au premier, toujours au second tour de scrutin, que socialistes et radicaux ont refoulé la réaction nationaliste et cléricale. Mais bien aveugle qui ne voit pas se multiplier les symptômes d'une situation nouvelle, et bien enfant qui se bornerait à gémir ou à prêcher.

« En fait, par la force des choses, par un mouvement qu'il faut prévoir pour en écarter ou en atténuer les périls possibles, les rapports entre socialistes et radicaux deviennent tous les jours plus difficiles... Avec le scrutin d'arrondissement ou même avec le scrutin de liste majoritaire, ces conflits d'idées entre socialistes et radicaux se compliqueront de compétitions furieuses : et l'union finale deviendra tous les jours plus malaisée.

« Quand les socialistes auront dénoncé les radicaux comme des conservateurs, quand les radicaux auront dénoncé les socialistes comme des anarchistes et des fous, comment se fera l'accord au second tour de scrutin ? Entre les deux fragments de l'ancien bloc la réaction se glissera, et c'est elle qui arrivera au but.

« Au contraire, lorsque la représentation proportionnelle fonctionnera, les radicaux, dans chaque département, auront leur liste ; les socialistes auront la leur. Et le nombre de députés attribué à chaque parti sera proportionné au nombre de suffrages recueillis au premier tour par chaque liste.

« Il n'y aura pas de second tour. Il n'y aura lieu à aucune combinaison, à aucun marchandage, et aucune force de la démocratie ne sera perdue. Il n'y aura ni déchet ni compromission.

« Si le parti radical était bien inspiré, c'est maintenant, c'est quand il est encore en pleine force politique, qu'il devrait adopter la proportionnelle. Plus tard, il sera trop tard. Et en ajournant cette résolution nécessaire, il n'aura pas servi sa propre cause. Il aura fait, sans le vouloir, le jeu de la réaction la plus brutale. »

Rien de plus vrai, et on ne saurait mieux dire.

Nos Pangloss trouvent que tout va pour le mieux avec un mode de scrutin ayant assuré leur élection. Cet avertissement de M. Jaurès sonne à leurs oreilles comme un glas. Les écailles leur tomberont-elles des yeux et persévéreront-ils dans leurs illusions aussi dangereuses pour eux que pour leur parti ?

Citoyens, nous aurons beau tourner et retourner la question capitale de l'appoint des candidats, nous ne la trancherons honorablement que par la R. P. ; nous ne ferons preuve de prévoyance qu'en adoptant cette réforme. N'y font obstacle que les égoïsmes et les préjugés.

L'INTÉRÊT GÉNÉRAL DOIT PRÉVALOIR

La discussion dissipe les préjugés et de bonnes raisons modifient les convictions. Les égoïsmes opposent une tenace résistance.

Des représentants et des candidats tiennent un raisonnement très humain. Voici un département dont la représentation est exclusivement radicale et radicale-socialiste. La R. P. éliminera sûrement un de ces députés. Chacun d'eux se dit : « Ce sera peut-être moi » et n'est pas tenté de courir cet aléa. Ailleurs, un candidat a jeté son dévolu sur une circonscription où il croit avoir des chances de l'emporter. Sa sympathie n'est pas acquise à la R. P. qui dérange ses desseins.

Ne considérons les choses qu'au point de vue de la justice et de l'intérêt général. Toute réforme lèse des intérêts privés. Une iniquité sera abolie, l'ensemble des citoyens profitera du remplacement du système majoritaire; cela suffit à nous déterminer. Selon les traditions de notre parti, prononçons-nous pour la justice et l'intérêt général. Faisons la réforme.

D'ailleurs, si nous perdons ici un siège, nous en gagnerons un peu plus loin. Il y aura compensation. Et puis, il faut songer à l'avenir. Nous avons délogé l'adversaire d'un département ; nos amis peuvent être évincés à leur tour. Là, ils se félicitent de n'avoir pas eu besoin d'un appoint en 1906 ; en sera-t-il de même dans trois ans, dans sept ans ?

Après avoir été longtemps minorité, nos candidats

ont conquis la majorité ; nous souhaitons qu'ils la conservent, et non qu'ils conservent le système majoritaire où les uns sont tout et les autres rien.

La R. P. les met à l'abri des coalitions qui les ramèneraient au néant.

La R. P. les soustrait à la nécessité de contracter des alliances qui font disparaître l'intégrité des programmes et la dignité des partis.

La R. P. fait à chacun sa part équitable. La leur, la plus large aujourd'hui, sera sauvegardée ; ils n'ont droit à rien de plus et à rien de moins.

LES RÉSULTATS DE LA R. P.

En terminant, je réponds à une question qu'on me pose fréquemment. Quels seront les résultats généraux de la R. P. ? Le bloc de gauche ne sera-t-il pas affaibli et le bloc de droite renforcé ? La majorité radicale et radicale-socialiste ne sera-t-elle pas amoindrie ?

J'ai lu avec attention les travaux des statisticiens et les ai contrôlés ; il serait trop long d'en faire ici la critique. De l'étude minutieuse du scrutin de 1906, voici ce qui résulte :

La R. P. ne changera pas très sensiblement les forces respectives des partis à la Chambre.

Le bloc de gauche sera à peu près aussi nombreux mais plus compact.

La majorité radicale et radicale-socialiste comprendra 300 à 310 membres qui ne seront que des radicaux et radicaux-socialistes.

Notre parti gagnera en indépendance et cohésion, en discipline et solidarité.

Ne nous laissons pas hypnotiser par la vision d'une majorité de 150 voix à la Chambre ; cette grosse masse tend à l'inertie. Les cabinets Waldeck-Rousseau et Combes ont fait une œuvre admirable avec une majorité moins nombreuse. La présence au Palais-Bourbon de 300 à 310 radicaux et radicaux-socialistes sincères nous garantirait l'exécution intégrale de notre programme.

LES PARTISANS DE LA R. P.

Je n'insiste pas sur d'autres avantages inestimables : établissement d'un gouvernement stable, constitution normale des partis, triomphe de la tolérance et de la liberté, apaisement des esprits. La R. P. ne réalise pas la justice absolue, mais elle s'en approche mieux que tout autre système.

Nous avons la bonne fortune de la recommander avec une élite d'hommes de tous le partis. Dans le nôtre, MM. Ferdinand Buisson, Messimy, Guieysse, Louis Martin, Ajam, Carpot, Bouyssou, Cazeneuve, Brunard, Poisson, J. Godard, députés, nos collègues du Comité exécutif du parti radical et radical-socialisme, et MM. Charles Deloncle, Cosnard, Réveillaud, Vazeille, Magnaud, Chailley, etc., ont signé la proposition de loi tendant à établir la R. P. Au Sénat notre éminent ami M. Léon Bourgeois y est, notamment, très favorable.

Dans la dernière législature, M. Ch. Benoist avait présenté à la Chambre un remarquable rapport qui n'est pas venu en discussion. Dans la législature actuelle, la Commission parlementaire a confié le rapport à M. Flandin avec mandat de proposer la R. P.

La Ligue de la R. P. a entrepris une active propagande. L'opinion publique s'y intéresse de plus en plus. A l'unanimité en 1898, à l'unanimité moins cinq voix en 1906, le Convent maçonnique, congrès annuel des délégués des loges du Grand Orient de France, a voté un ordre du jour fortement motivé en faveur de la R. P.

La Fédération radicale et radicale-socialiste de la Seine a inscrit la R. P. dans son programme de 1906. Des comités radicaux et radicaux-socialistes de Paris et de province la préconisent avec ardeur. Le nombre de ses partisans augmente tous les jours.

LA RÉFORME ÉLECTORALE PAR LA R. P.

Nous ne faisons pas l'épreuve de la réforme. D'autres peuples l'ont tentée avec succès, nous profitons de leur expérience.

La R. P. évite les dangers du système majoritaire, scrutin de liste ou d'arrondissement, et corrige les vices du scrutin de liste. La R. P. présente les avantages qu'indiquent ses partisans et n'offre pas les inconvénients que lui attribuent ses adversaires.

L'histoire du régime parlementaire nous apprend que les lois électorales se modifient suivant les nécessités de l'époque, se conforment aux évolutions de l'esprit public et aux intérêts du pays. Il y a unanimité à reconnaître les défauts du système en vigueur et l'urgence de le transformer : ayons le courage de remplir notre devoir. Le statu quo est la plus détestable des solutions.

LA R. P. C'EST L'EXERCICE DE LA SOUVERAINETÉ NATIONALE

Citoyens,

Les censitaires ont longtemps exercé le monopole du vote et accaparé le pouvoir ; il a fallu une révolution pour le leur arracher. Le suffrage universel fonctionne avec un mode imparfait, les minorités réclament la sauvegarde de leurs intérêts et de leurs droits contre la tyrannie toujours possible de la majorité. Minorité hier, majorité aujourd'hui, nous pouvons redevenir demain minorité. La garantie légale des droits d'autrui est notre meilleure garantie personnelle.

Le parti radical et radical-socialiste s'est toujours honoré de se laisser guider par l'équité et la justice. Veut-il être taxé d'iniquité ou accusé d'aveuglement, s'il repousse une réforme que les minorités éclairées propagent et dont beaucoup de ses membres demandent l'application ? C'est parmi nous que la R. P.

devrait rencontrer les plus solides et les plus nombreux appuis.

N'oublions pas enfin que la République est le gouvernement de tous, par tous et pour tous ; le système majoritaire du scrutin de liste et d'arrondissement en fait le gouvernement de la majorité plus un à l'exclusion de la majorité moins un. La R. P. supprime cette injustice. La R. P. associera tous les citoyens français à l'exercice réel de la souveraineté nationale et elle assurera le gouvernement du peuple par tout le peuple également représenté.

En conséquence, au nom de la « Commission des réformes électorales, administratives et judiciaires », j'ai l'honneur de vous proposer la motion suivante :

« Le Congrès du parti radical et radical-socialiste siégeant à Nancy émet le vœu que la Chambre discute prochainement la Réforme électorale et vote le scrutin de liste avec représentation proportionnelle. »

Pièce n° 17

PROJET FLANDIN

Texte de la proposition de loi présentée au nom de la Commission du suffrage universel par M. Etienne Flandin (Yonne) député.

(Séance du 22 mars 1907.)

PROPOSITION DE LOI

Article premier. — Les membres de la Chambre des députés sont élus au scrutin de liste suivant les règles de la représentation proportionnelle exposées ci-après.

L'élection se fait en un seul tour de scrutin.

Art. 2. — Chaque département élit autant de députés qu'il compte de fois 75.000 habitants. Toute fraction supérieure à 25.000 habitants est comptée pour le chiffre entier.

Art. 3. — Le département forme une seule circonscription. Toutefois, lorsque le nombre des députés à élire y est supérieur à 10, le département est divisé en circonscriptions déterminées par une loi.

Art. — 4. — Une liste est constituée par le groupement des candidats qui, ayant fait la déclaration de candidature exigée par l'article 2 de la loi du 17 juillet 1889, se présentent conjointement aux suffrages des électeurs.

Elle ne peut comprendre plus de noms qu'il n'y a de députés à élire dans la circonscription : mais elle peut comprendre un nombre moindre de noms. Les candidatures isolées sont considérées comme constituant chacune une liste distincte.

Art. 5. — Le dépôt de la liste est fait à la préfecture à partir de l'ouverture de la période électorale et au plus tard cinq jours francs avant celui du scrutin. La préfecture l'enregistre, la numérote et en délivre récépissé à chacun des candidats.

Ne peuvent être enregistrés que les noms des candidats dont la signature a été apposée sur la liste. L'enregistrement est refusé à toute liste portant plus de noms qu'il n'y a de députés à élire.

Aucun des candidats déjà inscrit sur une liste ne peut être inscrit sur une autre, à moins d'avoir notifié à la préfecture, par exploit d'huissier, sa volonté de se retirer de la première, d'où son nom est aussitôt rayé.

Vingt-quatre heures avant l'ouverture du scrutin, les listes enregistrées doivent être affichées avec leur numéro à la porte des bureaux de vote par les soins de l'administration préfectorale.

Art. 6. — Chaque électeur dispose d'autant de suffrages qu'il y a de députés à élire dans sa circonscription.

L'électeur peut accumuler la totalité ou plusieurs de ses suffrages sur un même nom.

Les procès-verbaux des bureaux de vote constatent le nombre de suffrages recueillis par chaque candidat.

Art. 7. — La commission de recensement centralise les procès-verbaux de vote, établit la masse électorale de chaque liste et répartit les sièges entre les listes au prorata de leur masse électorale.

La masse électorale de chaque liste est la somme des nombres de suffrages respectivement obtenus par les candidats appartenant à cette liste.

Art. 8. — Pour répartir les sièges entre les listes, chaque masse électorale est successivement divisée par 1, 2, 3, 4..., jusqu'à concurrence du nombre des sièges à pourvoir, et les quotients obtenus sont inscrits par ordre d'importance, jusqu'à ce qu'on ait déterminé dans cet ordre autant de quotients qu'il y a de députés à élire dans la circonscription. Le plus petit de ces quotients, correspondant au dernier siège à pourvoir, sert de diviseur commun. Il est attribué à chaque liste autant de députés que sa masse électorale contient de fois le diviseur commun.

Art. 9. — Dans chaque liste les sièges sont dévolus aux candidats ayant obtenu le plus de suffrages, et, en cas d'égalité de suffrages, aux plus âgés.

Art. 10. — S'il arrive qu'un siège revienne à titre égal à plusieurs listes, il est attribué parmi les candidats en ligne, à celui qui a recueilli le plus de suffrages individuels, et, en cas d'égalité de suffrages, au plus âgé.

Art. 11. — Les candidats non élus de chaque liste qui ont recueilli le plus grand nombre de voix sont classés premier, deuxième, troisième suppléant et ainsi de suite.

En cas de vacance par décès, démission ou toute autre cause, les suppléants seront appelés, suivant le rang de leur inscription, à remplacer les titulaires de la même liste, pourvu qu'ils jouissent, à ce moment, de leurs droits politiques.

Art. 12. — Si, plus de six mois avant la fin d'une législature, la représentation d'une circonscription est réduite d'un quart, et qu'il ne se trouve pas de suppléant susceptible d'être proclamé député, il est procédé dans cette circonscription à des élections complémentaires.

Art. 13. — La présente loi est applicable à l'Algérie. Il n'est rien innové en ce qui concerne la représentation des colonies.

Pièce n° 18

RAPPORT DE M. BOUILLARD, AU NOM DE LA COMMISSION DES RÉFORMES ÉLECTORALES (CONCLUSIONS ADOPTÉES PAR LE CONGRÈS DE NANCY).

M. BOUILLARD, *rapporteur*. — Citoyens, hier à midi, après deux séances de discussion approfondie, je sortais de la Commission des réformes électorales, avec le mandat, très honorable mais périlleux, de vous présenter un rapport sur la grave question du mode de votation. Vous voyez qu'il me restait bien peu de temps pour accomplir ma tâche, d'autant plus que, pour rien au monde, je n'aurais voulu ne pas prendre, par mon vote, ma part de responsabilité dans les patriotiques et républicaines décisions qui ont obtenu l'unanimité du Congrès. Ceci dit, citoyens, pour excuser la brièveté de ce rapport et ses imperfections ; pour une fois vous voudrez bien, je l'espère, donner tort à Alceste et trouver que le temps fait quelque chose à l'affaire.

Au nom de la Commission identique du Comité exécutif, notre distingué collègue, M. L. Bonnet, avait rédigé un rapport dont les conclusions étaient condensées dans la motion suivante :

« Le Congrès du Parti radical et radical-socialiste
« siégeant à Nancy, émet le vœu que la Chambre dis-
« cute prochainement la réforme électorale et vote le
« scrutin de liste avec représentation proportion-
« nelle ».

Ce rapport, étudié très consciencieusement, rempli à la fois des considérations philosophiques les plus élevées et des précisions les plus mathématiques, est une œuvre considérable par les recherches qu'elle a imposées à son auteur et par la clarté avec laquelle ont été exposés les fruits de ces investigations, il a été imprimé et distribué à nos collègues ; vous l'avez lu pour la plupart, et le soin que vous avez apporté à cette lecture rend ma tâche plus facile.

Votre Commission a examiné tout d'abord la question du scrutin de liste avec R. P., puis elle a étudié le scrutin uninominal, enfin elle a terminé ses travaux en concluant à l'adoption du scrutin de liste pur et simple avec une modification qui n'en altère pas le caractère et qui en facilite le fonctionnement.

I. — SCRUTIN DE LISTE AVEC REPRÉSENTATION PROPORTIONNELLE

Notre collègue, M. L. Bonnet, met son projet de réforme sous l'égide de la *Déclaration des droits de l'homme et du citoyen* qui proclame « *le droit, pour chaque citoyen, de concourir personnellement ou par son représentant* à la formation de la loi et à la détermination de la contribution publique. »

Et, comme le système électoral actuel semble enlever aux citoyens qui forment la minorité l'exercice de ce droit, notre honorable contradicteur conclut que « le système majoritaire est la négation du droit de chaque citoyen ».

Cette conclusion n'est-elle pas excessive ? Où voit-on la négation du droit de chaque citoyen ? Sans doute celui-ci est privé de l'exercice de ce droit, et encore momentanément ; il peut, en effet, si la cause qu'il défend est juste et conforme aux inéluctables nécessités du progrès humain, prétendre concourir à la formation de la loi par son représentant.

Et, dans une démocratie comme la nôtre, où s'épanouissent toutes les libertés : liberté de la presse, de réunion, d'association, on doit garder l'espoir de ramener à soi l'opinion, si, bien entendu, on veut servir les intérêts du peuple qui fait cette opinion. Notre parti, si puissant aujourd'hui, n'a-t-il pas prouvé la légitimité de ces espérances ? Combien d'années depuis le 20 février 1876, n'avons-nous pas été les membres harcelés d'une minorité toujours laborieuse, aspirant à la réalisation des réformés qui n'apparaissaient que dans un horizon obscurci de brumes, dont quelques-unes — et non des moins importantes — sont en vigueur dès aujourd'hui, dont les autres, encore sur le chantier, sont sur le point de passer dans les faits ?

De minorité, qui n'avait que le *droit* mais non l'*exercice* de ce droit, nous sommes devenus majorité, et nos représentants font les lois et votent les impôts.

Que ceux que nous avons dépossédés par une propagande inlassable imitent notre exemple et, s'ils veulent sincèrement le bien du peuple français et non servir exclusivement leurs intérêts personnels, ils participeront à l'exercice du pouvoir puisqu'ils accroîtront la majorité.

J'entends bien que ce ne sont là que perspectives d'avenir, et notre contradicteur veut dès maintenant « sauvegarder les droits de la minorité et ainsi assurer la justice ». Pour atteindre cet idéal, ou seulement s'en rapprocher, notre collègue nous propose d'adopter le système d'Hondt qui organise le scrutin de liste avec R. P. ; mais il confesse que ce système est imparfait et qu'ainsi le rêve d'équité absolue qu'il poursuit ne se transformera pas en réalité.

Cette justice approximative vaut-elle que nous passions sur les imperfections avouées du système ?

Ce serait le lieu d'examiner en détail ce système et de s'assurer si son fonctionnement peut s'accommoder avec notre caractère national, épris de clarté et de vraie justice, si jamais il pourra se plier à nos mœurs électorales. Mais vraiment le temps me fait défaut et aussi je suis effrayé par l'aridité des commentaires que j'aurais à fournir.

Cependant je veux retenir une des conséquences du système que M. Bonnet veut bien lui-même mettre en lumière. A la page 2 de son rapport, notre collègue, prenant les chiffres des élections dans le Morbihan, lors des élections au scrutin de liste de 1885, nous montre le résultat qu'aurait donné son système de R. P. Ce résultat vaut qu'on le retienne. Le voici : deux listes étaient en présence, les huit candidats de l'une obtiennent, le premier, 60.489 suffrages, le dernier, 59.902, soit, en chiffres ronds, 60.000 voix ; sur l'autre liste, les huit candidats arrivent, le premier, à 34.605 voix et le dernier à 34.026, soit, en chiffres ronds, 34.000.

Eh bien ! l'application du système d'Hondt, exposée par M. Bonnet, fait entrer à la Chambre cinq candidats de la première liste qui ont, chacun, 60.000 voix et trois candidats de la seconde liste qui n'ont obtenu, chacun que 34.000 suffrages, tandis que les trois derniers candidats de la première liste verront passer devant eux des élus qui auront eu 26.000 voix de moins. Notre collègue aura beau dire que c'est là un « partage amiable des sièges suivant un diviseur commun », il fera difficilement admettre par l'électeur français qu'on fait œuvre de justice en faisant entrer à la Chambre des candidats qui ont 34.000 voix alors qu'on laisse à la porte des candidats qui, eux, ont obtenu 60.000 suffrages !

Notre contradicteur prévoit la difficulté de faire comprendre à l'électeur les beautés d'un système qui aboutit à de tels résultats ; mais, dit-il, « ce raisonnement (celui de l'électeur qui ne comprendra pas qu'on proclame élu un candidat qui aura obtenu moins de voix qu'un non-élu), ce raisonnement empêcherait tout progrès. »

Progrès : un pareil résultat ? Le suffrage universel n'en réclame pas de pareils, je crois, et verra dans cette « amélioration » de la justice à rebours.

La mise en vigueur du système est si compliquée que les électeurs dans nos communes n'y suffiront pas ; le rapport nous enseigne que « la Commission de recensement nomme, pour les opérations techniques, des calculateurs qui l'assistent, sous sa surveillance et son contrôle. Leurs honoraires sont fixés par arrêté préfectoral ».

Opérations techniques, calculateurs, honoraires, ce sont là des mots inconnus jusqu'ici dans le langage électoral. Les difficultés nouvelles imposées à l'électeur pour qu'il puisse connaître le résultat du scrutin constituent-elles un progrès ?

Votre Commission ne l'a pas pensé, et elle a repoussé à l'unanimité, moins une voix, le scrutin de liste avec R. P., malgré les innovations qui lui faisaient cortège.

II. — SCRUTIN D'ARRONDISSEMENT

Malgré les efforts de très énergiques défenseurs, le scrutin uninominal n'a pas trouvé grâce devant la majorité de votre Commission. Il convient de dire, pour être exact, que cette majorité a été très minime. Les raisons qui l'ont déterminée, vous les connaissez tous. Il serait inutile de les énumérer une fois de plus : rappelons seulement les violations de la loi du nombre ; ainsi les Basses-Alpes, qui comptent 111.000 habitants, ont 5 députés et l'Ariège qui a 205.000 habitants n'en a que 3. Je pourrais multiplier les exemples. Rappelons aussi le pouvoir excessif de l'argent, la constitution des fiefs électoraux que le fils trouve dans la succession de son père. Montrons aussi le député diverti de ses travaux législatifs pour perdre son temps et aussi quelque peu de son indépendance en démarches multiples auprès des administrations, en sollicitations répétées auprès des ministres.

Mais à quoi bon insister? Tous ces inconvénients, tous ces dangers même sont connus de la plupart. Un certain nombre d'entre nous les nient avec une entière bonne foi.

Je me borne à exposer les résolutions de votre Commission.

III. — SCRUTIN DE LISTE

Après avoir écarté les deux précédents modes de votation, votre Commission s'est arrêtée au scrutin de liste pur et simple. Elle a toutefois introduit une légère modification au fonctionnement connu, elle nous demande de vouloir bien émettre le vœu que les départements très peuplés soient divisés en sections lors de l'application du scrutin de liste. Il lui a apparu qu'il était difficile à l'électeur de connaître 50, ou 25, ou même 20 députés et par suite d'en apprécier les mérites. Par la séparation en sections de ces grandes agglomérations départementales, on rendra plus facile le devoir de l'électeur.

Tout a été dit sur les mérites et les inconvénients du scrutin de liste. Je ne vous infligerai pas, mes chers collègues, l'ennui d'entendre des redites. Je dois ajouter néanmoins que la Commission a été saisie d'une importante proposition consistant au renouvellement de la Chambre par moitié tous les trois ans et, par suite, à une prolongation à six années de la durée des législatures. La Commission a été favorable à la proposition.

Enfin un de nos collègues, l'honorable M. Cosnier, député de l'Indre, a déposé en son nom et au nom du Comité radical et radical-socialiste de Châtillon-sur-Indre, les deux propositions suivantes :

1° Les élections cantonales pour le renouvellement des conseillers généraux et d'arrondissement auront lieu au mois de mai ;

2° Les sénateurs et députés font partie de droit du Conseil général de leur département.

Si un sénateur ou un député appartient déjà au Conseil général avant son élection au Parlement, le canton qu'il représente nommera un autre conseiller pour le remplacer au sein de l'Assemblée départementale.

Vu l'heure tardive, votre Commission n'a pu en délibérer. La courtoisie nous faisait un devoir de vous signaler ce double vœu.

Au nom de la « Commission des réformes électorales, administratives et judiciaires », j'ai l'honneur de vous proposer la motion suivante :

« Le Congrès du Parti radical et radical-socialiste, siégeant à Nancy ;

« Emet le vœu :

« 1° Que le scrutin d'arrondissement soit supprimé et remplacé par le scrutin de liste pour l'élection des députés ;

« 2° Que les circonscriptions électorales soient établies par département ; en sectionnant toutefois ceux dont la population est très considérable et en maintenant la proportionnalité des élus avec le nombre des électeurs » (1).

1. C'est à des conclusions presque identiques que s'est arrêté, sur le rapport de M. Dessoye, le groupe républicain de la réforme électorale à la Chambre : « Chaque département sera représenté par autant de députés qu'il contient de fois 75.000 habitants, défalcation faite des étrangers, toute fraction complémentaire ne valant pour le nombre entier que lorsqu'elle dépasse 37,500 » (mars 1908).

Pièce n° 19

NOTE SUR LES COMITÉS RADICAUX EXTRA-PARLEMENTAIRES DEPUIS 1893

En dehors du Parlement s'étaient formés de très nombreux groupements locaux, départementaux, régionaux. Mais ils étaient restés sans lien et n'avaient guère qu'une action électorale.

En octobre 1893, un groupe de jeunes (1) conçut le projet d'un *Comité central d'action républicaine* qui, tout en gardant sa liberté d'allure, se plaça sous les auspices d'un *Comité de patronage* dont les noms seuls suffisent à indiquer le caractère radical : MM. Henri Brisson, Léon Bourgeois, René Goblet, Charles Floquet, Lockroy, Gerville-Réache, Mesureur. C'est ce qu'on appela le Comité de la rue Tiquetonne, où fut le siège de ses bureaux jusqu'en 1902.

Un groupement similaire s'était constitué au Parlement sous le nom d'*Association pour les réformes républicaines*.

1. En faisaient partie MM. René Renoult, Jouanneau, Dumesnil, Klotz, Ignace, Guillain, Lagrave, G. Lefèvre, Coquerel, Devise, Tréfeu ; un peu plus tard MM. Aimond, Bourély, Handos et après la fusion avec *l'association pour les réformes républicaines*. MM. Balans, Bellanger, Blanchon, Quéroy, G. Strauss.

Dès 1895 les deux Comités, l'un composé de parlementaires, l'autre de non-parlementaires, reconnaissaient les avantages d'une fusion. C'était la première fois que l'on organisait un groupe politique agissant sur la base de l'égalité entre élus et simples citoyens. Ce groupe mixte, sans prendre le nom de « radical », forma un grand *Comité d'action pour les réformes républicaines*.

Quelques semaines après, sept membres de son comité directeur entraient dans le cabinet Bourgeois. Après la chute de celui-ci, pendant tout le ministère Méline, ce fut le *Comité d'action* qui tint tête à la politique du ralliement. Il prépara, aux élections de mai 1898, un des premiers et des plus notables succès du parti radical, qui gagnait trente sièges. Son manifeste du 12 avril 1898 (reproduit ci-dessus, p. 283) est une page à conserver dans l'histoire du Parti (1).

L'affaire Dreyfus (1899) divisa le Comité d'action qui finit par tomber en sommeil.

Après les élections municipales de 1900, la victoire de surprise qui mit un moment l'Hôtel de ville de Paris aux mains d'une majorité nationaliste ramena l'union devant le danger commun. La crise nationaliste remettait en question la République elle-même ; la Ligue de la Patrie française

1. Voir l'historique de ces débuts dans la *France de Bordeaux*, racontés par M. J.-L. Bonnet qui avait été le secrétaire de ces divers groupements (*Hier et Aujourd'hui*, 12 et 19 fév., 12 et 19 mars 1907).

enrôlait toutes les formes de la réaction en une vaste conspiration où les « libéraux » se rencontraient avec des royalistes et des antijésuites. Leur seul lien c'était la haine du régime républicain et démocratique.

Pour lui tenir tête, le parti radical prit l'initiative d'une prompte et énergique reconstitution d'un groupement central de défense.

Ce fut la *Ligue d'action républicaine* (fondée en juillet 1900) (1).

Cette nouvelle *Ligue*, parallèlement aux Fédérations radicales et radicales-socialistes des départements et de Paris, reprit vigoureusement la lutte contre l'équivoque nationaliste : par une propagande très active et très méthodique, elle contribua à la défaite du « parti sans nom » aux élections de 1902.

Un an avant, s'était tenu à Paris, sur l'initiative de MM. Mesureur, président et Bonnet, secrétaire du Comité : le premier Congrès du parti républicain, radical et radical-socialiste (23 juin 1901). Ainsi était fondée l'institution des Congrès annuels du Parti sur la base de l'égalité entre les élus parlementaires et les délégués des fédérations.

1. Assemblée générale du 6 juillet 1900 sous la présidence de Lucipia, alors président du Conseil de l'Ordre de la franc-maçonnerie.

Pièce n° 20

APPEL DES DÉPUTÉS RÉPUBLICAINS

12 avril 1908

AUX ELECTEURS RÉPUBLICAINS

Citoyens,

A la veille des élections municipales, il est du devoir de chacun d'en reconnaître l'exceptionnelle importance.

Elles n'auront pas seulement pour effet d'assurer le fonctionnement normal et régulier de la vie communale. Elles en détermineront le caractère résolument laïque et démocratique. Elles décideront surtout de l'orientation réformatrice, conservatrice ou rétrograde des collèges sénatoriaux.

Le Sénat républicain s'est montré trop souvent hésitant et timide devant les réformes sociales que le pays attend. La réaction lui fait l'injure de compter sur lui. Les prochaines élections municipales devront y faire pénétrer une volonté de plus en plus tenace de progrès généreux, pacifiques et continus. Elles éviteront ainsi de tristes déceptions à la démocratie, de redoutables conflits à la République.

La victoire retentissante remportée par les républicains en 1906 marqua l'irrésistible puissance d'une politique d'union cordiale, de collaboration loyale de tous les partis de gauche sans exception aucune. Chaque fois que les républicains de toutes nuances ont marché la main dans la main, sans réticence, sans abdication, comme sans équivoque, le progrès a été une réalité. Chaque fois qu'ils se sont dispersés, ce sont les irréductibles ennemis de l'idée républicaine qui en ont profité pour nous battre ou pour s'ériger en arbitres de nos différends. Nous savons ce que la démocratie y a perdu, quels périls nos divisions lui ont fait courir, quels retards elles ont apportés dans son œuvre.

Républicains, démocrates, radicaux, socialistes restez unis comme vous l'avez été dans le passé. Effacez de votre esprit des malentendus qu'on s'est ingénié à exagérer, des controverses que l'on s'est acharné à aigrir.

Assurément, nul ne songe à demander à aucun des partis de gauche, ni abandon d'aucun article de son programme, ni abdication d'aucune parcelle de son autonomie. Il faut que chacun reste juge de sa discipline, et nulle atteinte ne doit être portée aux règles qu'il s'est données, ni à la part d'action et d'autorité qu'il a déléguée à ses organisations, comités, conseils, congrès ou fédérations.

Au premier tour, si l'accord ne s'est pas établi dès lors, que chacun déploie son drapeau et cherche à le faire triompher. C'est l'honneur des partis d'affirmer leurs revendications et leurs doctrines. Mais n'oublions jamais, même pendant les luttes du premier tour, le devoir d'union qui, au scrutin définitif, s'imposera à tous contre l'ennemi commun.

Nous ne pouvons être séparés par un fossé infranchissable que de ceux qui, indifférents à l'indépendance et aux libertés de la nation, rêveraient de laisser sans défense, contre les attentats de la force brutale et les entreprises des monarchies militaires, la France de 89 et de 93, le grand foyer des idées et droits populaires et de l'émancipation laïque dans le monde. Mais ce serait calomnier tous les partis organisés que de croire qu'il peut y avoir là autre chose que des égarements individuels.

Songez à l'œuvre que nous avons encore à accomplir en commun.

Le parti républicain à l'heure actuelle doit, de l'aveu de tous, réaliser la partie sociale de son programme en introduisant la justice dans l impôt, en assurant les retraites des travailleurs, en délivrant le pays de la puissance abusive des grands monopoles, en un mot en transportant dans le domaine économique les principes de justice, de liberté et d'égalité de la Révolution.

Citoyens, vous connaissez les hommes qui se proposent à vos suffrages.

Ceux-là seuls en sont dignes qui n'ont pas fléchi dans le péril et se sont attestés les serviteurs clairvoyants et désintéressés de la République laïque et réformatrice.

Quant aux complices avérés, tacites ou repentants des entreprises nationalistes et de la conspiration cléricale qui osent aujour d'hui, sous couleur d'apaisement, se poser en dirigeants du parti républicain, vous déjouerez leurs manœuvres.

Dans nombre de collèges électoraux, nos ennemis ne peuvent plus affronter le combat qu'en prenant notre étiquette et notre drapeau. S'ils tentent de se glisser dans la République, c'est pour enrayer son élan, étouffer ses énergies, exiger ses faveurs.

Citoyens, les élections municipales exerceront sur le progrès démocratique une action décisive. Restez unis en mai prochain comme vous l'avez été en 1906 et en 1902.

Si des querelles personnelles, des convoitises, des rancunes, des défaillances venaient ébranler l'accord nécessaire des partis de gauche, susciter des compromissions louches, des conspirations monstrueuses avec les ennemis de la République, le dégoût et la colère des républicains et des socialistes sauraient impitoyablement flétrir l'ignominie de ces trahisons et imposer le respect de la discipline à ceux qui tenteraient de s'y soustraire.

Citoyens, l'union seule des partis de gauche a fait la République, l'union seule l'a sauvée des catastrophes menaçantes, l'union seule apportera à tous les garanties de sécurité, de bien-être et de dignité qui sont l'honneur de nos programmes et la souriante beauté de l'idée républicaine et sociale.

ANDRIEU (Tarn).
AUGE (Hérault).
BACHIMONT (Aube).
BARON (Bouches-du-Rhône).
BAUDON (Oise).
BEAUQUIER (Doubs).
BECAYS (Lot).
BELLIER (Indre).
ABEL-BERNARD (Vaucluse).
BERTEAUX, Maurice, (Seine-et-Oise).
BESNARD, René (Indre-et-Loire).
BINET (Creuse).
BOUFFANDEAU (Oise).
BOURELY, Paul (Ardèche).
BOURRAT (Pyrénées-Orientales).
BOUYSSOU (Landes).
BOYER, Antide (Bouches-du-Rhône).
BRETON, Jules Louis, (Cher).
BRUNARD (Rhône).
BUISSON, Ferdinand (Seine).
BUSSIÈRE (Corrèze).
BUTIN (Oise).
BUYAT (Isère).
CAMUZET (Côte-d'Or).
CARNAUD (Bouches-du-Rhône).
CAZENEUVE (Rhône).
CECCALDI (Aisne).
CHAMBON (Savoie).
CHANOZ (Isère).
CHARPENTIER (Loire).
CHAUMIÉ, Jacques (Lot-et-Garonne).
CHAUTARD (Seine).
CHAUTEMPS, Félix (Savoie).
CHAUVIÈRE (Seine).
CHAVOIX (Dordogne).
CHENAVAZ (Isère).
CHOPINET (Oise).
CODET, Jean (Haute-Vienne).
COLLIARD (Rhône).
CONSTANT, Emile (Gironde).
CORNAUD (Isère).
CORNET, Lucien (Yonne).
COSNIER (Indre).
COUDERC (Haute-Garonne).
COUESNON (Aisne).
COUTANT (Seine).
DALIMIER (Seine-et-Oise).
DAUTHY (Indre).
DEBAUNE, Louis (Cher).
DECKER-DAVID (Gers).
DEFONTAINE (Nord).
DELAUNAY (Loiret).
DELPIERRE (Oise).
DERVELOY (Seine-et Marne).
DESFARGES (Creuse).
DESPLAS (Seine).
DESSOYE (Haute-Marne).
DEVÈZE (Gard).
DUBIEF (Saône-et-Loire).
DUMONT, Louis (Drôme).
DUMONT, Charles (Jura).
CHAUVIN, Emile (Seine-et-Marne).

MERLE, Emile (Hautes-Alpes).
EUZIÈRE (Hautes-Alpes).
FAVRE (Haute-Savoie).
FERON (Seine).
FLEURENT (Vosges).
FORT, Victor (Rhône).
FOURNIER François (Gard).
GÉRARD-VARET (Côte-d'Or
GÉRAULT-RICHARD Guadeloupe).
GERVAIS A. (Seine).
GHEUZI (Haute-Garonne).
GIROD, Adolphe (Doubs).
GODARD, Justin (Rhône).
GOUJAT (Nièvre).
GOUZY, Paul (Tarn).
GROUSSET, Paschal (Seine).
DEPASSE, Hector (Seine).
ROY, Henry (Loiret).
ISOARD (Basses-Alpes).
JANET, Léon (Doubs).
JEANNENEY (Haute-Saône).
JOLY (Basses-Alpes).
JOURDE (Gironde).
KERGUÉZEC (Côtes-du-Nord).
L.-L. KLOTZ (Somme).
LAFFERRE (Héault).
LAGASSE (Lot-et-Garonne).
LAROCHE, Hippolyte, (Sarthe).
LEDIN (Loire).
LEMAIRE (Indre).
LENOIR (Marne).
LESAGE, Casimir (Cher).
LEVRAUD (Seine).
MAGNAUD (Seine).
MAHIEU (Manche).
MALVY (Lot).
MARTIN Louis (Var).
MASSÉ (Nièvre).
MESSIMY (Seine).
MICHEL, Henri (Bouches-du-Rhône).
MINIER, Albert (Allier).
NORMAND (Rhône).
OSSOLA (Alpes-Maritimes).
PAJOT (Cher).
PASTRE (Gard).
BROUSSE, Paul (Seine).
MEUNIER, Paul (Aube).
PÉCHADRE (Marne).
PELISSE (Hérault).
PELLETAN, Camille (Bouches-du-Rhône).
PÉRONNEAU (Allier).
PÉRONNET (Allier).
PETITJEAN (Saône-et-Loire).
PUECH (Seine).
RABIER, Fernand (Loiret).
RAJON, Claude (Isère).
RAVIER (Cher).
RAYNAUD (Charente).
RAZIMBAUD (Hérault.)
RÉGNIER (Allier).
RENARD (Nièvre).
RENOULT (Haute-Saône)
RIBIÈRE (Yonne).
RIGAL (Cantal).
ROZIER, Arthur (Seine).
SARRAUT, Albert (Aude).

SAUMANDE (Dordogne).
SAUZÈDE (Aude).
SCHMIDT (Vosges).
SCHNEIDER (Haut-Rhin).
SIREYJOL (Dordogne).
STEEG (Seine).
TENTING (Côte-d'Or).
THÉRON (Aude).
THIERRY-CAZE (Gers).
VACHERIE (H^{te}-Vienne).
VARENNE (Puy-de-Dôme).
VEBER, Adrien (Seine).
VIDON (Loire).
VILLEJEAN (Yonne).
VIOLLETTE (Eure-et-Loir).
ZEVAÈS (Isère).

TABLE DES MATIÈRES

DEUXIÈME PARTIE

Programme du Parti

DOCUMENTS ET PIÈCES JUSTIFICATIVES

Imprimerie de la Librairie V. GIARD et E. BRIÈRE, 16, rue Soufflot, Paris